让人民来决定

美国的邻里组织运动

［美］罗伯特·费希尔 著

林 猛 译

商务印书馆
创于1897 The Commercial Press

2016年·北京

Robert Fisher

LET THE PEOPLE DECIDE:

Neighborhood Organizing in America

(Social Movement Past and Present)

(本书根据特韦恩出版社 1994 年版译出)

目 录

致　谢 x

这里我想对一些曾经提出批评、从而帮助改进了本书第二版的人士表示感谢。我和乔·克林(Joe Kling)的友谊和合作(包括一组文章和一部文集)从他阅读本书的初稿时就已开始,一直以来不仅带给我快乐,也带来知识的挑战,整个第二版到处都可以看到我们合作的印记;迈克·米勒(Mike Miller)、布鲁斯·帕尔默(Bruce Palmer)和小萨姆·巴斯·沃纳(Sam Bass Warner,Jr.)对新补充的材料做了详尽的评论,我衷心感谢他们从自己的工作中抽出时间来阅读和批评本书;迈克·艾克勒(Mike Eichler)和韦德·拉特克(Wade Rathke)为本书贡献了他们的洞见和慷慨支持;哈里·博伊特(Harry Boyte)则以他自己的作品向我提出了挑战。尤其难能可贵的是,他们都努力地想把本书的手稿,改进得比我所愿意或我力所能及的要好。卡罗尔·真(Carol Chin)是特韦恩出版社(Twayne)的编辑,她努力让我把一些材料做了重新的组织,从而大大改善了书的质量。

本书的部分章节之前曾刊载于《新政治》(*New Politics*)和《社区动员:全球化时代的地方政治》(*Mobilizing the Community:Local Politics in a Global Era*),两部作品都是与乔·克林合著或合编的。非常感谢《新政治》的编辑和塞奇出版社允许我使用这些材料。

我把本书献给过去、现在和未来。首先是我的父亲列奥(Leo),他长时间以来一直支持着我;然后是埃斯(Ace),我猜测他是非常明智地选择了延期，等新保守主义的声浪临近尾声时才来到世上；最后，最重要的是献给那些克服艰难险阻，在整个 1980 年代和 1990 年代初一直在坚持斗争的所有行动者，他们的工作为一个更加人道、民主和可持续的世界播下了千千万万粒种子。

引　言 xi

历史学的问题在于它是大学教授撰写的关于伟人的历史，而真正的历史并非如此，它是由众多联合起来决心要让自己和周围同伴过上好日子的小人物组成的。

——比尔·塔尔科特，社区组织者

在很多世纪里，那些最具解放精神的政治行动一直是以城
市为背景，在城市中得以塑造成型的……事实上，城市里残留的 3
公共生活仍可以为未来提供一个基础，以建设一种都市复兴和社会转型的政治。

——拉里·贝内特，都市政治评论员

本书初版发行于 1984 年，自那以后，人世间又经历了几许变化。柏林墙、苏联和冷战都成了历史，相对于现行的意识形态和经济体制，共产主义实际上已不是替代选择；旧国家解体，新国家出现，这些都在一夜之间发生。在美国，很多城市因为对困难掉以轻心和处置不当而走向衰落；而在世界各地，政治上的疏离和不满日甚一日，引发各种选举骚乱、反叛及镇压。面对全球的经济竞争，即使实力最雄厚的跨国公司也感到了压力，资源（或其他方面）处于劣势的社区、企业、城市或国家，自然会受到更严重的打击。——今天我们正置身于
一场划时代的全球变革之中，它堪与十九世纪晚期的工业革命相比， xii

对于希望用笔来记述当下事件的人来说，这真是一个困难的时刻。

但就民主的前景而言，这却是一个太容易会滑向冷嘲热讽、灰心绝望的时刻。举例来说，无论按照什么标准，几乎都可以说过去十五年来民主参与陷于急速的退潮之中。投票率在下降，对政党的认同越来越少；有钱人几乎主导了选举政治和决策过程，精英的支配使政治趋于封闭；公民不信任政客，多数人对公共生活表现得玩世不恭、疏离冷漠；公民文化蜕变为毫无节制的个人主义，唯有私人事务也即个人及家庭事务才会引起关注。——近年好几本畅销书都是以此为主题，比如威廉·格里德(William Grieder)的《谁来告诉人民——被背叛的美国民主》(*Who Will Tell the People: The Betrayal of American Democracy*, 1992)，凯文·菲利普斯(Kevin Phillips)的《富人与穷人的政治》(*The Politics of Rich and Poor*, 1990)，詹姆斯·斯图尔特(James Stewart)的《贼窝》(*Den of Thieves*, 1991)以及迪昂(E. J. Dionne)的《为什么美国人恨政治》(*Why American Hate Politics*, 1991)，从这些书名就不难看出它们的关怀。

与这幅绝望的图景相对的，还有另一幅对民主复兴充满希望的图景。自 1960 年代以来，草根组织活动一直在不断地扩散和顽强地生存着，有鉴于此，活动家们都希望 1990 年代会迎来一种更加人道、更多参与、更为草根的政治生活，希望这样的政治可以让公民文化在日常生活的层面上得到复兴，使无权者和边缘人群更有力量，使社区更有能力满足自身的需求，并设置各种进步的议程。[1] 凯特林基金会(Kettering Foundation)在 1991 年的报告中指出：在对政治“众说纷纭的看法”背后，掩藏着“一个深切关注公共生活的美国公众，一个可以用来建设良好民主实践、造就公共政治参与新传统的可靠根基”。[2] 当代社会理论家，如阿兰·图海纳(Alan Touraine)、曼纽尔·卡斯特(Manuel Castells)、琼恩·考克斯(Joan Cocks)、伊曼纽尔·沃勒斯坦(Immanuel Wallerstein),都把这些草根行动视为最有希望的挑战者,可以挑战精英在刚刚浮现的“新世界秩序”中的支配地位。[3]

就当代的社区组织活动来说,有一点是确定无疑的:它的范围绝不限于美国。虽然本书在初版中仅仅聚焦于美国,新版的大部分素材也仍然来自美国,但是要想理解并有效地回应正在发生的这场划时代的、全球性的变革,就必须把公民行动看作是对全球变化的国际性回应。这一点十分重要,草根组织活动已经成为世界范围内的民众抵抗和社会变革的主要形式。

1991 年,杰夫·德鲁特拉(Jeff Drumtra)提供了一幅 38 个国家 xiii
公民行动的速写图,[4] 其重点在于指出,近年来在亚非拉 25 个国家进行的政治改革如何推动了自由竞争的选举,扩大了选民的参与。阿兰·杜宁(Alan Durning)更为乐观,他做了一项类似的比较研究,指出“在世界各个角落,包括村庄、邻里和棚户区”,人们正在团结起 5
来,与威胁着社区和星球生存的各种力量进行斗争。[5] 卡伦·佩吉特(Karen Paget)估计,单单美国就有 200 万个公民行动团体,[6] 斯图尔特·罗伊(Stuart Lowe)发现英国的情况与之类似,自发行动大量涌现。[7] 西欧的大部分地区也是如此,从 1960 年代以来,草根组织和城市抗议已经成为西欧政治的核心要素。不过,社区行动并不局限于西方工业国家,那里的景象只是日益升级的全球都市抵抗的一个局部而已。杜宁指出,从全景图看“格子正在布满地球……在基层,尤其是在发展中国家的近 40 亿人口那里,1989 年普通民众的组织程度远远超过了此前的几个世纪,是自从欧洲殖民主义毁灭了传统社会以来最为发达的”。[8] 近 20 年来,这场有数千万居民参与的社区组织运动,从西欧扩展到了南方,最近又继续向东方延伸,在那里产生了显著而且多重的影响。[9]

草根行动的广泛传播在事实上成为了这个时代的标志。过去十年来,这类行动有不少在兴起之后又衰退了,但如果就此认为1980年代及1990年代初没有继承行动和抵抗的连续性,却是个政治神话。诚然,以往的经验告诉我们,由公民倡导的各种行动其持续时间都不曾超过六年,比如本书讨论到的阿林斯基——他被称为“社区组织界的弗洛伊德”——所倡导的那些运动就是如此。然而,这一规律今天已经失效,比如社区改革组织协会(ACORN)于1990年迎来了自己的20周年纪念,两年后全国人民行动(NPA)也纪念了20周年生日,接下来很快会轮到圣安东尼奥市的争取公共服务社区联盟(COPS)。而“公民行动”(Citizen Action)、休斯敦的大都会组织(TMO)、新泽西租客联盟(NJTO)等多个组织则是刚刚度过十周年生日,这些组织虽然面临各种恶劣的条件,但丝毫没有衰退的迹象。至于与妇女选择权、同性恋权利以及环保运动这些全国性事业有关
6 的草根行动,也一直持续存在并且发展壮大。不过,在1970年代中
xiv 期,情况就远非如此,我撰写本书的一个直接刺激,就是我参与的一个存在了四年的邻里组织在那时宣告解散。

1970年代初,我在波士顿教书,参与了坎布里奇的一个邻里组织运动。那是在1973年,我搬到坎布里奇波特(Cambridgeport)居住,这个地方以工人阶级和学生为主,夹在麻省理工学院和哈佛大学之间,河对岸就是波士顿大学。搬来不久我就参与了坎布里奇波特的业主租客协会(CHTA)——一个倾向于阿林斯基风格的邻里组织——的创建和发展活动。这是我第一次在政治组织活动中担任领导、承担职责,此前在60年代末,我也和千百万同胞一样积极参加了反战运动,但那时我还不是真正意义上的“运动员”,因为我只是参与政治讨论、散发传单和参加示威。而在我居住的坎布里奇波特参与的这次草根邻里组织活动,给了我很有价值的体验:在与朋友、邻居的日常接触中,很自然地我们就会和某位隔壁邻居、与街对面的小商

贩一起讨论政治，或者是推倒某幢闲置已久、破陋不堪的旧房屋，代之以一个由社区掌管的合作化花园。

业主租客协会的创立主要得力于斯蒂夫·米查姆(Steve Meacham)。他提出了一个大胆的创意，想创建一个在住房问题上有斗争精神的邻里组织。与坎布里奇已有的激进租客组织不同，米查姆希望新组织不是一个单一利益组织，而是以阶级为基础、把租客和业主团结在一起的组织，既为租客争取公平的租金，也为业主争取税收的减免和小区环境的安定。从 1973 到 1976 年，协会召开了数百次会议，地点有时是在居民的家中，有时在教堂或邻里合作社。我们采取的行动包括抗议大学在这片区域的扩张和破坏，在市政厅门口设置纠察线要求改善服务，游行支持本地工人罢工，以及利用周末去那些废旧房屋的房东在市郊的新家附近散发传单，提醒当地居民他们的邻居在剥削穷人。 7

业主租客协会的组织者与 1960 年代的激进左翼不同，他们有意识地降低自己的调门，很少去表露意识形态立场。它的组织者，也就是积极参与组织建设的那些邻里居民，多数是上过大学的年轻人，而不是所谓的左翼“知识分子”。事实上，1960 年代激进的意识形态和 xv
修辞都倾向于在行动者和工人之间划出界线，而我们则有意要超越这一界限。

业主租客协会赢得了很多次胜利，改善了住地的生活品质，提升了人们的政治意识，但它最终还是没有能够成功创建一个工人阶级的邻里组织。它的主要活动分子仍然是受过高等教育的白人男女青年，这些人不管过去还是当时都一直活跃在各种和平运动和妇女运动中。组织距离它的目标，即为邻里的居民赋权，并从草根开始逐步建立一个左翼的、全国性的劳动人民运动，还是遥不可及。坎布里奇波特的白人工人从一开始就怀疑组织者搞的这套政治，怀疑组织者的动机，后来经过无数次一起工作、游戏、开会，总算有一批当地居民——虽然人数不多——加入到组织的领导层。至于那些黑人居民，业主租客协会在他们中间的进展就更加缓慢，因为这些黑人本能地就怀疑一个白人为主的组织，不认为它值得长期信赖。不过，由于业主租客协会在组织过程的每个环节都严格地恪守民主，过了一段日子，居民的疑虑被打消了。到 1976 年，组织虽然存在一些明显的弱点，但还在继续成长，继续赢得胜利，通过和邻里的其他运动联合而拓宽了自己的关注点，同时又保持了自我批评的作风——同时也有点沾沾自喜。就在这时，分裂产生了。

分裂的原因是，协会的组织者希望走更激进的道路，他们认为协会的“非意识形态”方法存在着局限，也带来了失败，因此主张代之以一种更好战、更公开的社会主义意识形态，更旗帜鲜明地揭露资本主
8 义制度的运行方式，告诉人们为什么必须团结起来与之斗争。他们认为，协会必须为劳动人民提供一条明晰正确的路线，这样当地居民才会参与进来，投入更多的时间和精力，建立一个多种族的工人阶级组织。

协会的多位核心领导人几乎完全认同这种批评。他们意识到协会不能再画地为牢，必须在意识形态上公开反对资本主义。许多来自工人阶级的领导人也赞同这一立场。就在多数成员都认为组织应该努力澄清意识形态立场，用社会主义理想来团结民众的时候，积极分子中的很大一部分却发现，他们对何谓社会主义分析方法、何谓社会主义理想，理解并不相同，组织就这样分裂了。有一派社会主义者
xvi 更倾向于个人主义和民主，强调民主和民主过程是社区组织的关键，当扩大了参与、实现了有效领导之后，不愁发展不出社会主义的分析方法。而倾向共产主义的另一派人士则批评这是颠倒了主次，他们指出协会以及其他“新阿林斯基主义”团体这些年来一直在搞“让人民来决定”，成就却很有限。他们认为，一套明确的社会主义意识形

态对于吸引工人参与具有重要的意义，在不牺牲草根民主的前提下，有必要建立一个高度集权的组织结构，以便从上面提供团结和方向。个人主义派认为集权派一点都不理解民主过程，实质上是威权主义者和教条主义者，共产主义派则攻击对手是小资产阶级改革势力。于是每个人都被逼迫着要站队。

这样的分裂在左翼历史或者说邻里组织运动史上并不鲜见。只是在1970年代中期，随着经济和政治形势使左翼越来越难以实现有效的组织，随着人们日益发现1970年代早期邻里组织运动中的“非意识形态”道路的缺陷，相互的攻讦开始了，同时人们转向了政治理论，以寻求解释和出路。

协会因此四分五裂。有些人离开并加入了激进组织，或者进入工厂从事工会组织活动，有些人则坚守在坎布里奇波特，直到今天还在不懈地为一个合作化的社区而奋斗，希望在当地居民与坏房东、与 9
试图扩张的大学之间的冲突中，提供支持和赋权。也在这时，我换了份教职，于是带着满腹疑惑离开了坎布里奇波特。

在业主租客协会的组织活动，是我最有收获的学习经历之一。对于政治和邻里组织问题，它既给了我答案，也留下了很多疑问：草根团体为什么会成功或失败？意识形态和长远理想在组织过程中有多重要？成功的团体需要兼顾对民主的信念和对方向感及领导权的需求吗？两者如何平衡？邻里的组织有何优势和局限？在社区一级活动的团体，也能够推动社会变革吗？草根团体如何与全国性运动（或组织）发生联系？诸如此类的问题，激发了我深入研究邻里组织历史的兴趣。

本书的一个主题是强调，邻里组织运动必须置于全国政治经济 xvii
发展的背景下予以审视和评价。这一方面是得自我在业主租客协会的经历，另一方面也是受益于历史学科的发展。多年来，人们受到的教育一直是，在历史舞台中心的是华盛顿的政客和纽约市的公司经理。用这样的眼光来看待历史，不可避免会产生扭曲，因为它把多数民众（其中包括工人阶级、少数族裔、女性）看成对历史毫无影响的群体，他们不是历史的行动者，而仅仅是那些“历史创造者”所发动的各种力量的作用对象。这个有利于精英利益的神话，很大程度上是由历史学家倡导的。传统上关于美国史的各种课程和著作都局限于白色人种的有钱人，即使处理一些基层民众发起的运动时，历史学家也是采取全国性的、自上而下的视角来书写历史。

但在1960年代，出现了新的历史学家团体，这既是时代的激进精神的反映，也是他们与老一辈研究者在阶级和族群背景上的差异的反映。新历史学家开始研究当代社会问题的历史根源，撰写各种城市史、族群史、家庭史、劳工史、社区史和女性史。他们有意识采取了自下而上的研究视角，随之而来的，是普通民众的日常生活和人际关系在历史记录中的地位和价值在不断上升。

但是这一“新社会史”研究也有严重的局限。社会历史学家为了呈现、书写“人民的历史”，舍弃了传统的研究方法，但由此带来的一个后果是，他们往往忽视了对劳动人民的生活有直接影响的那些国家层面的政治和经济发展。研究者们“往内转”转向地方性问题，这固然有助于理解劳动人民的历史，理解普通人在塑造历史进程中的作用，却遗漏了对总体的宏观体系如何发生作用、以及劳动人民的努力从什么地方嵌入其中的分析。

1970年代末以来，随着一种更加综合的社会史研究的兴起，这一缺陷得到了矫正。马克思主义史学家习惯于用宏观的政治经济发展框架来书写历史，他们的这种大视角——如果不说他们的方法和结论的话——现在得到了越来越广泛的采用；一位非马克思主义学者写道：“历史的社会解释把观念、事件、行为这些因素与制度一起放到了总体社会体制的大背景里。”[10]

1970 年代的事件和文献给我的体会是,社会的发展是总体的经济和政治体制——一种政治的经济——的组成部分。所有的生活, xviii
从国家到地方层面,都在这个体制中交织起来。当代社区遇到的大多数问题,虽然表现在邻里的层面,却是城市、州、国家乃至国际因素带来的结果。但是今天最可奇怪的事情是,我们都以为国家的政治经济不会穿透到我们的生活中,我们可以免于它的影响。我们住的是地方社区、邻里和城镇,参与的是邻里规模的组织活动,我们的时间都用于对我们会有迅速而直接影响的决策,我们把注意力集中于工作,集中于杂货铺、汽车和住房的价格,集中于我们及家人的健康。我们的生活在地方舞台上展开,它的特点就是规模不大,关系亲密,一切在我们的理解范围内。至于那些商业和政治中心所做的决策——它对我们生活轨迹的影响要延迟到明年甚至几年后才能表现出来——我们几乎毫不知情,也很少去做什么。

但这不等于说,这种影响就是一条单向车道:全国性的政治经济 11
把自己的意志施加于专注日常生活的民众身上。事实上,在全国和地方舞台之间是双向的关系,劳动人民及其生活的地方社区在这里不仅是被动的客体,也对全国的各种发展产生着或迎或拒、甚至引领风气的影响。每一次国家政策决定扩大工人权利(比如 1930 年代的瓦格纳法),都是与基层的罢工、城市的抗议联系在一起,是后者在呼吁和率先启动这些社会变革;而每一次的国家大政,从 1941 年对日宣战到 1970 年入侵柬埔寨,也都离不开那些在基层生活、对战争或支持或反对的普通民众。

本书对邻里组织历史的简短描述,是希望对新社会史研究有所贡献。它把主题置于城市和全国层面发展变革的背景中予以考察,强调全国性政治经济和邻里组织运动之间的相互穿透作用。所以,本研究根据全国性政治经济的变迁和邻里组织主要形式的变化,把过去一百年相应地划分为六个阶段。在书中,每节的开始都是对时代政治经济

的综述，然后挑出当时最著名、最重要的邻里组织运动，做案例的分
xix 析。如表1所示(更详尽的讨论见结论部分)，本书从邻里组织运动史中，区分出三种主要的途径：社会工作(social work)、政治活动(political activist)以及邻里维护(neighborhood maintenance)。作者的目标是希望，对1880年代以来邻里组织运动中所采用的主要策略加以介绍和评论，为那些不愿人为地把这个话题局限在地方层面的学者和组织者提供一个一般性的介绍，而不是一部巨细无遗的历史撰述。

xx **表1　邻里组织运动史上的三种主要途径**

	社会工作	政治活动	邻里维护
社区概念	社会有机体论	政治单位/权力基础	邻里住地
待解决问题	社会解体/社会冲突	无权/剥削/邻里的毁坏	对财产估值或社区同质性的挑战/服务的匮乏
人群组织	工人和下层阶级	工人和下层阶级	中上层阶级
组织者角色	职业社工/推动者和倡导者/协调者和设计者	政治积极活动分子/鼓动家/启蒙家	推选的发言人/公民领袖/利益集团代理人
居民角色	职业社工的伙伴/获益人	行动伙伴/当地领袖/民众支持者	付费成员
战略	寻求共识/渐进策略/与权力结构共处/推动社会改革	介入冲突/调解/挑战权力结构	寻求共识/运用同伴压力/政治游说/法律诉讼
xxi 目标	形成团体/实现社会整合/提供服务/社会正义	赢取、保持或重构权力	实现财产增值/维护邻里/提供服务
范例	社区服务站/社区中心/辛辛那提社会单位计划/社区福利基金/联合社区国防服务/社区行动计划/联合劝募会	失业工人联合会/租客组织/阿林斯基项目/学生非暴力统筹委员会/学生争取民主社会组织/社区改革组织协会	邻里保护协会/邻里公民俱乐部/有产者协会

在进一步讨论之前，有必要对一些概念做出说明。“让人民来决定”是1960年代新左派邻里组织方案中最常见的一个口号，表达了对草根民主决策寄予的理想，用它来描述邻里组织运动的历史，把握它的力量与弱点，最为贴切，因此用来做本书的书名再为合适不过。此外，本书是一部有所筛选的历史撰述，并没有把所有重要的邻里组织方案都包括在内。作者希望把重点尽可能放在那些最有影响力的组织和最为重要的邻里组织策略上，对那些之前已经有大量介绍的案例，本书会更偏重于分析，而对之前较少提到的案例，叙述的比例就会更大一些。

像邻里、邻里组织活动这些概念，也需要做出界定。人们一般根据名字就能够分辨出邻里的位置，他们知道邻里的边界，知道一个人是不是邻里的成员。由于不同邻里本身存在很大的差别，所以很难对它做出单一的界定。社会学家罗谢尔·沃伦和唐纳德·沃伦 13
(Rachelle and Donald Warren)根据以下三个方面，划分了六种主要的邻里类型：人们拥有的邻里意识的程度、邻里之间的互动频率，以及邻里与外部团体的沟通渠道。另一位社会学家苏珊·凯勒(Suzanne Keller)提出了一个含义更宽泛、更可行的定义：邻里是这样一片区域，它有物理边界和社会网络，有公共设施的集中使用，对居民还具有特殊的情感和符号内涵。凯勒的定义最切合我的意图。[11]

本书无意把邻里浪漫化。人们在拒绝了大型机构、拒绝了商界和政界领导人之后，很容易去拥抱邻里这样的小型机构，拔高它的价值。但事实是，并不是所有邻里都是宜居的地方，也不是谁都愿意在此处生活。有很多人都为邻里的阶级隔阂和种族歧视所苦，还有些人则把邻里看成是临时居所，是为了将来迁入更好社区的一个过渡。[12] xxii

初看起来，邻里显得是个保守的概念，它有防卫的边界，是让人感到安全的空间，是成人抚养家庭、孩子成长读书的地方。不过，这不意味着邻里组织从根本上就是现状的维持者，——虽然很多现代社会学家很容易得出了这样的结论；社会学家爱弥尔·涂尔干就认为，邻里组织属于进步的"中介机制"，无权力者借以组织起来挑战和限制国家的权力。[13]邻里组织既可能拥护现状，也很有可能去唤醒意识，推动变革，这在很大程度上取决于它是哪种类型的邻里，它的处境，它的阶级和种族构成，组织者的动机和政治方式，以及当时的全国政治经济形势。

邻里作为地理空间，它的价值、目标和行动不是内在产生的，而是宏观体系中阶级和种族冲突的反映。整天为失业、工作歧视、劣质住房和高犯罪率困扰，看不到什么改善希望的穷苦人民，如果把邻里用来维持现状，那将一无所获。他们的阶级地位呼唤的是社会改革。尽管他们可能也希望社区的各个方面保持稳定和改善，但他们寄希望于邻里组织运动的基本目标，却是改变使自己贫穷无力的种种状
14 况。同样地，富裕地区的邻里组织更多表达的是居民对维持现状的需求，因此，他们反对商业发展，组织邻里警戒岗哨，避免地产贬值。当然，实际的情况远比这里所说的复杂，底层和工人阶级的邻里组织也会保护自己的地盘，会像富人的邻里组织那样保守反动，而富裕地区的邻里组织则常常支持社会变革，挑战各种权力机构。不过在很大程度上，阶级和种族地位还是会决定邻里组织运动的方向和策略，决定了实现目标的希望会有多大。

总体来说，当自视为邻里成员的人们，为了推动他们的共同利
xxiii 益——这一利益主要是因为他们都生活或工作在同一区域而产生的——而组成机构，这个机构就称为邻里组织；[14]他们投身于这些目标的行动过程，就称为邻里组织活动①。如果这一切发生在更大的

① 中译时，neighborhood organizing 视语境需要，会译为邻里组织运动、邻里组织活动或邻里组织工作。——中译注

区域，就称为社区组织或社区组织活动。邻里组织活动的发生，常常出于一种信念，相信只有通过自身的行动，才能实现自己的愿望；再是对组织自主性的重视，并且让其他一切行为都服从于邻里问题的需要。而本书关注的团体，都认为自己的首要角色是邻里组织。其他有些邻里机构、利益团体和志愿协会，比如教会、联谊会或者互助会，可能也称得上邻里组织，但不在我们的考察范围之内。此外，邻里中大量的种族和族群组织，因为主要不是以居住地作为自己的组织基础，也没有被包括在内。当然，这种区分有些时候也显得意义不大，比如针对城市里的种族隔离模式，就不太好区分哪类组织是以种族或族群为基础，哪类组织以地域为基础。最后，在某些情况下，我也会略微随意地把一些不符合这种邻里组织定义的组织列入考察范围，以便更好地对邻里组织千变万化的风格作出描述和评估。

诸如"反动"、"保守"、"自由"、"激进"之类的词，贯穿在全书中， 15
它们都只有相对的意义，用这些词固然可以揭示一些东西，也掩盖了不少东西。不过，除非我们能发明一套更贴切的、适用于邻里组织活动的政治术语，目前也只能保留这些词。我的用法通常如下："反动"代表的是阻碍社会变革，削弱底层阶级和少数派团体的权力；"保守"意味着要维持政治经济的现状；"自由"是要推动社会变革，但不希望触及现存阶级和经济体制；"激进"意味着推动政治、经济和社会全方位的民主，它常常（但不总是）把资本主义体制视为全部问题的根源。

在第二版中，我尽力保持初版的精神、风格和分析，所做的改动包括"导言"的修订，新增的关于 1980 年代及 1990 年代初邻里组织运动的第六章，结论部分的修改，以及增订过的参考书目。之所以做这些改动，除了一些显而易见的理由外，主要是由于十年来出现的四
个新因素，它们构成了我修订此书的客观背景和主观动机。第一，我 xxiv
转入了一家社会工作研究所任教，这使我得以更近距离地观察"社会

工作模型”，更好地理解其与社会变革的联系。十年来我所见到的印象最深的行动，就是出自一些采用“女性主义实践”(feminist practices)的妇女，以及那些身兼二职的同性恋者，他们一边在政治上与反同性恋倾向——以及更一般意义上的不公正——斗争，一边为艾滋病人提供社会服务。

第二，在我的朋友和合作者乔·克林的帮助下，我对城市的政治经济学以及政治和文化理论的兴趣越来越浓，从而也越来越发现社会理论是一个很好的广角镜头，可以帮助我们看清上一代人，尤其是过去十年所经历的变化。这些新理论提供了更好的知识构架，来容纳本书描述的这些实践。

第三，我在奥地利待了两年，这使我有了一个比较的和国际的视野。国外的经历让我更加怀念和欣赏美国的开放、多元与创造力，但比较的视角也使我对国内城市的糟糕状况，对美国在基本社会权利和服务方面——比如医疗保险、住房和安全——的匮乏，感到加倍的愤怒。

第四，和我当初写作第一版时相比，今天大多数邻里的状况变得更恶劣了。现在绝不是对问题抛开不顾，也不是减少参与的时候。我记得几年前，在一次与儿童权益保护人士的联席会议上，有些人士对愤怒的情绪感到忧虑，认为那很不职业，也不理性，还让别人不舒服。太对了，我们就应该对今天的状况感到不舒服，因为这正是变革所需要的。第二版的目的就是要继续燃起人们愤怒的情绪，同时也让人们感到希望，——希望来自知识，来自宽阔的视野，来自批判的分析，以及留在集体记忆里的先前斗争和胜利的印迹。[15]

第一章 社会福利型的邻里组织运动:1886—1929 1

1. 工业化和自由主义改革

> 现代生活的整个过程,还有现代政治的整个过程,都应该是一个消除误解、消除敌意、消除你死我活斗争的过程,应该是一个促使人们理解他人利益、进行共同商讨并发现共同利益的过程。然而这恰恰是现代生活的问题:它过于专业化而失去了生机,彼此太过脱节而使生命之河无法流淌。
>
> ——伍德罗·威尔逊,新泽西州州长

伍德罗·威尔逊一身兼为历史学家、普林斯顿大学校长、新泽西州长和美利坚合众国总统。他本人不是邻里组织活动家,但他相信现代城市和工业生活产生的冲突可以通过教育和阶级间交流而得到化解,这样的想法在第一代邻里组织活动家那里十分盛行。在社区服务站(social settlements)、社区中心和邻里卫生所,在全国的各个城市,社区工作者实践着自己的“进步主义民主”方案。他们的目标
和威尔逊一样,是要解决快速却充满创痛的工业化在上一代人那里 2
造成的冲突,同时又不在根本上触及现存的阶级体系。

在内战之后的半个世纪,美国人的生活经历了天翻地覆的变化。亨利·亚当斯(Henry Adams)曾说:“在生活的核心内容上,……

1854 年的孩子更近于公元元年的孩子而不是 1900 年的孩子。”也就是说，这五十年里发生的变化要比过去一千八百五十年里所发生变化的总和还要多。虽然亚当斯的看法更符合中产阶级而非工人阶级的情况，但他所说的这些变化确实深刻地影响到了社会的各个组成部分。

这里的原因在于，18 世纪晚期开始在英国出现的工业革命，虽说早在 1820 年代末就在新英格兰地区的纺织厂落地生根，但要一直等到内战结束，它才成为美国社会最强有力的支配力量。内战后两代人身上所经历的变化，其速度和程度都是闻所未闻的。归纳起来，这些变化主要体现在以下方面：经济关系不再局限在村庄内部的个人之间，而扩展到全国性市场的各种非人格力量之间；产品和生产方式也像生活的很多方面一样，都变得标准化了；人们开始因为职业和工种，因为社区内的阶级、种族和族群而分隔；官僚化、制度化的控制形式得到进一步的发展，以实现劳动力的社会化，并把人们的公共生活和私人生活都纳入指导的范围。传统世界几乎在一代人之间就被彻底地改造，转变为现代文明。于是在 1900 年之后，出现了志在消除飞速经济变革带来的这些显著恶果的自由主义改革，而伍德罗·威尔逊和第一代邻里组织运动的积极参与者正是它的一个组成部分。

内战过去仅仅一代人的时间，城市就经历了令人瞠目的高速发展，这证明了它在这一工业转型中的核心地位。比如，从 1870 年到 1920 年，波士顿、费城、匹兹堡和华盛顿特区的人口增加了三倍多。1898 年，纽约市和布鲁克林合并成一个拥有 350 万人口的大城市，而在接下来的二十年时间里，这一帝国之城的人口又增加了 200 万，创造了新的纪录。芝加哥是铁路和工业革命的新生儿，1870 年人口不到 30 万，1920 年则是 270 万。南方仍然以农村为主，但也在以同样惊人的高速度发展出了亚特兰大、伯明翰和休斯敦等中心城市。
具有讽刺意味的是,城市原本是一个经济、政治与社会的自治体,但 3
随着遍布全国的大城市网络的形成,它的这一传统角色非但没有加强,反而日渐消失。城市日益成为全国性经济革命的司令部,对于那些引领并支配着工业化方向、专注于全国和国际市场而非地方市场的企业领导人来说,地方性事务的价值也就日益降低了。

城市的内部构造反映了工业化带来的经济转型。在快速工业化之前,城市的特征是规模较小、结合紧密、高度协调,主要的交通方式是步行,所以生活、工作、礼拜、购物和娱乐的场所都挨得非常之近。不同邻里的阶级、种族和族群差异早在1820年代就已出现,但一般说来,这样的“步行城市”并没有形成空间上的分割。而到了1870—1920年间,像波士顿这样的城市,半径从2英里扩大到了10英里,前工业时代的步行城市不见了,代之而起的是一个环形分布的新工业城市,由外向内每一环的阶级地位逐次升高,最里面是它的中央商务区。除了阶级的差别之外,每一地区还进一步地被族群或者种族分割开。显然这种环形的工业城市不能代表所有的城市,但一些本身差别很大的城市,比如像波士顿、芝加哥和休斯敦,却不约而同地都表现出了相同的模式:越来越严重的隔离与分裂,和越来越集中的经济增长。

第一波的邻里组织运动就是当时全国性的自由主义改革运动——这场运动被称为进步主义运动——中显现出来的一个潮流。进步主义运动脱胎于1870到1895年间的工业关系,在这一时期,一个显著的特征是不仅在资本家之间,而且在资本家和工人、农场主之间围绕谁应该是工业化的支配者和受益者,形成了激烈的、几乎不受约束的竞争。而1895到1905年之间的十年是一个分水岭,意味着从前一阶段(1870—1895年)的工业资本主义转向了金融资本主义,并在随后的一代人那里引发了自由主义改革。在1895年左右，以摩根信托的J. P. 摩根为代表的银行家开始从安德鲁·卡内基、托马斯·爱迪生等工业资本家那里收购企业的控股权，而且是跨度很大的不同领域的企业，比如成立不久的美国钢铁公司和通用电气公司。由此一小撮金融领袖加强了他们对核心工业部门的控制，比如我们看到，在1895到1905年间，平均每年都有300家左右的独立企业被并购，组成了管理权高度集中、实力雄厚的超级企业。[1]

4 这一经济转型给社会的所有关系都造成了深刻的影响。在商界，很多中小企业的代表仍旧赞同工业资本主义的自由放任逻辑，在一些大机构（比如全国制造商协会）的带领下，他们支持不受约束的竞争，支持对工人反抗运动的果断镇压，因为这危及了他们参与竞争、实现增长的能力。但是像通用电气和国际收割机公司这些大企业的领导人具有更多"进步主义"的色彩，他们为了从正在变化的经济形势中获益而提出了一套新的策略；新的经济形势要求的是稳定而非竞争，所以他们的新策略一方面固然还是以利益最大化为目标，另一方面也看到早期的镇压手段十分短视，需要形成一套更加自由开明的机制和态度，以缓和冲突和混乱，促进工业和睦——以后它被称为"企业自由主义"（corporate liberalism）。[2] 企业自由主义者认为，企业领导人只要营造一种爱好和平的经济、社会和政治气氛，那么无须做根本的调整，就可以更好地实现他们的目标。

随着经济力量的高度集中，许多企业领导人认为，在社会秩序方面，也应该制定一些体现社会关怀和责任的规划，以维护社会的稳定。于是州政府和联邦政府都通过了各种管理措施，以抑制企业的一些极端过分的做法，因为在企业自由主义者看来，企业的这些做法会滋生出不必要的冲突和混乱。企业自由主义者还支持在社会和卫生方面的改良方案，以应对快速工业化带来的不良社会后果。简而言之，信奉企业自由主义的政府和大企业领导人想证明，资本主义服务于全体民众而非仅仅有钱人的利益，商人不是强盗大亨，政治家也不会对都市和工业秩序中存在的生活问题无动于衷。

当然，商人在政治诉求上历来都喜欢和谐稳定而不是冲突混乱，但在以往的日子，部分由于劳工的战斗性，实现稳定的代价十分高昂。而现在，随着金融资本主义的出现，一些工业部门的支配权越来越集中（这尤其体现在价格的支配上），再加上联邦政府为了保证经济稳定而采取的干预措施，稳定成了一种可行的策略。政府、商人和民众形成的进步主义联盟关系虽然没有结束工业的冲突和反抗，但正如一位研究进步主义改革的历史学家曾简要概括的那样，1900 到 5
1920 年间的全国性进步主义运动“在维持已有的阶级体系和财富分配的同时，实现了秩序、稳定和支配”。[3] 在这一时期，自由开明的企业领导人和政府官员采用改革方案而放弃了镇压手段，用一种通过私人和公共社会工程来实现人民民主的修辞代替了镀金时代占主导地位的意识形态，即自由放任资本主义的社会达尔文主义意识形态。

在第一次世界大战前的那十年里，企业和政府官员执行的就是这种新的政治经济，而且有时还得到工会中保守派领导人的配合。不过，它的出台既不是一场精心策划的合谋，也不是商界天才的灵光突现。这一社会改革最早的推动者是处于（或接近于）社会底层的工人及其支持者，他们是工业化过程中获益最少的一个群体。而企业领导人和基层政府官员一方面是利用经济形势的变迁，另一方面也是为了避免工人、农场主乃至部分中产阶级提出更加激进的变革要求，于是在一些开明试验中提出了企业自由主义的理想。这一理想支配了二十世纪最初几十年里的经济关系，由于它非常有效，因此得到了政企领袖的推广。

自由主义改革运动随着西奥多·罗斯福于 1900 年就任总统而

成为一场全国性的政治运动，但它的源头却始于1880年代的一些基层改革试验。最早开始这类试验的是像纽约和芝加哥这样的城市，发起人是社群取向的改革家。这些人与同时代政界商界精英中的自由主义改革派不同，那些精英强调的是采用更加集中的组织形式以实现社会的稳定，而第一代社会福利活动家则希望通过在邻里空间与城市工人阶级进行面对面接触，以解决基层的问题。正是这些社群改革家最早让人注意到，工业城市中移民区和工人阶级区存在的严重的贫穷、健康、住房、娱乐和工作条件等问题，同时也正是他们最早提出警告，必须改善工业资本主义的状况以避免阶级战争，以及由此导致的革命和灾难。他们的活动场所，就设在社区服务站、社区中心、成人教育学校以及邻里卫生所，这些都位于贫民窟或其附近。相
6 比于政界商界的自由主义改革派，这些基层改革家更为民主、更加开放，而且不是为了企业的经济目标。但他们之间也有共同点：对于宏观改革，他们都抱着相同的根本看法、意识形态和目标。进入二十世纪以后，随着进步主义成为一项全国性运动，诸如社区服务站这样的邻里组织运动开始为大家认可，获得了坚实的基础。

毫无疑问，进步主义运动有很多的面向，它的参与者既有妇女选举权和禁酒的支持者，也有伍德罗·威尔逊，还有声势浩大的全国公民联盟(National Civic Federation)——一个由企业、政府和劳工方面的代表共同组成的协会。其中，基层的社会改革家和企业精英在处理时代的问题时想法并不完全一致。最终为1900—1920年间的改革行动定下基调和范围的，恰恰是改革运动中最为保守的成分，也即那些商界领袖和政府要人；而都市社群取向的改革家正是在企业自由主义这一新兴的政治经济框架限制下，正式开始了美国历史上第一次邻里组织运动。

2. 社区服务站运动

大学服务站犹如中世纪的修道院，工业革命、新移民和城市难以控制的发展带来的严重后果，都摆在它的面前，所以一开始它把多方面的职能奇怪地集于一身，但它真正的、持久的生命在于驱散社会混乱，重建社会秩序。

——罗伯特·伍兹，服务站工作人员

服务站运动开始于伦敦东区的贫民窟，1884 年两位牛津大学的学生在还未完工的汤因比堂（Toynbee Hall）度过了他们的平安夜——汤因比堂的建造，主要是为了缓解贫穷问题，弥合穷人与富人之间的阶级隔阂。他们的工作方法非常简单，如果不说完全有效的话，那就是让大学生进入工人或下层阶级的邻里，尽自己的能力服务于邻里居民，并设计一些活动把穷人引介到学生所在的上层社会。[7] 23
这些服务站工作人员相信，以前的慈善事业之所以失败，是因为人们对穷人抱着优越感和敌视态度，所以需要一种“新的接近贫穷的途径”。工作人员希望通过直接在穷人邻里工作、生活，可以比慈善工作者更敏锐地感受到问题，更有效地解决问题；尤其重要的一点是，他们希望与当地居民合作，而不仅仅是为居民工作。

过了不到两年，一位马萨诸塞州阿默斯特学院的毕业生、柏林大学博士斯坦顿·科伊特（Stanton Coit）在汤因比堂工作了三个月，然后于 1886 年返回美国，急切地想在美国建立类似的“邻里互助会”（neighborhood guilds）。在夏季快结束的时候，他搬到了纽约下东区，一个孤零零的移民居住区，建立了一个工人俱乐部。俱乐部的第一次活动就在科伊特的公寓举行，以后地点又改在他买下的一幢小房子里。科伊特逐渐有了越来越多的支持者，包括改革家、劳工领袖和牧师，他把美国的第一家邻里服务站命名为“邻里互助会”。他感染了当时社会活动家盛行的乐观精神，宣称只要十年的时间，邻里互助会就会成为“美国一场公民复兴运动的基石”，这将是一场以邻里为基础的公民复兴，其使命是解决美国移民以及本土工人阶级所面临的广泛问题。

总体而言，科伊特显然对互助会、对邻里自助活动的作用有过高的预期，但这类观念确实激励人心。1898 年，一群来自史密斯、卫斯理、瓦萨、布林莫尔、拉德克里夫等上层社会名校的大学女生在距离邻里互助会不远处，独立建立了一个大学服务站。过了一星期，伊利诺伊州洛克福德学院的两位室友，简·亚当斯（Jane Addams）和艾伦·盖茨·斯达尔（Ellen Gates Starr），在芝加哥内城区的一个工人阶级邻里建立了后来最为著名的一个服务站赫尔堂（Hull House），其位置就在二十余年前据说奥利里夫人的奶牛引起芝加哥大火的地点附近。

服务站工作人员以受过大学教育的女性为主，也有少部分男性，他们都出身于旧式的小康之家，无论财富和权力都不算显赫。比如简·亚当斯及她在赫尔堂的同事朱莉娅·拉斯罗普（Julia Lathrop）的父亲都是事业有成的律师、伊利诺伊州议会的参议员。还有不少（尤其男性）是来自牧师家庭，或者本身就是具有改革倾向的教
8 士——当时随镀金时代工业资本主义带来了巨大的不平等，越来越多的教士持有改革立场。这些社会改革者中，很多都有类似科伊特的经历，去过汤因比堂然后受到启发。不过真正对服务站运动的迅速传播起到决定作用的，是美国贫民窟存在的骇人听闻的恶劣条件。结果，在 1891 年美国仅有六家服务站，1900 年就超过了一百家，五年后超过了二百家，再到 1911 年已经超过四百家。1907 年，赫尔堂成立不到十年，就从一幢宽敞的建筑扩展到了十三幢楼房，一个大街区都容纳不下。

服务站的工作人员参与邻里组织的心理较为复杂,有出于同情、恐惧或负疚的,有出于对社会的关注,也有的是为了赋予生活以意义。对女性来说,最后一个价值尤为真实,她们当时的职业选择仅限于教书、护理、图书馆和新兴的社工等少数领域,而在社工这块,服务站算是最体现进步精神的工作了。在服务站里,这些工作人员努力提升贫穷移民的生活,使他们美国化,改善他们的健康和社会状况,倡导基督教、天主教、犹太教或者某种世俗人道主义的价值观念。所有的服务站都拥有一个相同的目标:在穷人和富人、资本家和工人之间充当阶级调解人,以促进社会稳定。他们希望帮助上层社会了解"另一部分人"的存在与需求,同时也告诉穷人,资本家不过是些与其他人没什么不同的商人,大家都是兄弟。当然,对服务站工作者来说,他们会有更为直接切近的目标,不同领导人的优先考虑也不一样,但毫无疑问大家都感染了当时自由派的观念,都认为社会正沿阶级和族群的边界分裂,如果"资本"再不改弦易辙,如果改革派再不深入贫民窟,改变那里日益恶化的状况,社会就会陷入混乱。[4]

服务站为了实现阶级合作和社会和睦的目标,推出了很多计划项目。有些服务站对社会正义问题更为警觉,其活动也反映了这一点;有些更偏保守,尤其是与宗教合作的服务站,它们最感兴趣的是控制穷人,而非支持他们的事业。不过,排除了个体差异,服务站的
工作一般都包含三项内容:一是开设课程,比如英语、公民学、文学、 9
艺术、烹饪、缝纫、制衣、木工和钣金加工等等;二是提供服务,比如法律援助、就业辅导、洗衣服务、卫生服务、营养咨询,为女工提供的日托或夜托服务,以及公共澡堂等等;三是举行各种文体活动,创办邻里菜园,举办音乐会和戏剧演出,以使邻里居民接触他们所谓的"高雅"文化。更加进步的服务站还会允许、有时甚至鼓励邻里团体、工会乃至激进分子使用他们的房子,来讨论时代的热点议题。

服务站的工作人员选择在邻里一级进行组织活动，因为他们认为基层社区是改革的理想单位。波士顿南关堂(South End House)的创办人罗伯特·伍兹(Robert Woods)曾就此解释道：

> 说邻里够大，因为这里实质上涵盖了城市、州和国家的各种问题，而且越来越多的例子说明它也涵盖了所有国际性的重大问题；其次，它虽然是在一个有明确边界的社区范围里展示这些问题，但激起的情感和行动却是社会性的，是某种社会情感和行动的先导；最后，邻里也足以为形形色色、超越家庭的利益和情感，预留足够的空间。……另一方面，我们又说邻里足够小，小到是一个可以理解、也可以管理的共同体单位，——事实上可以说它是唯一一个这样的单位。城市的行政管理之所以失效，是因为城市概念本身失效了。邻里仍是具体而实在的，但城市不是，以后也不会是，除非它通过邻里实现有机的整合。[5]

组织良好的邻里，如果又得到有知识的服务站精英的帮助，再配以基本的社会服务，就形成了反作用力，可以抗衡十九世纪工业资本主义所带来的贪婪与“早期无政府状态”(社会改革家的用语)。但是邻里不是服务站工作的终极目标，服务站工作者都鄙夷那种过度的地方主义，尤其他们的对手城市政客奉行的那种地方主义，他们开展服务站活动的目的是要超越邻里的边界。越是进步的服务站，越会积极地参与城市、州和全国的游说活动，提出房屋改革、幼儿园、驻校护士、童工法、操场、工人权利、进步教育和城市规划等等方面的要
10 求。在他们看来，服务站是全国性自由主义改革运动中一支立足基层的先锋部队，而不仅仅是以邻里为依托的社会服务中心。[6]

关于服务站的历史，别处已有详细的记录，这里要着重指出的，是这种社会福利式的邻里组织运动并没有明显改善贫民窟的状况，

也没有扩大邻里居民的权力，或者改变传统慈善组织高度精英色彩的做法和偏好。比如，他们不会去面对对贫民窟邻里造成破坏的政治和经济问题，局限于关注社会问题。服务站在邻里中的政治活动仅限于搜集各种房屋、卫生和娱乐的信息，一旦他们敢于冒险介入地方选举，想挑战地方政客，几乎都会以失败告终；仅有的少数成功例子，也是因为选区中的中上层阶级选民压倒了支持现有政党机器候选人的移民。

同样地，邻里居民在经济问题上也得不到服务站的支持，只能向别处——他们自己、他们的家庭或其他机构——求助。贫民窟居民在生活上遇到的种种难题，归根结底是因为缺乏经济能力来改变状况所致；劳动人民希望增加工资，希望有就业保障，希望能支配自己的经济生活，从而像中上层阶级那样过上健康安逸的日子。但服务站组织的各项社会活动，都是试图在现有的经济不平等的框架条件下实现社会和谐，这反映出自由主义改革派不愿意去触及贫困问题的经济根源。避免在阶级冲突中站队、不去挖掘经济根源的背后，意味着服务站是为掌权阶级的利益服务的，他们正如罗伯特·伍兹说的，是在“驱散社会混乱，重建社会秩序”；而如果站在工人一边，就会与自由派促进秩序与和谐的目标不一致，因为它激化而不是缓和阶级矛盾。此外，这种立场还会妨碍服务站从慈善资本家那里得到资金支持。所以服务站才专注于社会问题，而非政治或经济问题；也因此，共同体而非阶级成为了新自由主义国家的核心术语。[7]

每当遇到类似住房这样的经济问题，服务站的通行做法也是和 11
有权势者协商，与政府、建筑商而非与住户合作，然后就有了房屋改革立法的制定和通过；当然它在改革圈里也会赢得掌声，但整个过程看不到那些受这一立法影响最深的人群——邻里居民的意见和参与。服务站的改革人士没有看到，真正供应不足的是那种体面但是为民众负担得起、价格低廉的住房。在住房改革派的努力下，破旧的老房屋被推倒，代之以新建的公园和运动场，从1900年到1917年，单单芝加哥一地就兴建了90个公园和100个运动场。结果，改革派倡议的立法固然改善了房屋条件，却赶跑了老租户，因为上升的租金超出了他们的负担能力。所以，没有穷人的参与，不从劳动人民的需要出发，邻里复兴运动给劳动人民带来的常常是伤害而非帮助。[8]

虽然从汤因比堂到邻里互助会、赫尔堂，所有这些进步主义的服务站都宣称他们是要与民众一起行动，而不是越俎代庖，但这些社会福利式的邻里组织运动一直带有精英主义的色彩。于是，离开了公民的参与（就像上述的房屋问题），服务站的工作不仅没有给劳动人民解决问题，而且本身就成为问题的一部分。约翰·丹尼尔斯（John Daniels）是邻里民主的热心支持者，曾在1920年代出版过邻里组织的著作，他对“自上而下的”的方式作了如下解释：

> 为什么用这种方式，而不是去寻求邻里支持，这实在是很好理解。服务站从普遍动机来说是要推进地方福利，这是好事；从具体目标来说，比如说建运动场，也是好事。既然是好事，大家又都觉得这个需求很迫切，那么找到一个最快的实现目标的办法，当然就是最好的办法。相反，如果是把邻里民众组织起来，表达他们的要求，这非常耗时间，而且还会有人不同意，认为这个事情并不紧迫，或者目前的讨论方式不对。所以服务站的工作者觉得，既然自己已经掌握了情况，而且自己确实是在代表邻里的利益，那么最好的办法就是由他们替邻里做这些事，而不是邻里自己做，那会变得拖沓冗长。[9]

12 不过，之所以产生这种明显有精英色彩的行为方式，绝不仅仅是因为要做的事情太重要、太紧迫。事实上，服务站的一个核心理念是,要“提升”民众让他们也“感受高雅文化的魅力”,而这已经划定了“提升者”和“有待提升者”之间的阶级关系。玛丽·麦克道尔(Mary McDowell)在后院(Back of the Yards)邻里建起了一家芝加哥大学服务站,但没有人去问过当地居民是否需要这样的服务站。后院(以及其他地方)的服务站工作者没有想过要在工作中利用这一移民邻里已有的社团,或者把居民中的领袖组织起来,而只顾搬进邻里,按自己的设想建起服务站,用上层社会的风格装饰它,并在房间里贴上“不讲脏话”“不喝酒”之类的行为准则;然后就上门或者在大街上和人们交谈,邀请人们来参加服务站的活动。[10]

多数居民的典型态度都是与之保持距离。约翰·丹尼尔斯解释了原因,他指出,如果说“社区组织是要振兴基层的民主,让邻里成为真正民有民治民享的地方,那么绝大多数社区组织都没有实现自己的规划。之所以如此是因为,它们是从外部、而且往往是自上而下地用力,邻里基本上被撇在一边,没有起实质的作用”。[11]早在 1894 年的时候,赫尔堂作为当时运行最好的一个服务站,吸引了平均每周 2,000 人左右的参观者,而在它周围仅仅六个街区的范围里,却住了有 7 万多居民。在服务站建立后,多数移民领袖对它的态度还是非常友好的,很愿意与它合作;因为他们知道,服务站可以提供的社会服务十分有用,对于社区的妇女儿童尤为需要。但服务站并不等同于邻里或者邻里居民。一位社区领袖提到:“他们和别人没什么不同,都是一群人给我们做方案,告诉我们怎么对我们有利,从不问我们的意见,也不相信我们”。[12]在非白人社区,服务站的作用就更微不足道,一位美国黑人对此的看法是:“服务站在我们的生活里几乎没有影响。如果哪天它突然消失,我们这些人的生活、成长和发展也不会和过去有什么不同,我们还是和以前一样去适应美国生活。”[13]

工人阶级对这些外来人士发起、掌握的服务站组织不感兴趣,更 13

愿意依靠他们自己，依靠他们的家庭以及其他族群性或宗教性的自助机构。改革者们在这里犯了判断上的错误——姑且不说有优等族群意识作祟——他们认为城市贫民窟处于无组织状态，居民需要外部的力量推动，才能重新组织社区。事实上，不论工业化、移民还是贫民窟生活都没有消灭人们对支持性社区网络的需求，也没有摧毁他们建设这类网络的能力。他们不愿意依靠外来的上层阶级分子建立的服务站，而愿意求助自己的教会、互助性社团以及各种族群、劳工和政治类团体，更不用说还有各种非正式的支持网络来帮助他们实现集体和个人的利益。[14]

组建和领导服务站的人士，对于阶级和族群的分隔在现代都市中造成的民众的分裂，有非常准确的判断；阶级之间确实充斥着互不信任、相互敌视和沙文主义。服务站领导者来自另一阶层，他们一直生活在一个特权的世界，衣食无忧，不用干苦力，而他们在内城贫民窟里生活的那些新邻居，对贫困和劳工等问题却有清楚的认识，因此对"提升者"抱着明智的怀疑态度。鉴于这种状况，服务站首先应该做的，是鼓励居民参与决策，以此让自己的存在和工作在居民心中具有正当性。这是邻里组织运动的第一原则，而服务站却缺乏这方面的努力，这恰恰折射出工业都市中阶级间的互不信任和族裔的分裂到了何等严重的地步。以赫尔堂为例，理事会成员都是芝加哥城或其郊区的富豪，没有一个新西区邻里的居民当选——唯一的例外是简·亚当斯。再比如芝加哥普膳站(Chicago Commons)，创办人格雷厄姆·泰勒(Graham Taylor)辞去舍监(head resident)一职时，他的女儿莱雅接替了这个位置，因为泰勒认为邻里居民没有服务站工作者具备的那些能力，他们只能理解当地社区工人阶级世界的事情，没有办法把贫民窟的生活向上层阶级解释清楚。[15]那些由特定族裔发起建立的服务站同样如此。纽约哈莱姆联合会的犹太服务站是由出身上层阶级的德国犹太人和东欧犹太人于1905年建立的，目的是要改造东欧新迁来的无产阶级移民的价值观，结果那些保守的德国犹太人把持了理事会，不允许工人加入，即使东欧的精英也仅有一人入选。[16]

所以，在赫尔堂、芝加哥普膳站和哈莱姆联合会这三个最具有自 14
由主义色彩的服务站，阶级精英观而非民主选举决定了谁可以参与服务站的活动，决定了工作的目标。而大多数的服务站并没有那么强烈的进步主义倾向，对移民和工人阶级文化没有那么敏感，比如那些天主教和新教的服务站，它们的项目活动常常直接否定了工人从旧世界继承来的遗产和工人的自我形象。一般说来，改革者希望与工人阶级建立的结盟关系是，由他们提供大的方向，而且不能触动根本的阶级和权力关系。对他们来说，服务站工作的价值在于证明他们的艰苦付出和工作热忱，证明贫民窟极其恶劣的生活条件——当然这些也确实是事实。

总而言之，我们无须怀疑那些毕生致力于服务站的改革者们对社会改革理想的真诚信念，他们工作、居住都在贫民窟，冒着感染天花的危险去调查出租房和血汗工厂的条件，在自己明显属于外来人的社区里承受着挨家挨户的邻里工作必然会遭遇的各种挫折。在极少数场合中，比如他们支持卷入劳资纠纷的劳工时，还有被枪杀的事情发生。总体上说，他们为底层提供了需要的服务，增加了公众对贫民窟的关注，并呼吁人们行动起来以改变某些状况，在这些方面他们功不可没。他们的不足之处在于没有指出这些问题的病根；他们抱着“同一个共同体”、“同一种民主”的梦想，这使他们回避了美国城市中这些彼此分隔的群体存在着不同利益和目标的事实。他们似乎认为，只要自己坚持一个无阶级的、统一的社会理念，并且这样去行动，它就会变成现实。他们希望得到邻里居民的信任，由他们社会工作者来判断和满足穷人的需要，并最终用社会服务的方式来解决经济和政治问题。而工人阶级对这些邻里服务的反应，则是以实用的态度取自己所需，他们嘴上不一定说但心里知道，这些活动主要是为了维持稳定和秩序，是在深刻的经济和政治不平等的框架下提供的杯水车薪的改革方案；这些社会福利式的邻里组织与其说是为了满足劳动人民的需要，不如说是为了权势阶层的利益。

3. 社区活动中心(Community Center)运动

> 没有什么比你(在社区)所做的一切更能激起我的兴趣。你见证了民主的根基的存在。
>
> ——查尔斯·埃文斯·休斯，纽约州长

转眼到了1910年代，另一批对邻里组织运动感兴趣的自由派改革者感到，应该有更有效、更受欢迎的组织形式来取代服务站。显而易见，服务站并未实现参与民主的目标，退一步说即使它在实现这一目标，区区四百家服务站相比于斯坦顿·科伊特一个邻里一个站的梦想仍有不小差距。此外，服务站的设立和运行均需要开支，而赞助企业对服务站严重缺乏兴趣。事实上，等到越来越多的各级政府官员(国家、州和地方)开始热心改革方案以促进阶级和谐时，对服务站这种私人性质的组织进行资助的必要性也就越来越低。

于是到了“一战”前的几年里，邻里工作者把自己的工作转变成一项专门的职业，“社区组织”，以增加自己的合法性，也使工作更加系统、更有效率，更吸引捐款人。职业化在其他一些白领行业早有先例，医生、律师、大学教授都已经把自己提升为“专家”。邻里工作的职业化在1914年之前就已起步，只是不太起眼，到“一战”期间它迅速发展，然后在1920年代正式定型：这时出现了一门新兴的职业，叫“社会工作”，而社区组织(以及个案工作、团体工作)都成为它的附属领域。在这一过程中，邻里工作的重心也发生了转变，从推动社会改革转向协调各类社会福利机构及活动。于是，新的活动项目不仅见不到公民的身影，而且对民主参与几乎是毫无兴趣，——事实上，社区组织越是把专业技能放在首位，邻里的居民在其眼里就越是作为社会服务的消极接受者而存在。这方面最生动的例子就是社区中心运动的早期历程，它最好地说明了职业化会对社会福利型邻里组织运动带来怎样的影响。

早在 1907 年，一些积极推动居住、文娱和成人教育改革的人士 16
就进行了联合游说，目的是让校园建筑在课余时间可以用作邻里的社区活动中心。它的始作俑者是纽约的罗切斯特市，爱德华·沃德(Edward Ward)先生在公共资金的支持下，在一家公立学校建起了一个以邻里为基础的公民社团。不过，在课后时间把学校用作文娱活动中心，说起来并不是沃德的发明，从 1890 年开始，一些大城市的学校董事会就利用公立学校为成人提供免费的教育课程和娱乐活动，以便加快美国化的进程。但沃德新设立的社区活动中心却与以往不同，它不只是举办文娱活动，更重要的功能如组织者所说的，是作为“社会化的学校”，希望对那些在阶级和族群上相互隔离，因而无法感受到共同的纽带、忠诚和责任的群体产生强烈的吸引。所以说社区活动中心的目的是为工人和移民带来和睦与合作，解决贫民窟生活的某些困难，就此而言它与社区服务站没有不同。

站在政府官员的角度，当然不愿意支持这样的项目，因为它有可能发展出一套超出他们控制的政治机器；但是把学校改造成邻里活动中心的想法在 1920 年代还是迅速得到了人们的支持，一如十年前服务站运动中的情形那样。各种用途的活动中心，包括投票、就职信息、文娱、教育、卫生服务和美国化，都在学校建了起来。在纽约下东区建立的第一个活动中心，公立学校 63 号社会活动中心，在运营的第一年(1911—1912年)累计参加人数就达到了将近13万。1912年，三大政党(民主党、共和党和进步党)都把这一理念列入了自己的全国精选纲领。到1918—1919年，全国有307个城市建起了社区活动中心(其间在1915年原来的社会活动中心改称社区活动中心)，再过五年，这个数字增加了一倍多，达到240家；而到1930年，单单纽约就有将近500家活动中心，每年累计参加活动人数超过400万。事实上，到了1930年，社区活动中心已经实现了改革者的设想，成为真正走进人们日常生活的邻里公共空间。

活动中心是在进步主义运动的高峰时期即1907—1915年开始出现的，它重视的价值是自助和合作。在公立学校63号社会活动中心创办人克林顿·柴尔兹(Clinton Childs)看来，它已经成为邻里民主的中心地带：

> 34 17 我们的社会活动中心既是俱乐部，又是议事会。一个社群组织起这样的中心，就可以表达自己的政治和社会利益，洞悉自己的想法和生活，发现并实现自己的需求——无论它是政治领域，还是卫生、文娱、教育或者工业领域的需求。民主社会的成功和维持，都有赖于这样的社区组织。[17]

公立学校63号社会活动中心的发展模式，后来成为全国活动中心的样板。柴尔兹的工作是由人民学院(The People's Institute)资助的，人民学院是一家私人的、多面向的改革组织，主要活动区域就在曼哈顿的下东区邻里。它首先成立了一个由职业改革家、大学老师和企业家组成的委员会，再由委员会来挑选邻里试验区。如果试验区获得当地居民的支持，委员会就去说服教育委员会同意使用邻里内的校园。柴尔兹是委员会招募的一名组织者，他进入了这个移民为主的邻里，找到支持委员会想法的群体，得到了他们的帮助和参与。就这样,通过当地组织的协助,柴尔兹成功地在校园里组织了一次公众会议,以讨论拟议中的活动中心。会议选举产生了一个社会活动中心委员会,并组成了主要由邻里俱乐部代表参加的邻里小组,负责中心运营,柴尔兹当选为小组组长。

消息迅速传遍了邻里,现在人们都知道学校会在课余时间开放,都非常兴奋。人民学院和其他组织主办了一系列文娱活动,包括音乐会、周末公民论坛、儿童福利展览会等等。一支由30名工人和学生组成的乐队,自称为贝多芬音乐协会,在一位邻里居民的指挥下在活动中心举办了10场音乐会。还有各种讨论工人问题和时事政治的政治讨论会,进步党、民主党、社会主义党还有工会代表都参与其中。

在不同城市不同中心,活动的内容会有不同,它取决于组织者的兴趣以及当地的政治形势。罗切斯特市的社会活动中心注重公共政治讨论,纽约市的活动内容则从各类服务活动到文娱活动再到政治

讨论和俱乐部会议,应有尽有。总的说来,多数中心都以文娱活动为 18
主,而不是以政治议题或社会变革为中心,因为这类话题不受政府官员的欢迎。比如在罗切斯特,如果中心关注社会政治热点,地方官员马上就会抨击它搞社会主义,中断对它的资助。

虽然社会活动中心在理念上倡导“自下而上”的治理,但从一开始它就和社会服务站大同小异,公民的参与仅限于成为俱乐部成员和参加中心活动。在有些情况下,本地的俱乐部和机构的领导人也会成为发起团体的成员,但整个计划和监管工作都是由中心的发起人和负责人,即那些职业组织者来掌握。所以,虽然中心在理念上希望职业人士仅仅充当咨询师,为邻里居民提供服务,但现实中双方很快蜕变为一种精英主导的关系,职业的社会福利工作者决定一切重要事务,社区民众被弃之一旁。

所以，从结果来看，社会活动中心并不比服务站做得更好，它同样没有超越自由主义社会福利型邻里组织运动的局限。按理说来，中心工作者的邻里组织活动应该比早年的服务站更容易一些。毕竟到 1910 年，许多邻里的居民已经习惯了上门的“社会慈善家”，那些对居民反应比较敏感的进步社会改革家凭借自己的服务，赢得了人们一定程度的认可。在随后的十年里，社会改革成为了城市的一道永久风景，在社会活动中心倡导者的前面，已经有了前人可资利用的传统和历史经验。人们可以从服务站的经验中得到启发，这类机构的长期存在固然可以缓解邻里的冲突，但仅此不足以消除阶级和族群之间的猜疑。一边是自由主义邻里组织者的家长和精英心态，另一边是充斥在阶级和族群关系间的不信任，两者之间的裂痕是无法仅靠时间或善意弥合的。

克服这中间存在的障碍并非不可能，但依靠服务站那套组织方法和目标却是行不通的，必须另起炉灶，要按照工人阶级对自己需求的理解来满足他们的需求。其中第一位的，是应该告诉参加社会活动中心的那些邻里团体，中心由他们运作，这是他们的空间。但是，这样一个真正属于人民的机构始终没有建立起来，居民没有掌握公
19 立学校的支配权，学校董事会和组织者也没有打算把支配权交给他们。组织者为了改进工作，也会征询邻里居民的意见，询问他们有什么要求，或者联系社区的组织和领袖，争取他们的支持，但是他们没法克服自己的阶级偏见，此外，组织者使用的是城市的公共设施，地方官员担心这些设施一旦落入居民的控制，就会催生出独立的工人政治组织，所以总是提出各种限制，这么一来这些中心的所谓公民参与就不过摆摆样子，提供一些意见而已。所以，最终社会活动中心也没有发展出由邻里居民直接运作的那类邻里机构才具有的合法性，这一运动在组织方式上迅速走向职业化的邻里工作模式。这是之前

和往后的社会工作型社区机构常常表现出来的特征。

纵观二十世纪初叶的自由主义改革运动，一直存在职业化、官僚化和集权化的趋势。始作俑者是企业自由主义者，他们把这些原则应用到了自己的商业实践中；紧随其后的是“好政府”的倡议者，他们希望引入诸如有行政专长而无党派色彩的城市经理人之类的市政改革方案。在新兴的社会福利工作领域，社区工作在1915年后变得日益职业化，这一点对社会活动中心也不例外。组织者不再关心阶级合作的培育，而更在意如何协调各个社会福利项目，和组织职业化社团，以便为邻里工作提供更专业、更系统的指导。比如在1916年，他们组织成立全国社区活动中心协会（NCCA），这是一个职业化的机构，它出版每周一期的《社区活动中心报》，内容是交流组织者在邻里活动的新闻，讨论各种可行与不可行的工作方法，并探讨该职业的发展趋势。协会还主办各种从业者会议，以推动社区工作者之间的合作和分享经验，希望能培育出一个支持性网络，从而帮助从业者形成更明确的职业身份意识。

在基层，许多中心组织者越来越热衷于在邻里提供各种无所不包的计划和职业培训方案。在纽约的格拉莫西区（Gramercy），邻里工作者在建起了社区活动中心后，又成立了针对社区工作者的培训学校，这是第一家专为有志于社区工作这一新职业的人提供学术和实践培训的学校；他们还成立了一个社区信息交流中心，这是一家职
业化管理的服务机构，目的是为邻里居民提供就业、卫生、住房和改 20
革运动等方面的信息。这些机构与前述的全国社区活动中心协会一样，都是为了给职业化的社区工作者提供一个增强身份意识、接受老师指导并获得实践机会的渠道。

甚至公民参与的说辞也体现出这一方向上的变化，它用职业化的语言做了重新的表述，重心放在“科学技能”上。比如克林顿·柴

尔兹在1911年建立纽约市第一家社会活动中心时，他对中心的定位是“社区俱乐部和议事会”；而到了1917年，当时纽约最重要的组织家、后来在30年代担任印第安事务局局长的约翰·科利尔（John Collier），把中心看成是适宜“专家”发挥作用的邻里场所，他认为：“民主离不开科学，社区运动的目标是把科学——即专家——送到人们的手里……这样外行能分享到专家身上的热情，而专家则在真正的、草根的意义上成为公民的智囊和仆人。”[18]

可惜这只是愿望，而没有成为现实。事实上，中心越来越多地属于实际操作的专家，而非邻里的居民；科利尔团队的角色不是智囊，而成了总管。到1915年，很多中心所属的邻里团体在成员构成上都有了变化，从草根邻里组织选举产生的代表变成了当地社会服务机构和政府部门任命的专业人士。既然新的重点是职业化、高效率的服务，邻里团体的作用也就有了变化，它不再是公民参与的通道，而是一个由各服务提供部门（如医院、文娱团体等）选派代表组成的协调委员会。总之，它不再是什么社区议事会，而越来越成为一个以邻里为据点、提供职业化社会服务的官僚机构。

这里，主要的问题不在职业化本身。到了一定阶段，出现支持性网络、交流渠道、培训中心以及各种意在使邻里组织实践变得更有效率、更加系统的项目计划，这是有价值的，也是自然的。问题是，职业化是为谁的利益服务？历史学家告诉我们，一旦自由主义改革运动开始把“专业技能”置于其他因素之上，它的行动就会表现出明显的不民主。而社会服务中心和服务站运动正是这样，它们日益显著的职业化色彩反映出自由主义的改革目标已经蜕变，现在重点变成了能力素质、同行认可以及社区工作的技术细节。一旦缺少了体现居
21 民参与的民主理论，不去自始至终地鼓励邻里自主运作的机构，职业化的结果只是与居民的日益隔绝。随着职业化的目标和兴趣压倒了

一切,早期的邻里自主自决的理想变成了人们对社会活动中心运动早期不成熟阶段的记忆。

美国加入"一战"标志着这一趋势得到了确认。1917 年年末,联邦的国防委员会及其在各州和市的下属机构制订了一个计划,意在实现"邻里的国家化",以配合国内的战时动员。这个运动带有高度的官僚化和集权化色彩,而社区活动中心的那些职业人士认为这个计划是对他们长期努力的肯定,便全身心地推动社区活动中心来协调各种草根力量,支持华盛顿制定的这一计划。于是,通过支持这场旨在"为民主营造一个安全的世界"[①]的战争,中心组织者及地方的社会福利福利与政治领袖一起把社区活动中心改造成了国家设在邻里的武装力量。

伴随着战时官僚化趋势日益加强,对各种活动的监控也越来越频繁。地方的国防委员会办公室里的市政官员和社工人员,从公共及私营部门里选派代表进驻社区活动中心的邻里团体。很快,中心的活动计划就完全与战争需要合拍,同时也反映那些控制了董事会的新特殊利益集团的需要。娱乐活动不再受到重视,公共论坛则处于中心工作人员的严密监视中,因为他们受到地方当局的压力要警惕颠覆活动。对有些用外语进行的活动计划,市政官员自己不懂又不放心,于是干脆取消。公民及社会俱乐部的活动充斥着爱国宣传,电影也受到审查,以符合战争的目的。现在,活动中心的用途只是布置协调各种美国化课程、红十字救援、自由公债销售及食品限购计划。

这种形势下,情况只会和以前一样,甚至比以前更糟糕,公民参

① 这是美国总统伍德罗·威尔逊在 1917 年解释美国为何参与一战时所做的经典表述。——中译注

与仅限于参加由专家主持的活动计划。居民来到中心,是让自己投身战争工作,为战争提供支持和做出牺牲。为此,凡是使用中心的居民都必须进行宣誓:

> 我承诺在战争期间尽我的能力,遵照食品管理局的命令节约食物,按照燃油管理局的要求节省燃料,根据工资收入认购自
> 22 由公债或者购买战争储蓄票(War Saving's Stamps),向公益组织捐助书籍、衣物和资金,并在时间允许的时候提供服务。[19]

从某种角度,可以说社区活动中心在战时得到了繁荣,活动增加了,钱也多了,到战争结束时全国拥有社区活动中心的城市增加到了107个。社区运动得到了广泛的认可和好评。然而,十年前运动开始时组织者所呼吁的那些价值和目标现在却不见了,社区工作的官僚化、集权化和职业化带来了社区工作的成功,但实现的是截然不同
40 的价值和目标;加强公民参与,缓和阶级冲突,提供良好服务,这些改革目标在战争动员的压力下,被替换成了直截了当的社会控制,政府和专家主导,以及对不同声音的压制。有些邻里工作者(如约翰·科利尔)也曾对日益严重的集权化和官僚化感到忧虑,而更多的人却认为这些战时活动提供了良机,可以把民主的社会工程应用于实践,一旦获得成功,就可以为战后以邻里为基础开展重建工作打下基础。最后,所有这些人都支持战争,支持把活动中心用于战时动员。

进入1920年代,邻里工作的职业化、官僚化趋势仍在持续。20年代并没有迎来改革者希望的战后重建计划,反而开始了保守主义的反动,它指责自由派的"热心肠"把美国拖入了战争。回避公民参与,坚持专家管理,成为这十年邻里服务计划的通行规则。这一时期最主要的社区组织理论家勒罗伊·鲍曼(Leroy Bowman)曾用轻蔑的口吻,把早先的做法称之为"几年前出现的社区宗教,其目标是把民众拉入社

区组织中，它带有极端的民主色彩，沉浸在邻里友爱的幻想中”。[20] 20 年代的职业化社区工作倡导的极端冷静的现实主义，认为优先要满足的是民众的社会福利需求，而不是社区组织民主化的浪漫理想。

在两个基本的判断上，鲍曼都错了。第一，早期的社区组织并不民主，它唯一极端的地方只是在于公民参与的口头目标与职业化精英控制的实际运作之间的差距上；第二，就满足邻里的需求而言，
20 年代也不比以前做得好。20 年代的社区工作者和他们的前人比 23
起来，可能用了更多的时间来研究和分析社区问题，但不是谈论民主，而从工作效果上说，两个不同时期的自由主义社区工作几乎没有差别。20 年代的社区活动中心一如 1907 年它创立时一样，都以文娱活动为主。在 20 年代，地方官员都把社区活动中心视为地方政府的一个责任，采用一套高度官僚化和集权化的社区学校管理体制，由学校官员及社会福利和文娱方面的专业人士负责它的运行。

因此，鲍曼的看法所表达的只是 20 年代社会工作在理念上与从前民主公民参与理想的决裂，两者在邻里组织的具体做法及影响上基本没有区别。社区工作现在强调的依然是对职业化的关注，是高效的服务提供；无论过去还是现在，所谓“专家”和“民众”的合作伙伴关系从来没有成为现实。如果说这一时期的城市贫困状况有所改善，那也不能归功于社区活动中心的职业人士，——他们以为提供一些起安抚作用的娱乐服务，就可以改善贫民窟的生活。事实上，社会服务站也好，社区活动中心也好，自由派改革家所建立的邻里组织既称不上民主，在消除贫困的根源方面也谈不上有效。

4. 辛辛那提社会单位计划

> 我们理解的民主，不是人民的统治，也不是代议制政府，而是把我们自己——我们所有人——组织起来的一种方式：我们

一起研究彼此共同的需要，一起决定优先满足哪些需要，然后根据国内的条件，采用最好的技术手段来制定可以满足需要的方案，然后加以细致的研究并付诸实践；最后，我们自己动手执行方案，因为这是我们自己提出的方案，这些方案的性质决定了他人无法越俎代庖，只能我们自己来做。这样的组织方式，目的不是为了损害一些人以造福另一些人，而是要造福全体，造福每一个人。

——威尔伯·菲利普斯，社区组织者

24 菲利普斯夫妇提出的社区组织方案，最好不过地表明，民主在美国是有希望的。

——玛丽·弗里特，服务站工作者

42 在大萧条之前，邻里组织运动中最具抱负、最受赞誉、传播最广的试验要数“辛辛那提社会单位组织”(Cincinnati Social Unit Organization)。社会单位计划首先是在密尔沃基的圣希利尔教区、然后在辛辛那提一个叫莫霍克-布莱顿(Mohawk-Brighton)的邻里进行试验，它的设计师和主要组织者是威尔伯·菲利普斯和艾西·菲利普斯夫妇(Wilbur and Elsie Phillips)。他们和此前投身于服务站和社会活动中心的人们有一些相似之处，这表现在：他们对美国城市生活中日益严重的隔离感到不安；他们都组织了邻里试验，希望以此超越阶级障碍，使劳动人民也参与到进步主义的改革中来；并且，他们都对“专家”的作用寄予过很大期望，希望它能解决美国的问题。社会单位计划的出台，就是设想专家应该服务于人民的需要，社会服务的享用者应该与职业人士享有同样的权利，民主地决定当地有哪些需求。但是，社会单位计划有一点和另两个运动不同：菲利普斯夫妇煞费苦心地设计、实施的邻里卫生计划，确实做到了言行一致。他们的问题在于,他们一再地淡化邻里组织运动的政治色彩,后果却大大出乎意料:他们的方案本来是要组织社会单位,解决社会问题,培育社会和谐,不想很快就陷入政治冲突中而导致组织解体;这令他们十分沮丧。

威尔伯·菲利普斯从1906年开始他的社会服务生涯,当时他从哈佛大学毕业,来到纽约牛奶委员会(New York Milk Committee)工作。牛奶委员会是由另一家历史较为悠久的社团,纽约改善贫困人口状况协会(The New York Association for Improving the Condition of the Poor),为了调查供给穷人区的牛奶的品质以及“不良”牛奶导致的婴儿健康问题而成立的。当时职业卫生人士之间存在激烈的争论,对巴氏杀菌奶和人口喂养是否影响到婴儿的死亡和
疾病没有一致的意见。菲利普斯在邻里牛奶站发起了一个免费牛奶 25
行动,这个行动虽然没有解决上述营养学的争论,但菲利普斯从中意识到,造成穷人区高达六分之一的婴儿死亡率的罪魁祸首,不是牛奶的质量,而是贫穷。

不久以后和艾西·拉格朗日·科尔的婚姻,促使菲利普斯下决心离开了牛奶委员会。科尔的父亲是纽约州奥尔巴尼市的地方教育官员,在瓦萨学院受的教育,与菲利普斯相识时正为妇女工会工作。艾西是社会党的党员,菲利普斯与她不仅在婚姻中,也在党员身份上走到了一起。两人在社会党中同属于右翼,在阶级分裂问题上他们与社工同行看法一致,都相信这更多是由于误解。威尔伯曾经见过一次约翰·D.洛克菲勒,在他看来,像洛克菲勒这样的资本家“是个完全的好人,只是他们的鼻子底下闻不到贫穷的臭味”。[21]他们相信需要一套新的生产和分配体制,菲利普斯将之形容为一套为了人道的用途、而非为了利润而组织起来的体制。社会党对他们来说很好地阐明了这种理想:人类的团结和友爱,以及向一直合作的民主制的

和平转变。

1911 年，菲利普斯夫妇离开纽约，来到密尔沃基，加入了首度当选的社会党市政府。威尔伯结合了自己在牛奶委员会的经验，提出了儿童福利计划，这是一个以社区为基地、实现民主管理的新试验，经过说服，他得到了新政府的支持。在市政府底下有一个接受市政府监督的半私人机构，儿童福利委员会，菲利普斯夫妇两人都在其中担任董事。凭借这一身份，他们在圣希利尔教区建立了一家儿童健康中心，把医生、护士和助产士引入了中心，与当地邻里妇女组成的委员会合作，由后者收集邻里遇到的婴儿健康问题的数据，鼓励居民采用新式的邻里卫生服务。菲利普斯夫妇的试验收到了很好的效果，邻里居民也非常支持，有鉴于此，他们开始尝试在全市推广这一计划。比起从前，现在他们更有信心：一个居民和专家相互帮助、民主管理的合作式的共同体已经指日可待。[22]

由于反社会党联盟在选举中获胜，密尔沃基市政府不再被社会党控制。新政府全面清理各项社会主义计划，逐步终止了儿童福利
26 委员会。菲利普斯夫妇回到东部地区，暂时处于无事可做的状态。他们坚信自己的道路是正确的，但美国城市政治的冷酷现实使他们深受伤害。他们感到如果要实现民主，必须首先进行政府的重建，从邻里街区开始，按照非党派原则往上逐级重建。这就是他们所称的“社会单位计划”，1915 年他们组成了一个临时的筹委会，以推动这一计划。在同年举行的委员会会议上，菲利普斯夫妇召集了一支阵容强大的进步党人队伍，其中有著名的古根海姆和蒂芙尼慈善家族代表，社会主义者海伦·费尔普斯·斯托克斯和约翰·斯帕格，工业家阿道夫·拉维生和小威廉·罗卜，思想界及政界领袖吉福德·平肖、费利克斯·法兰克福特和赫伯特·克罗利，这批三十年代前最有影响、最负盛名的改革派领袖和支持者彼此共聚一堂。会议募集了

10 万美元，以支持将于 1916 年成立“全国社会单位组织”（NSUO），同时平肖、哈里曼、蒂芙尼与一些知名社工人士一道接受了机构管理者的职位。

社会单位计划主要有四个组成部分：街区议事会、公民议事会、职业议事会和总议事会。整个计划的基石是街区议事会，由街区的居民组成，这些邻里的居民将决定自己的需要和先后顺序，然后交给公民议事会讨论。每个街区选举一名街区工作者，作为代表参加公民议事会。职业人士组成的职业团体和街区的作用类似，每个团体选举一名代表参加职业议事会。总议事会是一个负责决策的委员会，由公民议事会和职业议事会的代表组成。总体上看，这样一个简单的民主框架能同时保证居民和专家的有价值的参与，而且可以在各种类型的邻里计划中应用。

菲利普斯夫妇和“全国社会单位组织”开始寻找一个适合的邻 *45*
里，以便进行儿童卫生保健中心的试验。最后他们挑选了辛辛那提，因为那里的社工人员和医护人员对计划特别热心。威尔伯的整个1917 年几乎都用于中心的准备工作，他在全市举行咨询讲座，争取主要的专业部门的支持。1917 年 3 月，经 600 名辛辛那提人的投
票，“辛辛那提社会单位组织”（CSUO）宣告成立，由于有很多邻里都 27
想成为试点，“辛辛那提社会单位组织”专门任命了一个委员会来进行遴选。脱颖而出的五个邻里，包括最终胜出的莫霍克-布莱顿，都属于这个“环-扇状”（ring-sector）城市中的“浮出区域”（Zone of Emergence）——这是服务站社工使用的称呼，因为这一区域恰好处于贫民窟核心带的外围，居民是来自爱尔兰和德国的老移民，“他们开始浮出贫民窟，进入美国的主流生活”。[23] 在菲利普斯夫妇看来，这一区域的邻里（尤其莫霍克-布莱顿）比内城由新移民组成的贫民窟邻里更有吸引力：新移民邻里虽然更需要卫生保健服务，但“浮出区

域”的邻里对他们更友好，更容易组织起来。[24]

邻里迅速按照社会单位要求的结构组织了起来。莫霍克-布莱顿分成了31个街区，每个街区差不多500人。在每个街区，“辛辛那提社会单位组织”和支持者接触，希望他们组织街区议事会，然后每个街区议事会选出一个街区工作者作为代表，服务大家。街区工作者的选举投票率达到了71%，远远超过了其他的地方选举。当选的街区工作者都是无业妇女，毕竟她们更喜欢婴儿保健工作，在这方面也更有经验。菲利普斯夫妇把社会单位计划向街区工作者做了解释，并给他们讲授街区组织的方法和职责，这些工作包括收集数据、在街区团体中发展公民参与、传播资讯，像社工人员那样为街区提供服务，而报酬是一天八美元。同时，菲利普斯夫妇和临时筹委会还组建了医生、护士和社工组成的各种专业团体，这些团体选举代表组成

职业议事会。比如，医生议事会共有26位医生，他们可以选举9名代表参加职业议事会。筹委会还邀请了教师、商人和神职人员参加，但这些人并无多少兴趣。在“辛辛那提社会单位组织”成立仅仅六个月后，菲利普斯夫妇就建成了“莫霍克-布莱顿社会单位组织”，并从私人手里募集到35,000美元，从辛辛那提的其他社会和卫生组织那里也筹到15,000美元。[25]

该组织的第一个项目，儿童卫生保健中心，取得了引人注目的成功。护理人员和街区工作者对576名婴儿做了5,388次家访，为其中超过三分之二的婴儿做了全面的体检。有了产后护理之后，他们
28 又发展了其他预防性的产前保健活动。到1920年，为了满足人们越来越多的需要，“莫霍克-布莱顿社会单位组织”一共开设了产前检查、学龄前儿童体验、床边护理、社区结核病控制、传染病预防和产后检查等服务。[26]用了短短两年时间，“辛辛那提社会单位组织”就建成了全美最全面、最有效、最具合作性的公共卫生项目。

1919年3月,时任民主党威尔逊政府内政部长的富兰克林·K.莱恩(Franklin K. Lane)成为"全国社会单位组织"的荣誉主席,他宣布组织计划在全国范围内再开展若干示范项目;看起来菲利普斯夫妇的社会单位计划就要遍布全国,声名远播了。但就在同一天,在辛辛那提这座共和党人的城市,市长约翰·高尔文(John Galvin)在莱恩的兴头上泼了一盆冷水,他指控"辛辛那提社会单位组织"已经"距布尔什维克只有一步之遥",警告这是"试图在政府内部另立政府"。[27]辛辛那提有一支叫"红人"(Reds)的棒球队,这一年它会赢得世界职业棒球大赛的桂冠,而这是高尔文在辛辛那提市唯一可以容忍的红色队伍;如果是一支会在城市里催生出新政治力量的红色队伍,那结局可想而知。一年以后,"辛辛那提社会单位组织"就仅仅成为了记忆,运动退潮如此之快,其中的教训发人深省。

1918年,菲利普斯夫妇也曾遭遇过一次类似的指控却顺利过了关。当时有个吉米·怀特(Jimmie White),他是公共福利部长,同时也是联合礼拜堂(Union Bethel)服务站的负责人,因为是个要人,所以也受到邀请,加入了该计划中的社工职业团体,但是社会单位领导人——绝大多数在政治上其实是自由主义者而非社会主义者——所表达的"社会主义理念"让他大为震惊。吉米·怀特是一位保守的辛辛那提人,"辛辛那提社会单位组织"的进步主义理念在他看来充满了危险。他和另一位更极端的保守主义者查理·P.塔夫脱(Charles P. Taft)是密友,这位塔夫脱是位千万富翁,《时代明星报》(*Times-Star*)的老板,美国前总统威廉·霍华德·塔夫脱的弟弟,于是,当怀特声称"辛辛那提社会单位组织"实质上已经成为一个带有社会主义倾向的全国性政党,并辞去在该职业团体中的职务时,塔夫脱把全部的指控都登在了报纸的头版上。不过,由于当时全国的注意力都在战争上,菲利普斯夫妇得以化险为夷。

但一年后的形势有了不同，高尔文的指控正值“红色恐惧症”发
29 作时，布尔什维克在苏联取得的胜利为全美的政治迫害提供了口实，全国在司法部长、政治投机分子 A. 米切尔·帕尔默(A. Michael Palmer)的指挥下开展了清洗极端分子的运动。在辛辛那提头面人物的协同攻击之下，“辛辛那提社会单位组织”迅速失去了支持。辛辛那提社会机构理事会是一个由保守派商人和政客控制的机构，也是社会单位计划的主要资金来源，这时取消了所有的资金支持，包括已经答应的那部分资金。不仅如此，这个理事会还威胁说，对于继续支持社会单位的任何机构，他们都将撤回支持。为此，菲利普斯夫妇和自由派盟友在他们的社会单位里组织了一次全民投票，莫霍克-布莱顿的大约 7,000 合格选民中有 4,000 人宣布支持他们的计划，反对者仅有 120 人。民众展示了他们的支持力量，但邻里公民的表决不足以挽回计划。[28]之后不久，“辛辛那提社会单位组织”宣布关门，到 1921 年年中，社会单位理念在全国都宣告了死亡。

社会单位计划的结局，部分是由于战后反激进主义、反改革的政治局势所致。全国性的大政方针对邻里的实践总会有深刻的影响，这是他们无法控制的。1919 年之后的十年里盛行的“红色恐惧症”和“回归常态”的呼声使很多自由激进的改革遭到打击，但是，“辛辛那提社会单位组织”之所以迅速瓦解，在反动力量的进攻面前毫无还手之力，部分地也要归因于菲利普斯夫妇及其进步主义团队在邻里实践中犯下的严重错误。多年后，威尔伯总结了“辛辛那提社会单位组织”失败的教训，认为是经济上缺乏独立所致。确实，过分依赖精英的支持通常都会损害社会变革的努力，结果它或者十分短命，或者被旧势力吸附。但这也只是问题的一个方面，“辛辛那提社会单位组织”的真正问题在于，它没有能够在莫霍克-布莱顿地区充分扎根，而没有这样的根基，在动荡时期它就无从获得支持和滋养。

社会单位计划之所以成功,很大程度上是由于它在全国范围得到了一些有钱有势、地位显赫的自由派人士的有力支持,而菲利普斯夫妇在组织战略上也将此作为工作重点,投入了大量精力,成效也十分显著。但在另一方面,对于如何动员邻里民众参与街区团体,他们却做得很不理想。莫霍克-布莱顿试验吸引和培养了很多土生土长的邻里领袖,这一点非常值得肯定,它的街区工作者作为中间人和支持者工作十分积极,付出了努力而且取得了成效,这远远超过了社会
服务站和社群活动中心的本地领袖培养计划。但它仍是过于依赖这 30
些街区工作者了,而大多数居民很少想到要参与其中。

事实上,菲利普斯夫妇和街区工作者确实没有花费很多时间在街区层面动员民众,没有真正将组织植入草根。但他们之未能吸引邻里居民的积极参与,也与他们强调社会单位计划的非政治色彩有关。儿童健康问题在自由派那里得到了广泛的支持,也使城市精英接受了示范项目,但是良好的医疗服务问题同样也是可以吸引邻里的激进分子加盟的,而菲利普斯夫妇从事的"后密尔沃基"政治却是要寻求现有权力格局的共识和合作,因此没有把邻里的医疗服务作为一项邻里民众应该加以捍卫的政治权利提出来。他们选取了一条较为保守的组织战略,未将公民参与置于优先地位,没有意识到脱离了居民的参与,不去激发居民保卫这些计划的愿望,那么反对派、还有那些自由派慈善家既可以很轻易地答应和支持这些医疗服务,也可以很轻易地就将之取消。在草根层面,本来是地方利益比自由派精英的力量更为强大的地方,但由于没有对激进的草根力量加以动员,社会单位组织在这里打了败仗。

辛辛那提社会单位试验告诉我们,邻里组织运动必然是一项政治行动,具有政治后果;为了更多的合作、为了更公平的民主而组织起来,这是高度政治化的行为。高尔文市长批判菲利普斯夫妇企图

建立“政府中的政府”，这未免离题太远，但他指控他们在密尔沃基之后“完全卷入了政治”，这却比菲利普斯夫妇自己的认知更接近事实。[29]菲利普斯夫妇自认为他们的社区工作高于政治，把社会单位计划看成是一项超越政治的普遍性事业，可以从各个“讲理”的人群中赢得支持。事实上，对眼前的政治局势不加以分析，对辛辛那提的各种阶级和势力没有深入的理解，菲利普斯夫妇和“辛辛那提社会单位组织”注定是要败给那些更有实力、政治上更加警觉的对手的。

菲利普斯夫妇本应该理解这一切，密尔沃基的失败已经向他们揭示了改革计划的脆弱。但讽刺的是，经历密尔沃基之后，他们却更
31 加保守，希望让他们的活动去政治化，满足于寻找最低限度的共识。这样的“实用主义方式”虽然有助于计划的起步，但也仅限于此，因为它从一开始就是走在薄冰上。菲利普斯毕竟是外来人士，至少从前也是社会主义者，在全国有很多有影响的同为改革家的追随者，因此他们和辛辛那提本地精英的眼前利益并不全然一致。一方面既得不到莫霍克-布莱顿邻里的激进居民的支持，另一方面又不掌握地方的政治权力，于是随着疑虑越来越转变为敌视，菲利普斯夫妇和社会单位计划也就完全没有凭借了。

第二章　激进邻里组织运动:1929—1946[32]

1. 大萧条和新政

房东,房东,
我的屋顶漏。
上星期我就告诉你了,
怎么不来修?

51

房东,房东,
楼梯已烂朽。
你亲自来查房时,
差一点栽跟头。

你说我欠你十块钱?
你说十块钱到期已久?
好吧,只要你把房子修好,
我一定把房租交够。

怎么?你要掐断我的暖气?
你要把房屋佃权抽?
你要把我的家具

往大街上丢？

为了把我赶走，
你气势汹汹，吵闹不休。
要是我挥拳把你揍，
准保你一个字也说不出口。

33 “警察！警察！
快把这家伙抓走！
他图谋不轨，颠覆政府，
他要翻转地球！”

警笛鸣，

警钟响，
顿时我成了阶下囚。

进了警察局，
关在铁窗后，
报纸头条赫然披露：

不法之徒威逼房东
房客无保被扣
法庭判处黑鬼九十天拘留。

——兰斯顿·休斯《房东之歌》[1]

---

① 诗的译文出自庞德等《美国现代六诗人选集》(申奥译，湖南人民出版社，1985，第345—346页)。——中译注

企业自由主义推动的进步主义改革,有赖于经济的健康繁荣。那些改革项目所需投资巨大,除非企业利润可观不仅使投资人心满意足,还能应付工资的增长和劳动条件的改善,以及各种社会改革计划的支出,否则难以为继。总体上看,1900—1929 年正是这样一段时期,企业维持着持续的增长和可观的利润;但随着 1929 年股市的崩溃,这一时期走到了终点,随之开始了长达十年之久的经济萧条。企业自由主义者的种种方案——更不用说劳动人民的那些方案——一头撞上了全国性经济萧条的大礁石。

随着经济衰退的加剧,人们对诸如没有工作,无力支付房租以及扶贫计划的不及时之类的状况,越来越失去耐心,这激起了大量的个人挑战行为,兰斯顿·休斯所写的《房东之歌》描述的正是这一情形。这股骚动的情绪,从邻里到全国层面催生了各种激进组织,而这反过来又加重了这种情绪。邻里组织运动史上最引人注目的一幕出现了:在全国各地,都有共产主义者、社会主义者以及其他独立的激进分子出来组织邻里的失业民众,房东的单边的权力遭到了租客联盟的挑战。著名活动家索尔·阿林斯基(Saul Alinsky)也于此时在邻里开始了他为之奉献终身的创立"人民组织"的事业。虽然各种邻里组织活动彼此会有不同,但它们都带有激进和好战的特性,这一精神主导了 1929 到 1946 年间的邻里组织运动。[1]

作为经济体制之地理中心的城市,在萧条中深受破坏,而北方的 34
工业城市尤甚,因为南部和西部的城市相对来说与全国的一体化程度不高,依赖较少,因此受害不深。此外,以金融业为主的城市较之从事工业生产的城市,境况也好一些。但总体上,由于人们无力交税,很多城市都走向破产。各州市的官员一筹莫展;而在邻里一级,无论是在服务站、社区活动中心工作还是在社工职业圈的社工也无计可施,他们普遍地认为邻里组织运动无法解决经济萧条的问题,只有首都才能提供出路。他们的根据是，现在是1930年，和1900年相比全国（更不用说整个工业世界）经济的一体化程度要高出许多，因此解决的办法只能是一个全国统一协调、高度集中的行动方案，而这只有白宫才能办到，就像一战期间举国上下所做的那样。在这些进步主义者眼里，诉诸分散的、地方的行动是不合时宜之举，面对一场全国性的经济危机它毫无用处。

白宫的反应非常迟缓而且保守。胡佛总统最开始的态度是认为，萧条更多是一种心理感觉，只要企业领导人在想法和行动上更加积极一些，继续投资，那么繁荣“就在眼前”。但企业领导人却不这么认为，他们看不到经济迅速反转的迹象，在没有有效需求的情况下投资不会有多少收益，倒不如按兵不动。于是，随着萧条日益严重和需求日益萎靡，企业进一步地解雇工人，削减开支。就这样，有钱人耐心等待着经济走出低谷，等待着有利投资的时机出现，而普通工人却看不到一丝希望。胡佛总统在任职后期开始改弦易辙，放弃了毫无效果的“积极看待问题”的想法，而采取了可称之为“从顶部开始的水泵启动式”（pump priming from the top）的联邦干预手段。在胡佛的方案中，联邦政府为企业提供利润的激励，以鼓励企业投资，促进经济发展。胡佛还成立了复兴金融公司（RFC），为银行及其他企业（后来又加上了地方政府）提供贷款，希望对这些部门起到稳定的作用，由此将复兴逐步扩展到全社会。可是，他的方案来得太晚，力度太小，几乎毫无效果。

35 富兰克林·德拉诺·罗斯福继任总统的时候，基本上沿用了胡佛所用的这些心理的和涓滴（trickle-down）的方式。罗斯福在就职演说里所指出的“我们唯一要恐惧的就是恐惧本身”，和胡佛说的“繁荣就在眼前”比起来可以说半斤八两。新政的最初步骤，比如《全国工业复兴法》、《农业调整法》以及一开始的银行和证券法，虽然有所创新,但走的仍是顶部开始的水泵启动老路。以《全国工业复兴法》为例,它一方面组织委员会来维持工资和就业,另一方面又规定全国工业复兴法所涉及的公司暂不适用反托拉斯法,这无异于为它们的联合开了绿灯。一开始的《农业调整法》也是如此,它计划给农场主补贴以减少耕作面积,于是政府这边忙着在动用联邦政府权力,通过减少农产品产量来维持其价格,消费者那边却没有足够的食物,他们连逐渐走低的旧价格都支付不起,更不用说政府补贴后的新价格了。不仅如此,《农业调整法》补助的钱多数落到了大企业的口袋里,最需要它的南方佃农却一无所得。这种方案背后的逻辑依然是,如果联邦政府的措施能够有效地刺激利润和投资——作为循环的"供方"——购买力和需求自然就会水涨船高,周期性的经济复苏也就近在眼前了。

1933—1935 年一般被称为新政的第一阶段,在此阶段罗斯福采
用的是保守主义的方法,结果未见成效。企业享受到了政府行动的好处,但仍不相信经济已经到了适宜投资的时候。就失业和购买力水平而言,1935 年与 1933 年相比几乎没有改善。虽然在第一阶段罗斯福采取了一些救济措施,比如设立联邦紧急救济署(FERA)、公共工程署(PWA)、民间资源保护队(CCC)和民用工程署(CWA),这给民众带来了一些利益和就业,但究其实质,他的措施极少惠及社会的底层,只是延续了他们的艰难日子。

到 1935 年,新的总统选举又已临近,罗斯福要恐惧的可不止恐惧本身。执政伊始,罗斯福就把自己描绘成一个与企业利益相对抗
的平民利益维护者形象,有工人甚而宣称:"迄今为止入主白宫的只 36
有罗斯福先生一人明白,我的老板是个混蛋。"在他刚刚就任、开始努力挽救局势的那段日子里,大多数工人面对自己的不幸命运,都表现出了惊人的勇气、坚毅和忍耐;然而,随着时间进入 1935 年,人们的

耐心在消失，因为政府在他们眼里没有什么新花样，仍然是在帮助企业，对工人只是让他们继续牺牲。作为政治家，罗斯福嗅觉极为敏锐，在1935年他开始转向新政的第二阶段，强调了经济账本中的“需求方”，这个新方法可以称为从底部压水泵启动，其手段是鼓励就业、提高购买力并扩大需求——按照管理层的盘算，产品需求变得旺盛了，就会刺激资本投资。为此政府采取了设立公共事业振兴署(WPA)，通过失业保险计划、社会保障计划、对有子女家庭补助计划(AFDC)和全国劳工关系法（即瓦格纳法）等措施，以便为工人提供就业或者直接救济，改善工人和资方的谈判地位。罗斯福本人并不是英国经济学家凯恩斯赤字开支理论的信奉者，只是因为1935到1936年之间政治经济局势仍然不容乐观，而且大企业没有积极支持他过去三年的保守财政措施，为了再度当选他别无选择。

当时在工人、农场主、失业者和没有财产的老年人那里，出现了越来越多的不满和抗议，这也是促成变革的力量。加利福尼亚的一位老医生，查理·E.唐森德(Charles E. Townshend)发起了一场运动，要求联邦政府为每位超过六十岁的老年人每年发放200美元养老金，这个运动吸引了差不多500万老年人。来自路易斯安那的参议员休伊·朗(Huey Long)提出了“共享财富”的纲领，对新政做了猛烈的抨击，也吸引了一大批追随者。汤森、朗以及其他一些人代表了相当数量的选民，因此罗斯福和民主党在选举中面临严重的威胁。据罗斯福新政的一位谋士詹姆斯·法利(James Farley)在1935年估计，如果朗组建第三党的话，单单他一人就可以得到300万到400万选票，这足以使共和党渔翁得利，成为1936年大选的赢家。罗斯福看到不满的潮流在日益上升，而且很可能会以选票的形式表现出来，他就开始左转，不让它最终成型；潮流越强大，他转得也越厉害。[2]

不过，新政之所以变成这样一个采用赤字开支和福利资本主义

的经济纲领，还不单纯是由于选票的威胁。地方上出现的工人和激
进分子发动的直接行动，也在推动着罗斯福和新政转到了它所不敢 37
尝试的方向。美国共产党的失业工人联合会（the Unemployed Councils）、厄普顿·辛克莱发起的“在加州结束贫困”（EPIC）运动、农场主和工人的政党、社会党、和平主义者穆斯特（A. J. Muste）的追随者以及其他独立的激进分子在工场和社区纷纷组织各种群众抗议，显示出工人群众的不满和抗争都在上升。这些行动与休伊·朗的活动有很大的不同，它们不会被看成对罗斯福连任的威胁，而更像是对社会秩序和总体资本主义体制的威胁。

不过，地方的这些组织化行动与白宫政策之间是一种双向的关系，而不是简单的地方对联邦政府的单向影响。罗斯福的第二阶段新政不纯粹是对工人抗议的回应，同时它也刺激、加强了基层的直接行动，——虽然这些未必都是它所愿。很多新政措施（比如《瓦格纳法》）使联邦站在了支持工会组织的立场上，这为美国产业工会联合会（CIO，简称产联）的成立、发展和成功起了重要的推动作用；另一方面，产业工会运动又为全国范围的工人改革倡议打下了良好的群众基础，也为左翼邻里组织运动创造了一种有利的政治气候，这些运动包括失业工人联合会、租客运动以及阿林斯基早期在芝加哥的工作。其中，在1935年之前兴起的运动，都是基层对大萧条时代恶劣状况的直接回应，至于1935年之后的运动，则在动力和方向上受益于产联发起的各种抗议。总之，大萧条、激进基层组织运动、联邦政府政策和朝气蓬勃的全国劳工运动之间的这种互动，其结果是在此起彼伏的邻里组织运动史上造就了十年的活跃期。

这些抗议团体都崛起于基层，并在基层获得了最好的发展，在这里它们的活动就落脚在工厂或社区的日常斗争中；但与此同时，很多人（尤其是社会主义者和共产主义者）把工厂或邻里发生的基层运动

看成是一种手段，是组建一个全国性大党或者全国性抗议运动的最佳途径，有了这样的全国性党派或运动，才能够有效地揭穿“正在崩溃的资本主义经济”的种种缺陷。甚至索尔·阿林斯基也是这样的看法，他首先还是把邻里组织运动看成目的本身，但他认为一个他所称的“人民组织”要取得成功，前提是协调基层的各种运动，使之汇聚成一个大规模的、全国性的运动，汇聚成一个可以与产联相媲美的、
38 扎根社区的全国性组织。因此，1930 年代邻里组织运动的特征既表现为它的激进色彩，也表现为它眼睛同时盯着全国和基层，要同时在两个层次上推动一场反抗运动。

2. 共产党对失业工人的组织

共产党把工人邻里隐藏着的各种不幸都揭示了出来……有时我听党员的演讲，讲得那么凄惨那么极端，让我都有点发窘。然后我看看周围那些失业的听众，看着他们褴褛的衣裳，忧虑苦涩的表情，他们的脸逐渐有了光彩，开始频频点头、鼓掌。

——兰恩·德·考克斯，工人活动家

黑人从不害怕共产党人，也不会对他加以膜拜。他（指党的活动家）不过就是一个人，对他的判断只能根据他本人的表现来做出，而且只有一个标准：看他是否为黑人争取完全而充分的机会平等而斗争。

——小亚当·克莱顿·鲍威尔，众议员

斗争！不要挨饿！

——共产党标语

三十年代的这次大萧条来势汹汹，几乎所有美国人都未能免于

它前期的冲击,有人则自始至终都身陷其中,他们默然而孤独地承担着经济的压力。各家各户用尽了积蓄,靠借债或抵押度日。有些人为此陷入自责之中。面对危机,人们的应对措施也不一而足,从依靠社区援助网络,到个人或团伙作案去抢劫杂货铺。随着萧条日复一日地持续,许多工人开始怀疑,眼前的失业和贫困或许不是个人的失败,而是总体经济崩溃的结果。于是他们转而思考,经济体制是否需要做些根本性的调整。[3]

一些激进组织很快勾画出自己的非资本主义蓝图以及实现途径。早在股市崩盘前,社会主义者就已经提出了一个全国性的方案,来解决失业工人的困难。但纵观 30 年代,对激进社区组织运动影响 39
最大、最为新颖的方案却是出自美国共产党之手。美共的邻里组织运动的意义不在于它解决了大萧条中的什么问题,事实上当时诸如社会党等左翼团体所从事的社区组织活动对新政立法的出台所起的作用更为显著。美共在社区组织运动史上的重要意义在于它的独一无二的方案,由此对 30 年代的激进运动产生了重大影响。今天多数的社区活动家会同意,邻里组织活动的首要目标是唤醒人们的力量感,但美共则认为,社区组织活动只是一个手段,目的是为某个全国性组织招募成员,而维护工人阶级和其他少数族裔利益的最佳手段不在于邻里的组织活动,而是组织全国性政党。而为了组建这样一个全国性的革命团体,美共在邻里工作中采纳了"国际主义"的战略,这套战略无论有多少缺点,但它在强化阶级意识、扩展斗争内容、拓宽人们的视野方面,都是无与伦比的。[4]

在大萧条到来的前夜,美共仅有 7,500 名党员。1919 年发生的红色恐怖严重削弱了美共,而 20 年代的政治高压使党始终无法恢复力量。美共被迫居于守势,在大部分时间里只进行地下活动。然而,让人称奇的是,由于预见到了"资本主义即将到来的崩溃",美共比所有其他组织都更胸有成竹地指明了危机的来临，并为此进行了动员。在 1928 年的第六次世界代表大会上，共产国际——一个以莫斯科为大本营、为全世界共产党制定政策的机构——就预言，经济衰退一触即发，命令各国共产党采取更加公开的革命行动。大会非常关注美国的“黑人问题”，要求美共着重抓好美国黑人的组织工作，将之列为一项优先任务。因为这个缘故，早在大萧条之前美共就已经跨越种族界限，进行失业工人的动员。

在 1929 年 8 月，也即股市崩盘的两个月前，此时已经公开活动的美国共产党组织了一个新的劳工联盟“工会统一联盟”(Trade Union Unity League)，以替代原有的美国劳工联合会，并把失业工
40 人组织起来。共产党的社区活动家深入到大城市的穷苦工人邻里，发动了“失业工人联合会”运动。[5] 由于激进共产党人的精心组织，也由于失业者中日益增长的不满，在华尔街发生黑色星期四(1929 年 10 月 24 日)的四个月后，一场激进而有活力的、由共产党领导并以社区为基础的运动出现了：在 1930 年 2 月，克利夫兰的 2,000 名工人和洛杉矶的 3,000 名工人分别冲进了各自的市政厅，要求发放救济金，警察用警棍和催泪瓦斯才将他们驱逐；同年 3 月，共产党发起组织了国际失业工人日活动，整个国家从西海岸到东海岸都爆发了抗议游行。这些游行通常都是和平而有秩序，例外的情况发生在地方政府失去耐心、试图阻止他们的时候。在纽约市，警方的攻击激怒了和平示威的 35,000 名工人，后者进行了抵抗。但是工人们很快意识到自己毫无准备，不是警察的对手，而警察却不让这些已经头破血流的男女工人逃跑，把他们摁倒在地上狠命地揍，最终 37 人遭到逮捕，另有 130 人受伤。[6]

大萧条仍在恶化，当局也越来越对失业者的叛乱行为产生警惕，冲突于是升级。1930 年 10 月，美国劳工联盟在波士顿举行的全国

大会遭到美共的示威抗议,政府出动了包括一支特种部队在内的200名警察,他们装备了机枪、防弹背心、催泪弹。在随之而来的骚乱中,抗议者遭到毒打,出身于爱尔兰移民家庭的市长詹姆斯·迈克·科里(James Michael Curley)下令把示威者都驱逐到苏联去,虽然这些抗议人士并非都是外国人或者俄国人。次年科里市长加紧了镇压,以“张贴海报”、“在公园大声喧哗”和“未经允许发表公共演说”等名义进行逮捕。[7] 政府的严酷手段——逮捕美共组织者、攻击示威者、颁布严厉的地方法令等等——使大多数失业工人畏惧不前,不敢参与激进抗议组织,与共产党保持距离;然而也有一部分失业工人却恰恰相反,在恐怖面前变得更加激进,更加坚定自己的决心,要与这个自称民主、却拒绝人们对资本主义制度的任何攻击的政治体制战斗到底。

成功的抗议有赖于美共组织者非凡的献身精神和大无畏的领导。这些组织者似乎无时无刻不在勤奋工作,在工厂的大门口,在排 41
队领救济粮的人群中,在廉价旅馆、救济中心以及邻里的街头巷尾,到处都有他们的人在组织失业工人。他们马不停蹄地出席各种工人和党员参加的会议,创作了大量的文章、歌曲、传单和标语,策划各种示威游行,而且直接参与领导,表现得英勇无畏,令人钦佩。在整个1930年的夏天和秋天,大约有4,000名抗议者被逮捕,而与此同时党领导的抗议行动遍布全国,这一切充分证明一小群忠诚、激进的组织者付出了多么艰辛的努力。[8]

这些初期的活动表现出的战斗精神——而且它往往能够从地方官员和政府救济部门那里取得让步——给人留下了深刻的印象;但从本质上说,这些活动都具有临时、即兴的性质。自发性的优点很多,人们总是愿意参加一场抗议,而不是加入、献身于一个正在发展中的组织;示威让人畅快兴奋,组织工作却枯燥乏味,需要艰苦的努力。不过美国共产党希望的可不止于此，它的目标不是为了让人们仅仅在示威关头参与政治，或者是通过胜利来增强自己的力量感。党的根本目标是建立一个强大的党组织，以便在美国领导一场工人阶级革命。所以，所谓的联合会只是党计划中的群众性抗议组织，它的真实作用是作为“传送带”，把合格的成员输送入党，是党在工厂工会活动之外的一个补充，一个以社区为活动基地的组织。

组织失业工人联合会，第一步是把当地（城市或农村）划分成若干区块，那些熟悉工厂或邻里情况的组织者随之被党派往该地区。像芝加哥和纽约市这样已经建立党组织的地方，党会直接控制联合会早期的组织活动和发展方向；而在那些远离大城市、未建立党组织的区域，组织者得到的党的支持较少，同时也有了更多的活动自由。通常组织者进入的并不是一个“冷冰冰”的社区，那里会有各种“联系人”，有的是老党员，有的是积极参与各种道德和互助团体、同情党的

事业的进步分子。在社区进行了“反资本主义”鼓动、宣传“社会主义必要性”——这有时需要数星期之久——之后，就会着手联合会的组建。在联合会中，普通成员需要做的，仅仅是遇到联合会举行活动时
42 去签个到，多数不必参加会议，党也不打算依靠他们去发动示威。但联合会还有一个更活跃的核心层，属于核心层的人员需要参加会议，定期参与示威，而党正是从这个核心层中招募新的党员。

显而易见，一个立足社区、改良取向的联合会却要承担为全国性的美共运动招募成员的任务，其间是会有冲突的；尽管如此，地方上的联合会还是成为了真正的邻里组织。把联合会扎根在地方社群的机构制度和文化传统之中，这既是当地条件的要求，也为美共组织所接受。党的一位领导人斯蒂夫·纳尔逊(Steve Nelson)曾说过：“我们尽了最大的努力让联合会成为邻里生活的一部分，比如像筹款活动，我们会努力使它与当地的文化生活合拍。大多数的联合会都会

依靠宾戈游戏、抽奖销售、野炊及街区聚会等形式来活动。（在芝加哥）天主教会经常主办这类活动，所以它们也就成为了人们日常生活的一部分。”[9] 在宾夕法尼亚的无烟煤地区（anthracite region），联合会每次开会都念“万福玛丽亚和圣父”；在哈莱姆，鉴于黑人教会在当地社区活动中的重要影响，联合会的会议就以祈祷开场，这已形成惯例。美共组织者尽管宣誓效忠无神论，但仍然会接受一些宗教仪式，会考虑到宗教和社区领袖在当地的影响力而积极吸纳其中的进步分子加入。

一些重要的组织方面的事务，比如纠察线设置在哪里，使用哪个会议大厅，谁在集会上发言，下一次会议的开会时间和方式，等等，美共组织者都乐于采纳而且鼓励地方组织自行决定。这些重大议题往往消耗了组织者和成员的大量时间、精力。从这个方面看，联合会的实际管理权是掌握在草根层面的，——前面提到联合会会吸取当地 *63*
社区的机构和传统，也表明了这一点——这与我们对美共这样一个奉行高度集权、敌视地方主义的组织的设想大不一样。

不过，和30年代的多数群众运动——尤其失业工人的运动——一样，联合会极度缺乏稳定。成员流动得很快，很多人都是自己的困难得到解决后就不再参与。党考虑到这一点，认为失业工人运动一定离不了有效的党的组织，也不能没有一批忠诚专注的积极分子作为核心，否则日常事务没有人做，运动也没法扩大影响。因此，尽管 43
联合会是属于邻里组织，也尽管对共产国际的政策有不少聪明的变通，美共还是直接插手组织地方上的联合会，并加以指导和控制。比如为了保证联合会的连续性，它给任职官员——而且这些官员通常情况下都是党员——支付报酬，让他们带薪工作。所以，联合会正常运行所需要的“骨骼和肌肉”，以及金钱，都是由美共提供的。[10]

在实质层面上，属于地方层面的联合会并无多少自主的成分。

美共在进入邻里的时候，就已经预备好一套意识形态、方案和战略了，而他们正是借他们所称的这种“路线”来分析当前问题并提供答案的；对于后来的激进活动家倡导的“让人民来决定”，他们并不热心。共产国际决定了党的目标和纲领，事实上也决定了联合会的目标和纲领；比如，1920 年代美共决定从地下转为公开活动，美共开始着手失业者和少数族裔的组织工作，以及 1935 年支持人民阵线战略，都是共产国际的决定。其背后的逻辑是，为了给党、给工人阶级革命运动提供领导和方向，白人工人阶级和黑人社群的“殖民化”(colonization)是至关重要的。而且更关键的，在美共组织者——他们的力量和方向都得自于党——的领导下，联合会往往发展成为强大有力的群众抗议组织。[11]

美共早在 1930 年代就提出了发展失业工人联合会的路线，提出了所谓四管齐下的“面包与黄油”战略，即着眼于救济、住房、种族和跨社群问题——其中最后一项针对的是与邻里居民相关、但溢出小社群之外的问题。首先是救济金问题。在大萧条的初期，人们很不愿意去接受救济，但没多久大多数失业工人就把地方上的救济金视为不可缺少，而且是理所应得。然而，给所有失业工人提供救济金往往超出了地方福利机构的财政能力，这些部门就采用恐吓和骚扰的方式来压制人们的要求。美共组织者这时就挺身而出，代表失业工人去福利部门争取救济金，如果要求仍不能得到满足，就发动抗议。虽然前面说过，美共的目标不是仅仅争取福利，而是要建立党组织，同时美共不是社会工作者，而是革命者，但是他们还是会去提供这类服务，因为这可以为他们争取支持和补充党员。比如，在哈莱姆，美
44 共组织者会带领一大群失业工人去救济站索要救济金，如果要求没有满足，他们就会占据办公室，直到领到救济金或者警察来驱赶他们为止。地方官员越是推三阻四，抗议者的行动就越激烈，有时是打破

门窗,有时则是挥舞家具与警察搏斗。美共组织者认为这些方式是赢取救济金的最佳方式,也是教育民众、揭露资本主义制度压迫本质的理想手段。[12]

美共的联合会战略的第二个重点是反对房东逼迁租客。租客因为失业而无力支付房租,但很多房东却仍然会来逼迁。这种公开的逼迁行为极其冷血,美共也会尽量加以利用。在 1931 年 8—10 月间,芝加哥租客法院接到了 2,185 件逼迁案件,其中 38%与黑人家庭有关。美共的社区活动家这时就陪同邻里民众去参加逼迁听证会,并发动民众抗拒逼迁。过程中常常见到这样的情形,失业工人联合会的成员抓住从前门清理出去的家具,然后从后门又把它搬回了公寓。在芝加哥有一个案例,数千民众一起涌向一户人家以阻止逼迁,随后警察赶来,但在场的 5,000 人拒绝散去。在混战中,警察开了枪,三名抗议者被打死。随后在天黑之前,共产党就把传单撒遍了 65
邻里,要求给死者赔偿。上层社会惶惶不安,担心城市处于革命边缘;法院立刻中止了所有的逼迁案件,政府也扩大了救济方案。其他一些北方城市也发生了类似的冲突,结果大同小异。1931 年,底特律的失业工人联合会事实上阻止了所有的逼迁行为。[13]

联合会战略的第三个方面是以跨种族合作和平等为纲领来组织黑人社群。“黑人白人团结斗争”是美共的著名口号,早在 1920 年代,在黑人邻里、尤其是纽约和芝加哥的黑人邻里,就有共产党小组在活动,他们举办跨种族的舞会,发起反对贫民窟和高租金的斗争。在 1930 年代白人为主体的政治组织中,美共可谓独树一帜,它要求 45
在工人内部不分种族实现彻底的团结和平等。它强调,如果不把所有种族的工人都包括在内,让他们平等地参与进来,白人工人的斗争是永远不会成功的。(工厂主的一个惯用伎俩就是用黑人工人作为剩余劳动力和罢工工人的替代者,以此来压低工资。)1930 年共产国际对种族问题下了指示，强调白人工人在反对种族歧视的斗争中要走在前列。一位历史学者就此评论说，这一强调种族团结的做法，“对黑人社群起到催化剂的效果”。[14]

在美国的各种人群中，最有理由加入革命组织以改变压迫体制的，无疑首推黑人。大萧条的恶果不仅冲击着白人工人，也对黑人社群带来毁灭性的影响。当时，在全国某些核心工业部门，失业率达到了 40%，而 1935 年哈莱姆的失业率高达 80%。黑人加入失业工人联合会的目的，既是为了与失业和歧视斗争，也是希望更多地掌握自己社群的命运。还有一点很重要的是，联合会发动的声援运动是整合了不同种族的政治和文化运动，这对他们是令人激动、富于挑战的全新体验，——虽然运动在其文化意义上基本上仍是白人色彩的。当然黑人之所以加入联合会，首先还是因为党和联合会在各种行动
66 中支持他们，比如要求救济金、阻止逼迁以及“正视黑人问题”，——像反私刑立法以及“斯科茨伯勒男孩”案（九名黑人男孩被控性侵两名佐治亚的白人妇女），都属于最后一种情况。当时黑人在自己的社群之外几乎得不到任何支持，这种情况下他们不会仅仅因为有人被称为“赤色分子”就拒绝和他们做盟友；而其他以白人为主的组织却不会屈尊和黑人一起斗争，维护黑人利益，更不用说接受黑人领导。

联合会战略的第四个方面是，关注那些虽然超越地方边界、但能够刺激社群的神经并使人们卷入政治的事务。就共产党而言，从事社区和邻里组织活动很大程度上只是策略手段而已，不代表它相信邻里生活有什么内在的价值。联合会的主要根基是在那些大萧条中受害最重的邻里，尤其是黑人的贫民窟，党认为这种情况下的社区组织活动，是接近黑人、无业家庭主妇以及其他不在工厂工作——党在工厂里已经很活跃了——的人们的最好方式。但是，把活动和关注仅限于邻里，这有违党的目标。党的远大目标是建立跨国界的组织，

任何不能超越地方边界,与全国及国际性事务发生关联的组织活动,在党看来都是狭隘的,而且很可能变成反动的,会挑起邻里之间的冲突。在哈莱姆,三次声势最大的组织活动分别是支持反私刑立法、声援斯科茨伯勒男孩和抗议意大利入侵非洲当时唯一的独立国家埃塞俄比亚,这些事件对哈莱姆并无直接影响,但社区民众却将之视为争取种族平等的重要斗争。他们举行各种会议、示威,乃至采取直接行动,以支持他们在南方和非洲的兄弟。仅以反私刑立法为例,美共组织者一年之内就在哈莱姆举行了 40 次街道会议。

从 1931 到 1935 年间,失业工人联合会一直坚持"面包和黄油"战略,围绕邻里和跨地域的问题组织激进的抗议,而且大多数抗议的目标都指向政府机构和官员。到了 1935 年,莫斯科发来指令,党的路线开始转为支持"人民阵线"战略,即为了抵抗法西斯主义日益严重的威胁,党要求团结一切"进步力量",其中包括新政自由派。因为共产国际从现实的角度出发,认为相比于美国或西欧正深受萧条困扰的统治集团,希特勒对苏联人民和国际社会主义运动构成了更严峻的挑战,因此它要求各地的共产党的工作都应该有助于建立反法西斯的人民阵线。新的路线使美共和联合会发生了转变,从反对罗斯福及其二次新政所提出的社会福利方案转为它的重要支持者。

按照人民阵线的精神,美共和联合会参与了社会党人和一些独立激进分子的活动,一起组建了一个全国统一的失业者组织"美国工人联盟"(Workers Alliance of America)。到 1935 年年底,该组织已经有 1,600 个地方分部,成员 60 万人,遍布 43 个州。这个新组织的工作重心是对华盛顿进行游说,以争取救济金和失业保险金;它接受了人民阵线那套词汇,愿意和新政联盟、也就是和新政自由主义范围中的所有进步团体一起合作。呼吁改革、反对法西斯代替了革命与社会主义。

47 人民阵线道路也对美共遇到的组织上的难题做出了回应。尽管美国刚刚经历彻底的经济崩溃，尽管美共在1929到1935年间做了大量积极而有成效的工作，党得到的人力和财力支持仍十分有限。比如在1933年年末，在哈莱姆这一美共社区组织活动的中心，美共党员仅有一百人；失业工人联合会的成员虽然数以千计，但美共领导的全国失业工人组织仅有不超过10万名成员，不到全国失业工人总人数的百分之一。但1935年的路线调整为党打开了局面。美共领导人现在淡化革命的价值，多和地方及全国的进步组织建立联盟，追求一种更加“美国本土化”的组织战略，结果，随着美共越来越把民主平等而非共产主义作为斗争目标，随着萧条毫不减缓的势头越来越持续，美共得到了越来越多的社区的支持和工人的认可。比如，1936年哈莱姆的美共人数就从1933年的100人增加为800人。[15]

68 不过美共之所以转向，不只是因为共产国际的决策，或者是提升影响力的考虑。1935年的社会保险法和瓦格纳法等具有进步色彩、倾向工人的立法的通过，给激进社区活动家带来了尴尬：这些立法当然是草根激进组织的胜利，但同时也使他们面临分化的威胁，或者被吸纳，或者作为极左被边缘化。以社会保险法为例，它的作用不只是提供救济金，而且起了疏导的作用，把激进抗议引导到官僚体系的救济结构中。现在，福利部门对申请者的回应更加积极，还成立专门机构处理福利方面的纷争，并在程序上确认了失业工人组织的地位，使它可以成为领取救济者的合法代表。所以一位失业工人联合会的领导、美共党员赫伯特·本杰明（Herbert Benjamin）才会感慨：“这些进步官员得到了有组织劳工和各种进步势力的支持，一个工人领袖如果是带领失业工人和他们斗争，就会很难保持自己的领导地位。”[16]共产党的组织者开始强调，改造现行制度不是说从外部进攻它，而是“从内部把洞挖得更大”；一旦在官员、劳工和社区的活动中拥有了更大的影响,他们希望这可以使他们继续对体制保持压力,同时也把党建设得更强大。

一直到1937年,美共在邻里层面上,当涉及工人和失业者的权
利时仍保留着一丝战斗的姿态,它的党员仍在发动各种斗争,如拒付 48
租金的抗议、旨在改善当地学校质量的运动以及要求降低牛奶和肉类价格的运动等等。在1936年罗斯福再度当选不久就削减全国的社会福利项目,他们也发动了斗争;1937年他们又与美国工人联盟一起发起反饥饿的华盛顿大进军,获得了进步人士和激进分子的普遍支持。虽然如此,美共这总体上还是降低了斗争的调门,对自由派及其改革方案报以公开的支持,最引人注目的例子是1937年美共公开支持罗斯福总统,次年美国工人联盟又积极地为新政派候选人助选。所以毫不奇怪,美共领导的激进社群运动这时开始大幅减少。[17]

就人民阵线战略而言,有两点对1937年后的社区组织活动破坏尤大。其一是强调法西斯的威胁,美共一贯的做法是把国际斗争置于地方社区事务之上,这一点当轴心国的威胁越来越严重时尤为如此。其二是美共越来越重视工会组织活动。在美共那里,工会组织是扩大劳动人民力量和影响的最有效途径。部分归功于美共组织者的努力,1936年后产联迎来了急速的扩张,美共也就把所有的精力几乎都投入工厂而非邻里组织运动中,以至于到了1938年工会工作几乎成了美共组织者唯一关心的事务。在少数类似于哈莱姆的地方,由于肤色把城市黑人隔离于工厂和工会大门之外,共产党还会继续关注邻里的工作,因为这时社区组织活动是唯一可以进入城市黑人社群的途径;但即使在这些地方,美共也还是把工会事务而非"黑人事务"置于优先的地位。如果维护黑人的权利和产联的组织目标发生冲突,美共就不再热心。[18]

因此,到了1938年,美共在社区斗争中的作用越来越保守。无

论在地方还是全国层面，他们首先希望安抚产联，并继续留在新政联盟里活动，但这一来他们的社区组织工作就不如以前有成效了。哈莱姆的草根活动家就曾批评党，说它为了维持和罗斯福总统这样的自由派分子、纽约市长费奥里罗·拉瓜迪亚(Fiorello LaGuardia)及
49 城市黑人精英的良好关系，不惜牺牲黑人和白人工人的利益。有一次纽约市提出一项立法，试图对那些歧视黑人的工会的谈判权利加以限制，黑人社群要求美共支持这项立法，却遭到它的拒绝。美共认为这项立法毫无必要，工会可以进行自我整顿。这就意味着美共站在了产联领导人的立场，而与黑人活动分子和工人的立场对立。一年后，哈莱姆的“美国公共事业振兴署”项目遭到削减，当地的工人联盟也几乎没有反应。再到后来，对任何黑人的“特殊需求”，对党和联合会历经斗争争取到的救济金，美共也不愿出力维护。因此到了1939年，美共的社区工作和失业工人运动就失去了民众支持，而且信誉扫地。

美共的邻里运动虽然寿命短暂，但在很多方面值得称道。其中最为醒目的是，他们敢于大胆熟练地使用直接行动的策略，而且矛头往往直指公共部门，这迫使权力当局采取了更多带有进步色彩的立场和方案。此外，美共组织者能取得这么大的成就，更取决于他们的勇敢无畏和战斗精神。最后，美共社区组织工作成功的秘密还在于它重视组织纪律，能从国家和国际的高度看待地方事务，能把社区的斗争和工场的斗争相联系，并在黑人和白人工人之间建立联盟，而且对社区民众遇到的问题做政治视角的分析。激进派的这些成就，在这个国家是前所未有的。总而言之，美共通过纪律严明、富有斗争精神和意识形态色彩的社区组织工作，使得参与联合会的民众，甚至是那些仅仅躲在自家窗户后面观望的邻里居民，对自身的力量有了意识和信心，相信自己可以改变政治体制。它所提供的社区组织运动

经历,对参与联合会的活动分子而言是一次重要的理论和实践的草根政治教育。

另一方面,美共在组织上所犯的明显错误也深深影响到了邻里工作。比如党的政治机会主义,把苏联的需求置于美国本土工人的需求之上,以及党的组织结构上的专制带来的对批评意见——这种批评对避免意识形态和策略上的错误本来是不可缺少的——的压制,都是极为严重的错误。党放弃黑人也是一个短视而重大的错误,它到最后连菲利普·兰道夫(A. Phillip Randolph)在1941年年初 50
威胁要发动的向华盛顿进军这样的反社会歧视的进步抗议运动,也拒绝加以支持。党一根筋似的坚持和产联合作、坚持人民阵线战略,使它对1937年后新政在知识上和纲领上所处的停滞状态,没能做出有效的批判。

更具体地说,美共的国际主义、专制纪律以及党对工场的重视,都曾是党在邻里组织活动中的力量所在,但这些也恰恰成为它的弱点。党希望建立一个有广泛群众基础的工人阶级组织,为此它意识到地方事务必须置于全国甚至国际的背景中,但也正是这样一个目标使党及共产国际对自治的、社区层面的组织活动的价值做了错误的判断。党考虑的是发动可以作为社会主义后盾的工人运动,而不是建立社区组织,所以在党的标准组织样板中,阶级事务总是凌驾于地方需求之上的。党意识到在美国创建一个社会主义运动绝非易事,而试图通过失业工人组织来实现这一目标并不可行,因为他们看到,总体上失业工人和地方社群都太缺乏稳定性和连贯性,不足以成为革命运动的基础。

将阶级斗争置于优先地位,而邻里工作只居于第二位,在价值和作用上都不如国际事务和工场组织活动,这是党的一贯想法,而它的问题则是过于夸大了工厂和社区工作的差别。在1930年代初期,工会组织活动没有什么空间，美共才把精力投入到邻里组织活动中；后来随着产联的出现，党就理所当然地把重心越来越多地转移到工会组织活动上。再到1939年，国外法西斯主义的威胁日益严重，不容共产党再心有旁骛，美共因而彻底舍弃了社区组织工作和对黑人权利的明确支持。这些错误极其严重，其根源部分在于党的理论和战略未能注意到社区组织活动的内在价值。

诚然，一个全国性工人阶级组织不会把邻里组织工作作为自己唯一的事务，这既不可能也无必要。就美共而言，它在工厂的组织活动，它对国际事务的强调，都曾对它的社区组织工作起了很好的补充和支持作用。但是从长远来看，一个上面还有全国或国际性组织的地方团体要想取得成功，必须有一定的独立性。事实上，凡是内部存
51 在地方和上级利益冲突的社群，必须建立一套民主机制以兼顾双方

的利益，这套民主机制兼有整合性和联邦性的特点，既尊重地方社群组织的独立完整，也承认全国的协调统一领导。然而，美共无论理论上还是组织结构上都不认可这样的机制，它虽然知道有效的政党建设应该扎根于基层，扎根于日常社群和工业斗争中，但它在根本上还是不信任分权化的邻里组织运动的，因而它也就不认为这种草根社群组织对一个全国性组织的发展能有什么长期的贡献。

3. 索尔·阿林斯基和后院邻里议会

> 如果要我选择一个能够完美诠释我们民主的真正含义的机构，我会说是后院议会。你们在卫生、社会福利、经济发展和人民幸福方面为社区所做的一切，在我看来，是我们时代最激动人心的奇迹。
>
> ——伊利诺伊州长阿德莱·斯蒂文森

大萧条带来的经济问题，并没有在新政中得到解决。1936年，

第二次新政中的社会福利项目一度刺激了经济，减少了失业，提高了购买力。但罗斯福在经济事务方面实质上是个保守派，不愿用赤字开支来维持经济。他担心联邦支出会引起通货膨胀，人们有了钱，但投资和生产却没有增加。1936 年大选结束后，罗斯福就开始了紧缩政策，不仅老的项目被削减，很多新项目也胎死腹中。没有了联邦资金的刺激，经济再度下滑，1937 年的失业率几乎和 1933 年齐平。四年的新政并没有克服经济危机，最后借助第二次世界大战的备战和参战才解决了问题。

不过新政在处理大萧条引起的政治危机方面卓有成效。罗斯福
对那些阻止经济下滑的经济方案并不热心，却不遗余力地阻止政治 52
上走向无序或者潜在的革命；就此可以说，新政虽然在遏止经济萧条上失败了，却成功地避免了经济和政治体制的激进变革。比如罗斯福的第二次新政就是用改革抢了左派的先机，而本来左派是要给出一个替代自由资本主义的方案的，——但这么做的结果也很讽刺。本来在 1935 年以前，各种激进派、社区活动家、劳工领袖和工人们一直在为社会保障和劳工计划而艰苦斗争，但始终处于与社会较为隔绝的状态。现在罗斯福通过第二次新政立法，把这一新生运动加以过滤和吸纳，剔除其中的危险成分，而民主党的纲领也对最早由激进派团体（如失业工人联合会）提出的要求做出了回应，这样就在 1936 年的大选中把工人争取到了民主党一边；但罗斯福的立法和华盛顿的新政治气候带来的另一个更重要后果是，促成了一场全国范围的进步社会运动的出现，在 1936 年之后的几年里，工人及其组织活动家缔造了产联这个美国自 19 世纪末以来规模最大、最为活跃的劳工运动。

在社会运动和社区组织活动之间，存在一种互补的关系。一方面，定位于追求社会变革的草根组织活动虽然可以脱离运动而单独

存在，但却无法长期繁荣；另一方面，随着一场运动的兴起，社区组织往往可以借着群众动员的潮流而发展起来。从1930年代的背景看，1935年之前的草根组织运动推动了华盛顿政治的左转，然后华盛顿第二次新政刺激出了全国的产业工人运动，1930年代后期和1940年代早期的工人运动又在工人阶级邻里中酝酿、诱发了大量的社区组织，——这些组织在运作上与工人运动是相独立的，但从后者那里汲取了动力、斗争精神和民主理想。在产联运动的众多孵化物中，索尔·阿林斯基在后院的工作是其中最为著名、意义最为重大的一个。

阿林斯基不是那种可以让人平心静气地谈论的人，人们要么爱他，要么就恨他。他性格粗暴强悍，不循礼节，说话诙谐幽默，最爱惹是生非，什么哗众取宠、造谣中伤的手段都使得出来。在有的人眼

里，他就是危险分子，有的公司专门雇佣侦探来跟踪他，加州奥克兰市议会驱逐过他，堪萨斯市的警察局把他投过监狱。右翼认为他是一个赤色鼓动家，左翼认为他是“为巩固体制出力的民粹分子”，而阿
53 林斯基的一位很有影响的支持者、60年代以写作种族关系题材而闻名的作家查尔斯·希尔伯曼(Charles Siberman)则将他视为民主的希望。这种种的不同反应，与其说是针对阿林斯基这个人，不如说是针对与阿林斯基名字联系在一起的一套社区组织动员方法。它被称作“阿林斯基主义”，如果我们做一个简明的、也许是过度简化的概括，它有五个核心要素：

第一，职业组织者是社会变革的催化剂。阿林斯基高度重视受过良好训练的组织者。尽管人们把他看成致力于推动民主决策和草根领导权的使徒，但在阿林斯基的方法中，富有创造力、无所不能的组织者是第一位的；这是因为阿林斯基看到社区组织工作难度极大，群体面临不间断的压力和危机，需要有人做出重大的、正确的决策。

阿林斯基主义强调,受过良好训练的职业组织者是做出正确决策的最佳人选,民主非常重要,但组织者更加重要。

第二,工作内容是建立民主的、以社区为基础的组织。按照阿林斯基的理论,建设以社区为基础的民主是组织工作的中心;在这里,民主的含义指的是自主决策的过程,即由普通人对所有影响他们生活的事务行使决定权。阿林斯基认为,真正的民主组织只能在空间很小的单位里存在,它为群体的范围和身份识别提供了天然的边界,而邻里正是这样的单位。再者,与其他左翼方法不同,阿林斯基的邻里组织工作重视当地社区领袖和传统机制的作用,强调要赢得那些在地方上有声望、有大量听众的人士的支持;职业组织者在其间的角色是催化剂,而不是实际领导,他应该在幕后工作,通过培训草根领袖,让他们掌握社区组织工作的技能,从而使自己“失业”。最后,这一人民组织向社区里的所有成员——包括工人、商人、工会领导及宗教领袖等等——开放。阿林斯基认为,邻里联盟包容越广泛,越有代表性,组织就越有力量。

第三,工作目标是夺得权力。权力是阿林斯基组织工作的核心,人们只有组织起来争取权力,民主才会实现,然后那些“一无所有者”才能控制社区,掌握自己的命运。阿林斯基把邻里组织看成是无权者、无组织者的利益集团,如果说工会表达的是劳动市场中工厂工人的利益,那么邻里组织表达的就是工人及其家属在工厂之外的利益; 54
它获得的权力越大,也就越能服务于它的成员。阿林斯基认定人的行动更多出于自利而非利他,所以一个“人民组织”更应该把自利而非崇高理念作为推动力。

第四,可以采用一切必要手段。在阿林斯基的方法中,这一项争议最大。阿林斯基认为,人们必须借助斗争胜利才能建立组织和赢得权力,但大多数利益集团采用的那套传统的、保守的策略对工人阶级的邻里组织并不适用,因为后者一无金钱二无政治影响,要想获得权力,只有不管什么大胆的、异想天开的手段都尝试:谈判、仲裁、抗议、游行,抵制、罢工、群众大会;设立罢工纠察,主动挑事,外交手腕,以及任何可能有用的手段——这就是阿林斯基主义的核心。阿林斯基告诫说,不要让对方预料到你的策略,不要害怕各种大胆尝试,要让你的敌人猝不及防;目的证明手段的正确。阿林斯基有次曾倡议占领芝加哥奥黑尔机场所有的厕所,并说这是人类首次的“占茅坑抗议”(Shit-in)。他认为我们所用的策略对掌权者带来的困扰越多,效果也就越好;因为劳动人民不可能指望权力、尊严、自由和平等会像礼物或者慈善一样从天而降,这些只能通过斗争去争取,而组织者的作用就是让人民意识到自己潜在的力量,激发他们的仇恨,这样他们才会愿意去和夺去他们权力的人斗争。阿林斯基常常说:“争吵是一切创造的种子;生命就是冲突,在冲突中生命得以持续。”人们通过斗争而学习。

第五,人民组织不应该有意识形态倾向性,应该实用主义当头。首先,阿林斯基认为一个组织要想成功,必须从实际出发,不能自上而下给邻里强加一个方案,所有手段都应该在考虑之列,在组织建设过程中最重要的无过于行动的胜利;目的而非手段才是第一位的。阿林斯基同意所有革命运动都发端于某些精神价值,发端于对正义、平等、和平和友爱的信仰,但是他强烈反对组织的意识形态化。在他看来这样的组织是反民主的,因为组织者预先带来了很多理想、目标和战略,从而不会让人民自主决定,而他所倡导的让人民来决定必须
55 是不论人民做出怎样的决定都予以执行,这才是民主的实质所在。给邻里强加一种进步意识形态将会适得其反,也毫无必要,只有人民自己发展出来的意识形态才能真正持久。阿林斯基相信,民主过程会产生民主的理想和目标,组织者必须对民主、人民以及他们的传统

抱有坚定的信念，这是至关重要的。

阿林斯基的实用主义的背后，是对多元主义的信守。他相信一旦劳动人民能够坐在权力的谈判桌前，政治和经济体制也可以为他们服务，那时他们就可以使权势阶层（无论是政府官员还是公司高管）对他们的需求做出回应；另一方面，过多的意识形态却会限制一个组织走上谈判桌的能力。总之，阿林斯基主义的核心命题是，那些经验丰富、坚持民主、不带意识形态倾向并愿意尝试任何手段的组织，最终会不断赢得权力，它的成就会超过意识形态激进的组织。[19]

人们在谈论阿林斯基的方法时，总仿佛它是脱离了具体历史条件而产生的无时空限制的东西，这是不对的。事实正好相反，阿林斯基 1930 年代在芝加哥的社工经历，之后在产联的活动，以及他在美共人民阵线做组织动员工作的成长历程，才造就了这套方法。阿林斯基于 1909 年出生于芝加哥的一个正统犹太教工人阶级家庭，中小学和大学都是在芝加哥就读，在芝加哥大学他接受了考古学本科和犯罪学研究生教育，同时也是在芝大，他开始对社会福利事务产生了兴趣。从 1931 到 1940 年间，他受聘成为青少年研究所（Institute for Juvenile Research）的社会学研究人员，该机构的使命就是寻找有效的、民主的方法，以减少芝加哥的青少年犯罪。这段工作经历使阿林斯基意识到社区组织活动的重要价值，了解到职业组织者的作用，理解了社区工作对草根民主参与的需求。

阿林斯基与产联的来往也是一段重要经历。他在产联卷入有多深，目前尚不清楚，但在 1937 年和 1938 年间，他似乎在产联待过一年，做志愿组织者。在产联工作的时间虽然不长，但给阿林斯基留下了很深的印迹，从中他懂得了为权力而斗争的重要价值，懂得了使用各种手段、尤其是冲突和对抗性手段的意义，以及技巧娴熟、不断创

56 新而又忠于职守的组织者对于动员劳动人民的作用。他曾提到自己由此明白，自己最想做的事情就是把他在产联掌握的技能“带到条件最艰苦的贫民窟，以使我们国家最受压迫和剥削的人民能够控制自己的社区，掌握自己的命运”。阿林斯基早期在邻里做的有点像是“社会工厂里的工会组织”，它成为人们谈判、斗争、罢工及维护自身利益的手段，一如产联所起的作用。[20]

另一段重要经历就是1930年代初在芝加哥度过的政治成年期，当时他投入到激进政治骚乱和新兴反法西斯运动中。虽然阿林斯基并不看重意识形态在邻里组织中的作用，但这不意味着他的行动背后没有世界观作支持。一切邻里组织活动都以特定的政治、社会和经济假设为基础，否则不会有人去做组织者的工作。阿林斯基在晚年曾说自己是一个“都市民粹派”(urban populist)，但在1930年代
78 他事业刚起步的时候，阿林斯基用的是典型的人民阵线的术语来描述自己，称自己是“职业反法西斯人士”。作为学者，他深深卷入到美共及反法西斯的相关活动中，其中包括反逼迁斗争、争取公共住房的斗争、为西班牙内战中的国际纵队筹款及为南方佃农筹款等等。

阿林斯基自称从未加入美共，但看来曾做过美共的“同路人”。他没有入党，没有接受共产国际的纲领纪律，却大量借用了党的抗议策略和反法西斯意识形态。这段与党共事的经历让他学到，那些在草根组织中动员民众起来争取权力的激进派，有能力抵抗人们的玩世不恭和绝望情绪，——这些情绪本身很容易倒向法西斯。他经常会为此举例说，从美国革命开始，激进派一直活跃在支持民主、反对独裁的第一线。此外，针对法西斯的人民阵线战略也使阿林斯基清楚地意识到，团结社区内一切潜在的盟友，建立某种邻里层面上的联合阵线，具有重要的价值。另一方面，阿林斯基从来不把自己的反法西斯意识形态强加邻里团体，甚至不去系统地推销，共产党在这方面

的专断做法是他向来反对的。阿林斯基认为，“实用多元主义”(pragmatic pluralism)更多是要与社区动员进程步调一致。不过不 57
管怎么说，1930年代在左翼团体和左翼事业中的这段经历有决定性的作用，为他未来的工作打下了基础，提供了动力。

阿林斯基挑选了芝加哥的后院地区，把他的那套组织方法用于实践。这个邻里位于卢普区(Loop)往南三十个街区处，紧邻牲畜饲养场的西边(像它的后院一样，所以得名)，是厄普顿·辛克莱作品《屠场》故事的发生地。1938年，在这片四平方英里大小的社区生活了9万人；它属于芝加哥或北方工业城市里常见的那种邻里，老旧、稳定，以白人工人阶级为主，族裔色彩严重。居民中95%是天主教徒，而且绝大多数是波兰人、立陶宛人、捷克人和乌克兰人的移民二代或三代。“这不是一般的贫民窟，而是贫民窟中的贫民窟，”阿林斯基曾说，“它是美国最糟糕的一个贫民窟，比今天(1970年)的哈莱姆还要糟糕。这片两英里长一英里宽的铁路沿线地区就在大屠宰场的南边，灰蒙蒙的很脏。房子都是木板房，一间挨着一间，很多房子又往外搭了棚子。这里的居民几乎都是天主教徒，满眼看去数不清的教堂。和它比起来，罗马都显得像是一座清教的哥特式小镇。”[21]

在后院，除了教堂以外，族群的冲突也构成日常生活的一部分。爱尔兰人和波兰人斗，波兰人和立陶宛人斗，立陶宛人和墨西哥人斗，然后大家都和黑人斗。这个邻里虽然一直有工人斗争的传统，但由于各个族群一直忙于维护自己眼前的一点利益，唯恐被别人侵夺，所以一直无法作为一个阶级团结起来，向“斯威夫特和阿摩尔”(Swift and Armour)肉类加工厂争取利益。随着萧条日益严重，陷入贫困的后院工人却越来越把黑人、犹太人和共产党当成替罪羊。在1930年代，像后院这样的邻里还有很多，在邻里内部法西斯主义团体的比例很高，而且在不断扩张势力。[22]除此以外，阿林斯基和产联面临的另一个巨大困难就是众多的教士和天主教会，因为产联和“无神论共产主义者”的关系，他们对产联抱着极端敌视的态度。

阿林斯基是因为和芝加哥地区项目(Chicago Area Project)的合作关系而进入后院邻里的。芝加哥地区项目要在这里开展一个防止青少年犯罪的试验，看看能不能在传统的外部强加的威权方法之外，找到更有效的、民主的立足草根的方法。在这一项目的资助下，阿林
58 斯基于 1938 年进入后院邻里，受托在当地组织青年委员会，鼓励青年人提出解决问题的方案。不过，阿林斯基有自己的考虑，1939 年初他组建了一个多议题的邻里组织“后院邻里议会”(Back of the Yards Neighborhood Council，简称 BYNC)，参与者以成年人为主。因为当时产联正努力在屠宰场建立工会，阿林斯基认为如果后院能为这个工会提供广泛的支持，那比防止青少年犯罪有意义得多。[23]

在阿林斯基的构想里，后院只是未来要在全国建立的一系列进步“人民组织”的第一步，这些组织将由邻里居民自己(主要是教会和工会领袖)领导，按照阿林斯基的愿望，它们会像产联里的激进分子一样致力于和各种不正义力量做永久的斗争。[24]为此，阿林斯基找到了在后院邻里担任娱乐活动总监的约瑟夫·米根(Joseph Meegan)先生，聘请他协助议会组织工作。事实证明，米根是一个关键人物，作为阿林斯基找到的本地领袖，他工作起来不知疲倦，而且对邻里和草根政治具有敏锐的直觉。米根和阿林斯基一起在邻里成功建立了一个拥有广泛基础的联盟，它所拥有的联系和力量使得未来芝加哥的政府和企业领导人都不敢小觑。

后院议会遇到的第一个难题是说服教士支持激进劳工组织。阿林斯基认识到，天主教会是社区最有分量的一个机构，离开了它的支持，任何邻里组织都不可能在后院取得成功。但麻烦在于，天主教会有反对激进派的长期传统，而屠宰场工人在本地的主席赫布·马奇

(Herb March)恰好是共产党人。不过阿林斯基还是凭自己直截了当、平民主义的组织风格,以及反法西斯和非共产主义的政治态度,赢得了时任天主教芝加哥总教区辅理主教的伯纳德·谢尔(Bernard J. Shell)的支持。谢尔是位开明人士,是天主教青年组织的创立人和产联的公开支持者,他曾宣称:"天主教不应反对任何明显对全体人民有益的事情。"[25]

但是大多数教士并不同情这一事业,按照阿林斯基的说法,这时他就利用了教士的自尊,哄骗他们加入他发起的教士与劳工联盟。他对其中部分教士说,你们不会是害怕和马奇在一个组织共事吧?又对另一些教士说"马奇非常仰慕你们"。对阿林斯基的说法,我们大可不必信以为真,他向来喜欢编一些故事来说明他想说明的问 59
题,——这就是他说的,组织者应该具有的创造性和务实精神。若干年后,阿林斯基用更贴近现实的口吻,讲述了他如何动员教士的 81
过程:

> 我去找那位天主教牧师,告诉他:"我听人说你布道的时候谴责了工会,说它是共产党。你知道接下来方式什么了吗,神父?那些听众听的时候不住点头,等他们走出教堂转身就加入了工会。为什么会这样?因为他们都失业了,他们的家也要完蛋了,但你什么该死的事情都没做。你只管坐在教堂里,不再去做羊群的牧羊人。大家都不把你当回事了。你还想做他们的领袖吗?回到人民那里去,到大街上去,去为工会斗争吧,你的敌人是屠宰加工厂老板,是低收入。"然后他就这么做了。[26]

后院议会开张之初就参与其中的那些教士,事实上是出于一种开明的自利。邻里的动荡不管对居民还是对教会都是麻烦事,后院正处于急速的衰败之中,改善邻里的状况对邻里的稳定,对恢复教会的力量，都是有百利而无一害的。

后院议会第一次会议于1939年2月由约瑟夫·米根发起，参加的成员包括共产党人、教士、商人及其他居民。到4月中旬米根一直担任会议临时主席。5月临时组委会拟定了章程，建立了一个民主的结构，规定了执行委员会、定期会议和成员的积极参与等制度。在米根和阿林斯基开始工作的五个月后，1939年7月14日——这天正是法国国庆日——后院议会举办了第一次“社区代表大会”，阿林斯基、米根、谢尔主教、赫布·马奇连同当地的教士、商人，以及其他300到350名人士参加了会议，他们一共代表了大约50个团体组织。阿林斯基宣布：“我们组织存在的唯一理由，就是向一切给人们带来厄运和不幸的罪恶宣战。”话说得有点含糊，但人们都知道阿林斯基指的是什么：两天后产联在当地屠宰加工厂的支部计划举行罢工。代表大会通过决议，支持工会及其诉求。

在社区会议之前，阿林斯基和米根已经做了大量重要的组织工作，为这个“邻里的人民组织”以及屠宰场工人联合工会(United
60 Packinghouse Workers)做了准备；等到代表大会召开，这一工作也就基本上大功告成。在阿林斯基的传统中，一个组织者不必为一次精心策划的会议感到什么不对劲；它不是严格意义的“民主”，但在外观上有民主的模样，而且这样效果和效率都得到了保证。后院的第一次社区代表大会和预想得一样，进展顺利，它为后院议会提出了一个基本的纲领，强调在劳工、卫生、住房和青少年犯罪之类的问题上，邻里居民应该不分来源和政治倾向，为共同目标而团结奋斗。这一切，昭示了工会、教会和社区之间开始结成了一种新的团结纽带。

在阿林斯基看来，走向联合的理由是显而易见的。“我四处去组织、鼓动、打扰他们，结果用了三个月，把天主教会、产联和共产党弄到了一起……甚至美国退伍军人协会也被我鼓动了进来，因为他们也觉得什么事都干不了。大家的共同点就是不幸的处境,是无力感。”[27]但两天以后,大家又增加了一个共同点:胜利。屠宰加工厂面对劳工、社区和教会的联合,不得不让步满足工会的要求,第二天就提高了屠宰厂的工资,从每小时39美分涨到每小时55美分,涨幅达到41%。[28]这对于后院邻里议会来说是一个辉煌的开端,一个刚刚成立的社区组织,靠着与教会和工会的紧密联盟,提高了自己的谈判地位,为屠宰厂工人赢得了重大的胜利。

以胜利来促进组织的发展,这是阿林斯基最为看重的。这一战略是在1939年到二战结束期间,在后院逐渐成形的。当时后院议会的重心放在提供服务上:在约瑟夫·米根的指导下,后院议会在戴维斯公园广场(Davis Park Square)——这也是米根受城市聘请担任娱乐总监的地方——设立了婴儿福利站;举办过一次筹款的嘉年华;在公共事业振兴署和全国青年总署(National Youth Administration,

简称NYA)的项目中替居民找工作;通过游说而为公立和私立学校争取到了热午餐和牛奶项目;以每年一美元的价格从铁路公司租了一块地,建成有照明的棒球场;成立信用合作社向邻里发展项目提供低息贷款等等。此外,后院议会还成功地吸收青少年参与邻里的活动设计,结果青少年犯罪率显著地下降。[29] 61

不过,这些服务项目固然证明了后院议会的成效,证明了它在邻里居民的积极支持下,可以从市政当局和大企业那里赢得让步,但是阿林斯基的最终目标是推动社会变革,他首要的兴趣是各种社会行动计划。1944年,后院议会另外聘请了一位社工人员来处理邻里的服务项目,这样约瑟夫·米根可以腾出手来,把更多的精力用于政治和社会行动。同时,阿林斯基正是通过后院议会的这些社会行动,在社区组织活动中慢慢形成了他的冲突方法,这套方法将策略和手段置于突出的位置,使它超越了意识形态、组织目标乃至民主结构,成为社区组织活动的首要问题。有意思的是，在1930年代，冲突策略的使用正是美共的邻里活动与其他组织的显著区别之处，以“非意识形态”自诩的阿林斯基敏锐地借用了美共的策略，同时却没有采纳他们的主义或者组织结构。

后院议会开始了与企业、芝加哥政治机器乃至联邦政府的斗争。1941年，议会采取行动，支持一场旨在抗议芝加哥某家大型百货公司的罢工。事情的起因是该公司试图解散一个仓库工人工会，而后院的许多居民都是工会成员。罢工中，后院议会专门建立了一条供应线，向罢工纠察员提供汤食，威胁要发动全城的抵制商场活动，最后还举行了一次公开的模拟审判，百货公司老板以一个拒绝承认工人组建工会权的反美法西斯分子的面目出现在审判中。这些手段并没有马上奏效，不过考虑到负面形象的影响，公司还是与工人和解
84 了。后院议会通过这次斗争学习到，冲突策略，甚至仅仅只要发出硬碰硬的威胁，就可以达到效果。[30]

接下来的几年里，后院议会又采用了同样的冲突策略，迫使芝加哥的纳什-凯利（Nash-Kelly）政治机器与自己合作。1943—1944年，这一机器曾采取各种措施打击议会，它解除了米根娱乐总监的职务，让议会把设在公园的办公室迁走。后院议会在产联和教会的支持下进行反击，展开了全城的宣传以反对市长凯利的连任。最后，四位市议员在大选前出面和后院议会开会协商，后院议会答应停止宣传，而作为回报米根重新回到了他的职位上，后院议会也要回了在公园的办公室。这一次后院议会向政治机器展示了自己不可忽视的力
62 量。同年，后院议会再度成功地运用冲突策略，在首都华盛顿特区进行了抗议。议会成员来到首都，涌入国会，要求保留某项与公立学校牛奶和午餐有关的项目，最后凯旋而归，项目原封不动。诸如此类的行动使后院议会及其所用的阿林斯基方法给人留下了激进派的印

象，热衷冲突而且总能奏效，因此名声大噪。

后院议会取得的成就十分引人注目。从 1939 年开始，经历第二次世界大战再到其结束，后院议会发展成为一个强有力的邻里组织，不管面对公共的还是私人的权力掮客，它都能通过斗争取得胜利，逼迫对方让步。早在 1941 年，阿林斯基就列举了 17 项后院议会获得的具体胜利，其中一项是成功争取到城市的社区金库“芝加哥社区基金”(Community Fund of Chicago)的资助。更有意义的是，后院议会把激进工会领袖、教士、小商人和社区居民团结在一起，建立了一种新颖而强大的社区联盟，这使后院的工人阶级对自己推动变革的能力有了更明确的意识，恢复了对邻里、对自身的尊严感和自豪感。

然而，所有这些成就都因为一个因素而黯然失色，那就是后院议会的立场逐渐转向反动和种族主义。按照阿林斯基自己的标准可以发现，议会在一切方面都称得上成功，而唯有一个方面失败了：它未 85
能扭转后院的反民主情绪。在 1939 年，阿林斯基曾因为这种情绪的普遍存在而将邻里称为“滋生仇恨的角落”，到了 1950 年代初，距离后院议会的成立已经有十多年时间，这时邻里的白人族群已不再相互争斗，——他们重新把黑人这只陈旧的替罪羊找了出来，以便为自己及社区的不幸承担责任。最初后院议会曾打算用积极的方式来处理种族冲突，它仿效产联的经验，采取了一系列措施，比如控制种族间的矛盾，限制谣言的传播，阻止邻里商店的种族歧视，鼓励教士用布道来反对种族偏见等等。可是它的兴趣未能持久，到 1950 年代初就蜕变成了一个种族主义的、保守的邻里保护组织，而不再是推动社会变革的力量。不夸张地说，后院的这一变化让阿林斯基始料未及，大失所望。[31]

阿林斯基是非常看重种族平等和民主这两个目标的。他最早进入后院时就把自己看成一个职业反法西斯战士，为了与工人中广泛存在的仇恨斗争，为了消除滋生这种仇恨同时也滋生法西斯主义倾向的无力感，他才来到这里。在后院的具体工作中，阿林斯基有意不谈意识形态、反法西斯主义之类的东西；过程比目标重要，而实用主义是贯穿组织过程的指导思想。唯一的政治教育是围绕策略问题展开的，比如怎么建立组织，怎么是合理的目标。

但这套方法在后院却吞下了苦果。后院议会赢得了一个个胜利，争取了权力，但从未向成员提供一套明确的反法西斯意识形态。组织者、领导者既忽视政治教育——尤其在种族问题上的政治教育——的重要性，也没有尝试过与黑人组织发展联盟，以便通过实际的共同斗争经验告诉工人阶级和中产阶级，种族主义愚蠢而有害。后院议会在一切问题上都希望避免引起内部的反对，对有可能引起内部分裂的盟友和议题，都加以回避。按照阿林斯基的看法，冲突，如果是“我们”和“他们”之间的冲突，那是可取的，“在冲突中生命得以持续”；但如果由于种族这类棘手的问题引起组织内部或者邻里居民之间的冲突，那就是起破坏作用的。因为后院议会建立在社区基础之上，而不像共产党那样建立在阶级基础上，所以社区团结和地方性目标、而非跨种族的工人阶级的团结和目标，才是它的方向。

因为这个缘故，尽管后院邻里正好处在芝加哥近南区（Near Southside）贫民窟黑人的扩张线上，同时也尽管1945年以后肉类加工业涌入了越来越多的黑人工人，后院却依然是一块白人的种族飞地。后院议会从未公开宣称种族主义，约瑟夫·米根曾说：“我们没有时间搞种族仇恨。”他认为，黑人之所以不进入后院邻里是因为他们自觉和白人居民没有共同点。[32]米根没有说出真相。1950年代初在邻里进行的一项研究显示，教会和多数社区领袖都反对种族整合，而后院议会回避种族问题正是担心会引起成员的非议，担心会疏远它的主要支持者——教会。阿林斯基虽然声称自己的组织路线是要代表全体邻里,可是鉴于他极为重视邻里的旧有机制,强调要与本地已有根基的领袖合作,而且要迅速赢得胜利,于是邻里的各种精英——教士、小商人和房主——就很自然地成为了议会领袖,由他们 64
规定组织的目标和活动。久而久之这些人成为邻里最保守的成分。

最终,阿林斯基带有民粹风格的社区组织活动只是维持而非冲击了现状,而且不独后院如此,1960 年代及之后的以阿林斯基为榜样的组织活动都带有狭隘地方色彩和民族主义特征。其中的原因部分在于,阿林斯基的组织方法中,几乎没有对邻里内部及外部的经济体制的批判,对造成邻里的大量贫困而且持续恶化的原因,除了一句"无力感"外,也几乎不做解释。阿林斯基对自由资本主义抱有强烈的信念,相信它能够解决这些问题;在他的心目中,罗斯福总统和劳工领袖约翰·刘易斯(John L. Lewis)一样都是英雄。一位曾经参与阿林斯基活动的组织者曾经评论他:"我想他的看法是,这个体制只要添加一些润滑油,还可以正常运转。"[33]阿林斯基既不质疑已有秩序的经济基础,也不寻求现行秩序背后政治体制的替代方案,因此就不会进一步思考,资本主义并非为工人而设立的,它根本上是反民主的。阿林斯基的方法在实质上还是接受了利益集团式的民主模型,认为民主就是各种组织竞争资源、对体系施加压力的过程。

毋庸讳言,后院议会较之多数工人阶级邻里组织都更为成功。这首先是因为阿林斯基在动员、筹款和培训方面极为出色。他的敏锐的政治直觉使他能够从自己与职业社工、产联及其他左翼团体的合作经历中,驾轻就熟地找出自己最需要的成分,糅合成一种独特的民粹式的组织风格:和服务站的社会福利方法比起来,它更为激进、更为民主也更为有效,但同时它又不像美共的方法那样威胁现有秩序。此外,天主教会和产联的支持,也有助于后院议会的成功,一种可谓是利益集团意义上的有限成功。最终,后院议会的权力和地位都上升了，成为芝加哥体制中得到认可的一部分。但另一方面，这种体制认可的政治地位意味着它既可以从现有的政治机器中分一杯羹，也要受到后者的操控，而对种种的问题，比如邻里为什么会破败，邻里居民为什么会贫困、会感到无力，而不能像其他有钱有势的人一样从利益集团政治中抢夺到资源，是不会去探索、去改变它们的经济根源的。

后院议会的道路在很多方面折射了产联所走的道路，而产联正
65 是阿林斯基的政治活动最早的灵感来源。它们都采用各种手段，尤其是威胁采取直接行动，从而迫使对手坐到谈判桌边；它们都借用美共的策略（产联甚至直接用美共党员做组织者），但不像美共那样从反资本主义的角度对问题进行批判；它们都贬低意识形态的作用；它们都试图通过斗争进入体制。所以，毫不奇怪的是，产联像后院议会一样立场右转，到1950年代初和立场保守、倾向种族主义、反对激进变革的劳联已经没有什么区别了。

社区组织活动要真正奏效，就不能像阿林斯基所想象的那样，仅仅是一个置身于社会工厂里的实用主义工会。[34]阿林斯基的方法在有些方面切中时弊：工人确实需要民主的实践体验，需要权力，需要斗争胜利来建设强大的组织并意识到自己的力量。但另一方面，像后院这种穷人和工人组成的邻里也需要政治教育，需要在策略和权力之外也向人们说明阶级、种族和民主价值的问题。这当然不是说把某种纲领强行灌输给他们，让他们不加思考和质疑地接受；而是说在组织过程中需要提供机会，以便人们可以就重大的问题进行讨论，并通过评论而加以学习、回应、驳斥、修改和运用。诚然，和产联一样，后院邻里议会的衰落是由内外部的很多因素造成，绝不仅仅是因为阿林斯基错误地选择了一条非意识形态的、利益集团式的组织方式所致。但后院的事件也告诉我们，依靠组织者的专业技能，依靠传

统社群领袖的影响，结果常常并不那么民主；而像后院邻里议会这样非意识形态的、民粹主义的组织，它所推动的行动很多时候不只是不民主的问题，或者对经济根源无能为力的问题，而且还有可能变得保守反动和种族主义化。

第三章 保守的邻里组织运动：
66 1946—1960

1. 冷战及对激进派的打压

> 在麦卡锡横行的日子，一个人只要从事民权的组织或相关工作，就会被视为共产党；一谈论警察的残暴，也是共产党。所以我不论到哪儿开展动员工作，人们都直截了当地问我："你是
> 90 共产党吗？"……人们的惊恐到了不可思议的地步。这就是麦卡锡时代，大家对自己的影子都感到害怕。
>
> ——凯撒·查维斯，组织活动家

> 他们嘴上喊的是共产主义，骨子里害怕的是民主。
>
> ——亨利·华莱士，商业部长

"二战"后的情形与以前一样，邻里组织运动是在特定的历史环境中开展起来的，它的性质和成就不能不受到后者的严重制约。邻里层面的进展与国家宏观层面的新动向始终存在着明显的辩证关系，这一点不论在1930年代还是在战后都是如此，但两个时期也有
67 一个极为显著的不同，即战后那种极端保守、狂热反共的政治氛围远远超过了战前。共产党和社会党的激进组织者现在发现，自己越来越陷于孤立，几乎和整个社会都隔绝了。于是，一方面是政治高压造

成激进组织活动的衰落,另一方面,保守性质的邻里组织活动现在成为了主流,它的目的是为冷战提供支持,保护中上层阶级的社区。当然,这些保守的活动并不是在战后才出现,只是这一时期在各种事件的影响下,造成了一种特殊的经济和政治氛围,它不仅有利于保守主义的方案,而且强烈地敌视一切进步的社会改革——这一点尤为重要——这为这个时代打上了鲜明的保守主义烙印。

战后政界和商界领袖首要考虑的是,如何避免和平年代再度发生萧条。在 1945 年,美国已经是世界头号强国。英国、法国尤其苏联在战争中都遭遇了重大的人力物力损失,只有美国不仅本土没有遭到任何破坏,而且大大提高了工业和军事实力。但头号强国的地位并没有让商界和政界领袖宽心,他们担心萧条还会降临;毕竟在上次萧条中,最后靠的是华盛顿所刺激和指导的战时经济才管了用。
在战后头两年(1945—1947 年),战争积累的巨量的个人储蓄总额 91
(约 370 亿美元)刺激着经济持续增长,人们疯狂地抢购战时无法买到的所有耐用消费品,这使得上述的担心略有缓和。但到了 1947 年,个人储蓄总额降为 50 亿美元,战争期间储存下来的金融脂肪以极快的速度被消耗了。

另一件麻烦事是,美国的领导人发现,美国在国际经济中的支柱地位并非无可争议。首先,二战的胜利果实需要和盟国分享,而作为盟友的苏联虽然在经济上远不是美国对手,但它的意识形态却对殖民地领袖十分有吸引力,成为替代资本主义的一种选择。这意味着,战后美国经济在国外——非洲、亚洲、欧洲、拉丁美洲及中东——的
继续扩张很可能遭遇挑战。而美国的耐用消费品一旦不能获得原材 68
料、廉价劳动力和新市场的持续支持,企业利润就会大幅缩水。祸不单行的是,除了担心大萧条再度发生和苏联的挑战,到 1940 年代末,商界和政界领袖发现眼前又多了通货膨胀、工人罢工以及反对种族

歧视的抗议示威，这对国内的经济和社会秩序带来了新的挑战。

在这些症状面前，多数商界领袖开出的都是他们偏爱的自由市场的药方，即用和平的经济增长手段来解决这些国内外难题。这包括，在国际上通过竞争压倒苏联，在国内以继续向海外扩张，采用耐用消费品的分期付款，推动石油化工、电子技术和郊区开发等成长行业为基本手段，在经济繁荣中实现社会秩序和经济进步。不过，这一构想的支持者们并未得到机会来检验他们的计划方案。

以 1947 年的杜鲁门主义为开端，美国经济增长走上了另一条道路，国防开支成为增长的支柱。日益浮现的冷战使遏制共产主义和苏联帝国主义成为了重点，新的政治经济要求军事和对外援助必须占据相当的比重。正是在冷战这一根本的借口下，联邦支出、尤其是军事方面的支出为 1947 到 1973 年间几乎未曾间断的经济增长打下了基础，在这段大约为时 25 年的时间里，预防经济衰退的问题不复存在。一位历史学家对此曾有分析：

> 军事预算……成了一块海绵，把剩余的工业生产能力吸收了大半——如果不说吸收干净的话——从而给资本主义经济提供了支撑。五角大楼每年的支出占到国民生产总值 8%—10%，为经济刺激保证了一个收支平衡点，这使得经济的其余部分可以正常运行，不易受到需求不足的困扰……作为刺激商业的一个乘数，它的作用事实上是最重要的，远超其他因素。在新的问题冒出来之前——当然这是不可避免的——资本主义已经解决了曾经在两次大战期间让人烦恼不已的需求不足问题。[1]

当然，繁荣并非仅仅依靠“军事凯恩斯主义”，其他因素诸如新产
69 业、新技术、郊区化、广告业、汽车的普及、高速公路的发展，等等，也在 1950 年代和 1960 年代刺激着经济的发展。不过，“军事工业复合

体”(这是艾森豪威尔发明的新词)仍然是所有其他因素的基石。到朝鲜战争时期,冷战、经济繁荣和国内问题的解决,三者已经不可分割地联系在一起。

冷战时期的繁荣使1930年代萧条时期遭遇的很多国内问题都烟消云散,在1950年代,在外部扩张和内部高额军事开支带来的经济增长面前,社会骚乱、群众不满及有组织反抗都偃旗息鼓。但另一方面,它也带来了自身的问题,如果处在冷战中的社会不希望承受分裂的痛苦,想尽可能少地依靠强制来有效运转,那么这些问题都必须得到解决。在这些问题中,首先是怎么动员民众去支持如朝鲜战争之类的不受欢迎的国外干预行动?其次,为了保证国防开支,在税收不做大幅增加的情况下,就必须削减或至少不增加福利支出,那么人口中没有因此获益的那部分人口该如何安抚?再次,在劳动力供不应求之际,政府和商界领袖如何能做到一方面克服劳动力的严重短缺,同时又继续对劳工保持高压?最后,现在不论是少数族裔还是工业化较不发达地区(尤其南方)的人们,都对繁荣有越来越高的期望,经济又如何满足他们的期望?

仅靠军事凯恩斯主义不足以解决这些问题;要确保多数美国人支持冷战,必须要有经济的繁荣和持续不断的“自由世界”宣传。经济流动的前景(比如蓝领工人有了越来越多的机会做白领工人、上大学以及从城市移到近郊)确实使国内的多数民众感到满意,愿意团结起来支持“我们”反对“红色恐怖”,但还是会有人感到不满意,不愿意保持沉默。所以在繁荣的天鹅绒手套之外,还需要有政治高压的铁腕。于是有了被称为“麦卡锡主义”——人们用这个称呼是想表示它只发生在五十年代初的几年,只发生在麦卡锡身上——的国内反共热潮,它把所有对战争经济的激进批判者都视为叛徒,把自由派污称为同情共产主义,把反对冷战等同于不忠于国家。这场在很多美国

70 人那里也不受欢迎的政治高压，目的正是为了通过取缔所有左翼的、进步的批评声音，来压制阶级和种族矛盾，杜绝任何挑战冷战政治经济的行为。

繁荣和镇压一起成了阻止反对意见扩散的有效药方，几乎所有人都站到了冷战分子的队列中。产联清洗了内部的激进派后，在1955年与劳联合并，也加入了冷战的阵营，自此成为一支稳定而驯服的、支持冷战和支持国防开支的工人力量。从前的激进派和自由派转而加入了讨伐共产主义的十字军，开始呼吁紧密团结，要巩固民主世界的堡垒。很多自由派虽然厌恶政府的镇压手段，但部分出于恐惧而保持了沉默，同时他们也支持冷战的目标和计划。有些活动分子则试图躲开镇压，比如1940年代后期在东洛杉矶的奇卡诺(Chicano)社区组建的社区政治组织(Community Political Organization，简称CPO)，是一个倾向左翼的组织，它在1947年改名为社区服务组织(Community Service Organization，简称CSO)，以免和共产党(简称CP)混淆。对此，全国服务站联盟的主席戴维·洛森斯坦(David Rosenstein)在1953年镇压高潮之际，曾做过简洁的概括："邻里的人们害怕得什么活动都不想参加。"[2]

在高度集权、高度保守的冷战经济条件下，邻里组织看似没有多少空间和支持。所谓的"丰裕社会"是建立在经济和军事的国内国外扩张之上，而非建立在地方的发展之上；1953年曾有一本政治科学教材宣称："目前要断言各种邻里团体和实践在美国城市中正在消失还为时过早，但已有证据显示它们确实在衰落，而且可以预见它们会进一步减少。"[3] 不过，葬礼可能有点为时过早。比如，仍然有社工相信，社会的自助活动仍然是美国城市生活的现实而重要的组成部分，为了赢得冷战的胜利，推动社区发展是远比借助镇压和恐怖更为积极的办法。因此在他们看来，推动国内外的社区项目是实现美国利益的最佳途径，这方面的例子包括“联合社区国防服务”（United Community Defense Services，简称 UCDS）项目，以及美国（及联合国）在世界各地资助的大量社区发展项目，都证明了民主资本主义实践的成功。事实上，从这些项目上，以及市郊新区出现的数以千计的 71
邻里发展组织身上，最可以看出繁荣的状况，看出时代保守的政治氛围，它们也因此成为 1946 到 1960 年之间主要的邻里组织活动形式。

2. 社区发展和冷战

> 一个国家花这么大的力气在军备建设的同时，还扩张消费品生产，并且在全世界对盟友进行军事援助，这是从来没有发生过的。这样的方案非常大胆，非常有挑战性……它需要人民的高度奉献和团结。
>
> ——查尔斯·威尔逊，通用电气老总，国防动员局局长

> 事情越来越清楚，我们的社区在人类争取世界自由和平的斗争中，拥有不容忽视的分量，既可以作为推动的力量，也可以起阻碍的作用。因此，所有爱国者都应该像完成家庭课业一样做好社区学校、家庭和工厂里的那些默默无闻的工作。时代召唤成熟理智、不屈不挠、胸怀远大的社区工作，这同时也是对全体有色人种的召唤。
>
> ——哈罗德·布滕汉姆，美国社区理事会主席

在 1950—1951 年的冬天，每周六晚 7:00（美国东部标准时间），全国广播公司（NBC）有一个固定的广播节目“人民行动”（The People Act）。节目一共制作了十三期，主持人是解说员本·格劳尔（Ben Grauer）和采访记者埃尔默·麦基（Elmore McKee），内容是报道美国人生活中真实的故事，讲述他们如何组织起来解决日常的问题，故

事发生地都是像纽约市、巴尔的摩市、托莱多、迪凯特(亚拉巴马州)、西尔瓦尼亚(阿肯色州)这样“带有典型美国人色彩”的社区。在故事中,当地人们发起各种努力,比如建立社区医院、缓解劳动强度、改善办学质量、建立资源保护区、清理贫民窟、在当地实施住宅规范,等等。这些努力中,有些成功了,有些以失败告终,不过让埃尔默·麦基产生兴趣的,不是这些社区行动的结果,而是它所展示的民主过程。

72 据麦基说,他最早产生制作这个系列节目的想法,始于1947年他参与美国公谊服务委员会(American Friends Service Committee)的欧洲战后重建项目,当时他的工作是帮助柏林和法兰克福的一些破坏严重的地区发展邻里互助中心,其间他意识到,法西斯主义在德国有其根源,那就是民众对专家和权威人物的依附。这使他想到了一个问题,美国的情况会不会好些?在战后的反共产主义范围中,美国的直接民主实践是否依然健康?于是回到美国后,他长途奔走考察了15,000英里,最后得到的答案是,在美国的千千万万个社区,很多美国人都在自立地生活着,凭自己的力量为自己解决问题。

麦基意识到,这些邻里民主实例的意义超越了美国国界。他从自己的旅行见闻中挑选了十三个案例,提供给全国广播公司。节目向全美播送,又通过美国之音和军队广播网络传送到海外,供海外的美国人和“民主之友们”收听。1952年,在福特基金会的资助下,节目又推出了第二集“在行动中的民主”(democracy in action),挑选了26个社区互助项目,不过这次换成了哥伦比亚广播公司(CBS)播出。总之,社区组织活动对冷战应该做出自己的贡献,它的意识形态价值在麦基这样的自由派的民主分子,福特基金会这样的慈善组织以及美国之音这样的宣传电台那里都得到了承认。

但麦基同时也是邻里组织运动和草根民主的忠实支持者,他是贵格会教徒,坚信公民参与决策是民主社会的基础。1955年他出版了《人民行动》（*The People Act*）一书，书里按照年代的顺序，从广播节目中选取了十个案例，试图揭示美国远远没有广播节目所展现得那么美好的一面。他看到美国普遍缺乏对民众的信任，而这种对民主的不确信态度正是他曾经在德国遇到的，而等他回到美国，这里正发生着一场全民参与的对颠覆分子的猎巫热潮中，这可不是搭建民主的好材料。麦基写道，他书中和广播中所说的那些社区活动，与其说证明了“真正民主”的广泛存在，不如说是“试验中的民主”的一个防护堤。[4]

麦基相信草根的民主实践既是美国最薄弱的环节，也是“自由世界”的希望所在。很多支持分权的自由派人士和他一样，都认为通过 73
国内外的社区发展项目，就可以使民主更加巩固，进而也使美国在冷战中的努力变得更有成效。一群杰出的自由派分子如约翰·杜威、斯图尔特·蔡斯、弗兰克·格雷厄姆等人发起组织的团体，美国社区理事会（American Council for the Community，简称 ACC），在 1950 年春季举办过一次北美社区问题讨论会，因为他们认为：“北美民主国家有一项关键的任务，就是证明一种有责任感的自由在现代世界是可行的……这一任务的关键就在地方社区，这些社区就是我们用来建设自由国家和世界和平的墙砖。”一年之后，美国社区理事会又公开声明，美国的所有社区都需要得到加强和整合，“以应对各种可能性，无论是冷战热战或者休战。”[5]

因此，战后的社区组织活动深刻地受到了冷战经济政策和政治氛围的影响，激进派的社区工作大多不得不中断，或者改为更保守的方法。像阿林斯基，1950 年代初期的反共浪潮使他的社区组织努力完全付诸东流，没有人敢冒险加入他的事业，激进活动就此一蹶不振。另一方面，社会福利型的社区工作也努力适应新的政治现实，加入了反共的潮流。当然，并非所有自由派社工都加入了这一事业，但对于那些加入的人来说，冷战这一大目标就决定了邻里工作的目标、计划、客户、项目实施地以及可用资金等等因素。

这一阶段美国支持的社区发展项目主要是投放在第三世界国家，而非美国国内。推动国外的社区发展，目的并不仅仅是按联合国在1955年说的，为整个社区的经济和社会进步创造条件，它还有另一层考虑，如全国社会福利大会(National Social Welfare Assembly)的菲利普·瑞安(Phillip Ryan)所说的，是要“防止共产主义的扩散”和“为日益扩张的美国经济准备消费者”。[6] 发生在国外的这些社区组织项目诚然是十分有趣、富有教益的，只可惜它超出了本书研究的范围。

战后十年中美国国内的社区组织项目，始于1950年秋季围绕建
74 立“联合社区国防服务”而引发的讨论。这个机构是“全国社会福利大会”(这是美国主要的一家职业社会机构组成的委员会)和“美国公益慈善基金联合会”(Community Chests and Councils of America，美国志愿性社会福利活动的主要筹款渠道)合作的成果，两家机构一共联合了15家社会福利组织，以对那些因军事方面的计划而变得混乱的社区加以组织动员。[7]“联合社区国防服务”又是“联合国防基金”(United Defense Fund)的一个组成部分，这个基金是由地方的“社区金库”(Community Chests)资助的一个社会福利项目，以处理由韩国和东南亚引起的国防紧急状况。在它的巅峰时期(1950—1955年)，它的资金主要流向劳军联合组织(United Servicemen's Organization，简称USO)，这是它最为知名的一个项目。

“联合社区国防服务”负责的工作，是在“国防核心地区”(critical defense areas)缓和由于国防动员而带来的社会问题，它服务的社区多数不在大城市。在1951年，联邦政府提到的227个国防核心地区一共包括740个单独的社区和城镇，其中86%的社区在国防因素出

现之前的人口不超过 25,000 人;而在国防因素出现后,这些地区容纳了 2,000 万人,超过全国人口的六分之一。在国防核心地区一般会有军事基地、国防工厂或者是氢弹发展项目,这类社区集中在西部和南部,反映出的一个趋势是战后国防合同和商业资本越来越往乡村地区流动,那里劳动力成本和税收往往较低,工会较少,而它们在华盛顿的国会议员一般都资历较深。

并非所有的国防核心地区都被新设的军事基地或国防工业搅得失去安宁。据“联合社区国防服务”估计,其中有四分之一深受其害,需要外部援助的社区占到三分之一。比如在地处南卡罗莱纳州和佐治亚州交界处的萨凡纳河(Savannah River),氢弹项目带来了当地农村的城市化和工业化,“它的威力不逊于氢弹本身”,“联合社区国防服务”的主席对此的描述是:

> 工厂占地大约 20 英里长,15 英里宽,所有在这里居住的人 *99*
> 们都被迫迁走;甚至死者也失去安宁,有一百座坟墓要迁出控制区。另一方面则是人群蜂拥而入,最后迁来了大约 30 万左右的新居民。奥古斯塔(佐治亚州)的人口翻了一番,而南卡罗莱纳一些市镇的人口则增加了十倍之多。……可以说是一片混乱。[8]

在多数国防地区都出现了住房短缺,这是最主要的问题,其他像 75
治安警察、卫生保健、医院学校、污水处理、自来水供应等等也常常跟不上需求,或者干脆没有;而且随着人口的增加,对这些服务的需求压力还在不断增加。在加利福尼亚州的中国湖(China Lake),新建了一个海军军械测试站,于是人口一下子从 1944 年的 100 人增加到了十年后的 2 万多人。除了服务短缺,还出现了其他问题。在通往军事基地和国防工厂的路旁,充斥着卖淫、赌博、夜总会和临时汽车营地。在南方的国防核心社区中,一个更严重的问题是种族歧视和冲突。在上面提到的萨凡纳河，位于奥古斯塔近郊的黑人住宅区远在原子能项目开工之前就已经人满为患，但糟糕的是，用政府资金兴建的两个住宅项目原本是提供给黑人的，却被杜邦公司占用，作为给他们白人员工的租住房。在美国原子能委员会的所在地肯塔基州的帕迪尤卡(Paducah)，哨兵禁止黑人求职者进入房屋。在萨凡纳河，杜邦公司一直拒绝雇佣黑人工人，直到美国城市联盟(National Urban League)施加压力，同时公司也确实缺少人手，方才作罢。[9]

在社区居民中，无论白人黑人都很少反对国防项目。地方官员、土地所有人和商人可以借繁荣之机大捞一笔，工人也可以借机改善生活水准，争取找个稳定而永久的工作。但这么巨大而快速的变迁，以及随之而来的有待社区解决的一大堆社会问题，却给许多当地居民带来了痛苦。一位社会工作人员描述了帕迪尤卡的情况：

> *100* 人们充满怨恨。他们不想要这个氢弹计划，但这却是联邦政府的安排，他们认为既然这样，政府就应该担负起解决相关问题的责任来，比如住房等等。社区里很多人都有怨言和情绪，在当地的旧领袖和新的劳工领袖之间也存在明显的裂痕。最后，人们还敌视那些从外部来到这个社区、指手画脚告诉他们该做什么的那些人。[10]

在时代的军事氛围影响下，"联合社区国防服务"对自己在国防核心区域所做的这些针对社会问题的努力，用了一个军事代号"全国社区组织行动"(Operation Community Organization：National)来称
77 呼。机构领导人一次次地宣称，社区组织工作对美国的国防至关重要，社区组织工作者可以成为国内事务的"消防队员"，为反对共产主义的冷战助一臂之力。对社工人员来说，这种把重心放在国际事务上的做法是比较新鲜的，当然在具体目标和工作方法上仍然是老

一套。

“联合社区国防服务”的组织工作者进入社区通常是自己找上门去。他们先去走访当地的商务部门或者福利办公室，以熟悉当地的问题和资源，经过前期的探察，再把情况汇报给位于纽约的机构总部，希望得到资助以开展他们希望的社会福利项目，从健康调查、日间夏令营、免疫诊所，一直到建立永久性的社会福利机构和筹划议事会。至于哪个项目会上马，往往取决于是“联合社区国防服务”的哪家成员单位派出的社工，比如美国社会卫生协会（American Social Hygiene Association）的人员会看重卖淫和赌博问题，全国康乐协会（National Recreation Association）则强调文体活动。但所有“联合社区国防服务”的组织工作者都有一个共同点，即非常注重当地社区在商业、政治、经济等方面的头面人物的支持。

“联合社区国防服务”之所以重视地方精英的支持，是因为它无法得到联邦政府或企业的基金的垂青。这不是说该机构与冷战时代的政治不合拍，事实上，“联合社区国防服务”每次寻求资助的时候，都会强调职业社区工作对冷战如何重要。在1954年和1955年，机构聘请了一位社工领域的重量级人物、同时也是与华盛顿有密切关系的伊丽莎白·威肯登（Elizabeth Wickenden）来专门负责筹款计划书。威肯登非常重视社会福利支出和国家安全之间存在的共生性质，这一点得到了机构领导人的广泛共鸣。威肯登认为，在一个民主国家，国家政策是由选民及其代表决定的，而国防力量则为这些政策、也为我们的制度提供了保护。她在报告中指出：

> 民主国家如果认定有必要制定一项扩充国防的方案，那么这个方案就应该看作是为了全体民众的利益而制定的。要在人民福利和国防之间加以明确的区分，这是不可能的，因为国防已

经成为人民福利的保卫者，这是每个人都接受的看法。[11]

77 所以凡是有利于军事、政府和国防工业的，也必定有利于民众，反映了人民的民主意愿。

这样一来，社会福利型社区组织者的作用就是充当社会这架机器的润滑剂，他们的社区组织行动计划就是要成为镇压的替代品。威肯登正是这么写的："在民主国家里，采用提供社会服务的方法就可以使国民服从和适应国防的大目标，而不必像极权国家那样借助恐怖和强制。"民主国家的民众应有这样的意识，可以为了国家的利益而牺牲自己眼前的利益，包括自己的行动自由。[12]而在一个存在阶级分化的社会，有些人可以获得眼前利益而负担却落在其他人头上，这时政府和社区的作用就是尽可能平衡各方面的负担，说服民众有必要为了国家目标而作出牺牲。"联合社区国防服务"的社工人员就像早期大多数社会福利型社工人员一样，在基本立场上是拥护现行体制的，仅仅希望在体制的边界内缓和社会的不平等，以支持权势阶层制定的大目标。

但是1950年代与二十世纪初期非常不同的一点在于，现在坐在那里倾听威肯登论证社会福利重要意义的人，心里想得更多的是别的事情。以原子能项目为例，二战时建设的原子能项目，整个的社区都是由联邦政府建造和运营的，而1950年代建成的原子能委员会所在地以及其他国防核心地区，几乎没有得到联邦政府的资助。负责国防社区动员的联邦安全总署(Federal Security Agency)在朝鲜战争高峰时期，每年能拿到400万美元的经费，这些经费多数都用于供排水项目。国会明确立法规定，钱不能用于卫生、日托、娱乐或者其他社会福利服务。

相比之下，企业的支持也好不了多少，——而且那还是因为企业无法像联邦政府那样甩手不管，不然代价会十分高昂。以萨凡纳河为例,杜邦公司有代表出席社区会议,建造了大约 7,500 套临时工房,为白人员工买了两个楼盘,并招募了一名员工以负责活动住房区的文体娱乐,此外它的薪水也比当地企业要高。从杜邦自己的角度看,这些就是它对社区的重大贡献,而按一位田野工作者的说法,杜邦的做法的实质就是“不想和社区的运营有任何瓜葛,以免最后自己不得不卷入其中。”[13]在其他的国防核心地区,情况也类似。在阿肯 78
色州的铝土矿生产中心阿卡德尔菲亚(Arkadelphia),雷诺兹铝业公司(Reynolds Aluminum)声称“只有出现问题的时候”,他们才会对“联合社区国防服务”的社会福利项目有兴趣。[14]总之,政府和企业对地方社区福利项目的资助充其量也是微不足道的,因为它们没有多做的必要。

如何解释 1950 年代和二十世纪初期的这种不同?诚然,每次遇到经济危机和社会骚乱,人们对社会福利型职业社区工作的支持就会增加,比如 1900—1920 年、1930 年代以及 1960 年代正是这样的时期,但 1950 年代很不一样,它是一个兴旺繁荣的时期,大部分人口都改善了自己的社会经济地位。——这种说法虽然成立,不过仅仅从繁荣与否的角度,不足以解释 1950 年代存在的保守氛围,以及当时人们对社会福利项目的缺乏关注。以一战前和 1960 年代为例,当时的社会也非常兴旺繁荣,人们对社会改革方案的兴趣却浓厚得多,把它看成是解决社会无序和骚乱的有用手段。所以关键的一点是,在 1950 年代,我们拥有了更加有效的维持社会控制和统一的手段,铺天盖地的旨在反对共产主义的宣传,再加全国和地方的严厉镇压,这才是区别所在。

繁荣、宣传和镇压三个因素结合在一起,产生了所有人都无法绕开的深远影响,包括社工人员在内。在核心国防社区,有组织的劳工都支持冷战舆论,与此同时,忠诚宣誓和严厉的安全防范措施使得持有异议就等于不忠于国家。在这些社区，尤其是位于南方的社区，加诸黑人和激进派身上的，是某种接近警察国家的东西，即使是自由派立场的批评家也不得不保持沉默。所有叛乱和对抗的威胁于是都消失了。在这一时期，社会福利型的社区工作者饱受了孤立和冷遇，他们置身于一个对他们工作毫无同情、袖手旁观的环境中，只能从事一些最细枝末节的工作。时代不需要他们来缓和社会问题或维持社会秩序。

这就是 1950 年代初社区工作者面对的形势。尽管如此，“联合社区国防服务”的成员机构以及它的组织工作者都公开支持冷战的目标，因为他们自己相信、接受这些目标，同时还因为，只有支持冷
79 战，他们才能得到保证社会福利项目运行下去的最起码的一点资金。对社工人员的大规模资金支持，要到 1960 年代才会出现——那时，联邦政府眼看城市骚乱遍及全国，新一代领导人开始承认自由主义的社区工作对政治经济的重要贡献。

3. 邻里改善协会，1880—1948

> 议长先生，昨晚莫斯科一定在庆祝，因为就在昨天，共产党人在美国的最高法院赢得了他们最伟大的胜利。这个曾经非常庄严的机构，通过谢利诉布莱默案的反民间盟约裁决，继续破坏着这个国家每一个州数以万计的忠诚美国公民所拥有的财产权观念。
>
> ——约翰·兰金，来自密西西比州的众议员，于 1948 年 5 月 4 日

1950 年代最著名的邻里组织活动，要算各种邻里改善协会，它遍布全国，在新兴的、富庶的城郊地区尤其常见。协会可能有各种各样的名称，比如公民俱乐部、业主协会或者邻里保护组织，但不论什么名称，它们在组织目标、方式和结构上都是共同的。这种改善型的

邻里组织活动与此前讨论过的两种更为知名的类型——自由派社会福利型邻里组织活动和激进派邻里组织活动——都有不同。这种组织一般追求双重的目标:提升(enhancement)和保护(protection)。所谓提升是指努力争取各种公共服务,实现整齐统一的开发,控制税收,提供邻里互助服务或项目,以及从更一般的角度说,监督整个社区的发展。更重要的是所谓保护,协会反对商业开发,排除下层人士或者其他种族人士进入社区,以此来保护房产的价值和社区的整齐美观。

邻里改善协会通常不使用抗议或冲突的手段。如果是邻里内部的问题,它常常借助于左邻右舍的压力;如果是与其他邻里或市政官
员之间的问题,协会的领导人会像利益集团的掮客一样,在幕后不声 80
不响地使用拉拢合作的策略来为邻里服务。协会入会率通常较高,有些社区能达到百分之百的入会率,但会员的活动频率很低。当邻里遇到麻烦时,民众也会参加协会的会议,卷入协会的活动;但协会的组织者、领导和积极分子往往是一小群律师、商人、房地产经纪人或者政客,他们同时也是邻里的居民。协会没有带薪职员,也没有外来的职业组织活动家,它的资金往往通过邻里征收或募捐的方式私下筹集;它也很少从事超越邻里或城市边界的合作或其他活动。

在有些社会科学家和草根活动分子那里,邻里改善协会的活动常常并不计入社区组织运动的历史。这首先是因为,它的支持者与另两类邻里组织——社会工作类及政治活动类——的支持者很少有交集,所以我们在工人阶级邻里或者少数族裔邻里很少找到邻里改善协会,最近也依然如此。此外,在这类走改善道路的协会中,组织动员者一般都是当地领导人,而在另两类组织中,组织动员者与领导者是有区别的,而且这种区别非常重要。最重要的一点是,邻里改善协会基本倾向于保守,不仅不参加、往往还抵制任何社会进步改革。

尽管有这些差别,邻里改善协会这种保守的邻里组织活动在时间上却是领先一步的,而且按照一位历史学家的说法,它更为常见、更为持久,对地方政治有更大的压力,这些方面都是工人阶级或者贫民窟的邻里组织活动比不上的。这一点不难理解,因为前者的居民相比来说通常更有钱,有能力参加各种正式组织。[15]

多数的邻里组织活动从产生之日起就很少有变化,邻里改善协会也是如此。第一批邻里组织协会产生于1880年代,与最早的城郊邻里相伴而生。那时,随着工业城市规模的扩大和电车路线的延伸,有钱人可以搬到离中央商务区远一点的地方居住,于是像波士顿、芝加哥、休斯敦这些不同的城市先后出现了“电车郊区”(streetcar suburbs)。这些新社区通常也是城市的一部分,或者处在被城市吞
81 并的过程中。它们不是自我管理的小单位,事实上它们也不希望如此;因为像照明、排水、学校、治安和消防等等的运营成本都很高昂,

即使上层阶级的社区也难以单独负担。为了享用到这些设施,最方便、最便宜的方法就是让自己的社区仍然归属于城市,并利用政治影响使城市提供这些服务。

1880年后,在一代人的时间里,邻里改善协会成功地进行了组织动员,迫使市政官员把基本的市政服务引入他们的邻里,这在富裕的社区尤为明显。比如巴尔的摩,在1900年它的城市和郊区一共有30多家邻里改善协会;辛辛那提的邻里改善协会在1913年成立了一个改善协会联盟(Federated Improvement Association),一共有36个成员单位,8,000名成员。[16]对俄亥俄州哥伦布市的二十世纪初期邻里和地方生活所做的一项开创性的社会学研究,让我们看到了一个富裕郊区的邻里组织,揭示出早期的这些改善协会的本质:

> 协会是由社区里一批很有进取心的人——包括当地最显赫的一位市议员——推动成立的。这个叫“希尔托普改善协会”

> (Hilltop Improvement Association)的组织在维护社区利益的过程中,态度积极,收效显著,是其他地方组织比不了的。它会和市议会谈判来实现社区的要求,比如修建娱乐中心、提供电车服务和邮件投递等等;它还注意鼓励居民的自豪感,使他们更加爱护财产,并阻止不受欢迎的商业侵扰;与此同时它还培养了居民之间的和睦相处和友善往来。[17]

在芝加哥郊区,邻里改善协会也同样迅速发展起来。1882 年,在富裕的伍德劳恩邻里成立了伍德劳恩邻里改善协会(Woodlawn Improvement Association),目的是使这个当时还地广人稀的地区能够清除人行道的积雪。在 1903 年,芝加哥妇女俱乐部(Woman's Club of Chicago)的邻里中心委员会发起组织了库克县邻里改善联盟(Neighborhood Improvement League of Cook County),共有 30 家邻里组织参与其中,到 1909 年又扩大到 55 家。所有这些成员组织几乎都是郊区新兴社区的代表,它们的重点就是争取城市的公共服务,或者自行提供一些必要服务。比如从橡树园改善协会改名而来的橡树园美术学会(The Fine Arts Society of Oak Park),就扩大了其艺术批评的范围,开始“指导春季大扫除,执行对整个村庄的检 82
查,并对没有打扫干净的房产拍照并予以公布”。[18]

自然,并不是所有的邻里协会都像哥伦布市的希尔托普或者前述芝加哥的社区那样,处于富裕的城郊社区;而且,也不是所有的邻里协会都能达到目的。和利益集团政治中的大多数交易一样,邻里改善协会能获得多少公共服务,可以在多大程度上实现邻里的需求,和协会成员拥有的经济和政治权力是直接成正比的:权力较小的,在城市政治中的赢面就较小。——这可以解释为什么内城的、工人阶级的邻里组织不能像上述这些邻里利益集团那么有作用。一战前移居到城郊边缘的人群,都是城市人口中较为富庶、较有权势的那部分人口，所以他们组成的邻里协会也就拥有了不成比例的政治和经济资源，可以用于邻里的改善。

虽然第一批改善协会优先考虑的是社区的提升、发展，但在南方地区的邻里，人们在考虑提升之余，马上就想到保护的问题。威廉·威尔逊（William Wilson）是休斯敦的伍德兰高地（Woodland Heights）邻里的开发商，他曾在1909年的广告宣传中说，该邻里的行为规范包括若干“保护性的限制措施”，它要求保持“房产的原始风貌”，禁止商业开发，禁止出售酒精饮料，并详细列举了针对新建房屋或房屋改造的一些建筑方面的限制。此外，威尔逊保证，“有色人种不会成为你的邻居，因为我们仅仅销售给白人。”[19]虽然行为规范这种东西在全国的城郊邻里都很普遍，但种族限制条款更多见于南方，当时南方在法律和官方政策上都严格实行着种族隔离的做法。

108 在北方的多数城市，1914年以前黑人人口不多，由阶级和种族带来的事实上的隔离制度使得黑人和多数工人阶级成员无法进入城郊新开发地区。事实上这里的肤色界限也和南方一样难以跨越，1897年芝加哥伍德劳恩改善协会对一家在邻里边界上的旅店发出“战斗”威胁，因为后者当时正把房间租给黑人。五年后类似的对抗
83 又出现了，一家旅馆的老板想把房间改造成面向黑人的公寓，协会同样予以阻止。到1910年，协会非常成功地阻止了黑人进入邻里。[20]

到了“一战”前后，北方城郊邻里的改善协会也改变了工作重心，从关注邻里提升转向关注邻里保护，从要求公共服务转向排除下层阶级和少数族裔（尤其黑人）。它们有意识地抵制社会变革，支持种族隔离，攻击房地产投机商，甚至不惜与三K党这样的右翼组织站到一起。在1919年，全国各个城市都出现了种族形势恶化的局面，白人邻里组织和市政官员、房地产经纪人一起试图阻止黑人搬进他们的邻里。

像芝加哥伍德劳恩这样过去曾是富人保留区的邻里，随着很多第一代和第二代移民在经济上的成功，他们也成为了这里的居民。而黑人不同，由于雇工和居住方面的种族隔离措施，他们一直处于贫穷、隔离的状态，到“一战”发生时，他们对于过去属于上层阶级、今天又属于中产阶级的城郊邻里都不构成挑战。但是到了1915—1920年，在芝加哥这样的城市，由于战争的影响很多工作出现了空缺，黑人于是涌到北方来寻找工作机会，黑人人口因此翻了一倍不止。巨大的人口压力使黑人聚居区的居住条件急剧恶化，住房的争夺空前紧张，于是少部分的黑人中产阶级开始外迁。要是在战前，这不是什么问题，那时也经常有少部分黑人迁入白人邻里，而白人则慢慢地迁出——这情形就像过去白人上层阶级逐渐迁出，把邻里让给白人中产阶级一样。只要还有新的地方、新的住宅，阶级和种族冲突都可以用这样的方式加以避免。可是到了1917年，住宅数量不够，矛盾就上升了。

对邻里的新的变迁和整合的抵抗，采取了很多形式。1917年，最高法院在布坎南诉沃雷案中裁定，路易斯维尔市颁布的把城市划分为黑人区和白人区的居住隔离法违宪，此后居民区的种族隔离就不合法了。不过，虽然司法做出了裁决，很多城市的改善协会还是组成了“联合阵线”，以保证邻里的“纯白色”。在芝加哥的海德公园-肯伍德（Hyde Park-Kenwood）邻里，改善协会动用过种种手段，比如媒体曝光、把房地产经纪人列入黑名单、举行群众集会、抵制商家乃至 84
恐吓黑人居民，等等，当这些都不能奏效时，联防组织就自己带着管子、砖头、球棒和炸弹，袭击黑人“入侵者”的住宅。在1917到1921年间，在芝加哥有58套新购置的黑人住宅遭到了炸弹袭击，平均25天一起。在1919年春季，每月有两起炸弹爆炸。在芝加哥、圣路易斯和纽约，诸如此类的“邻里保护行动”引发了种族骚乱。[21]

在北方大城市这些多事的邻里，炸弹爆炸和种族紧张局势持续到了1920年代初，从1922年开始，随着房屋市场的繁荣，情况开始好转。在1922到1925年间，与黑人聚居区相邻的白人中产阶级邻里逐渐变成了黑人的中产阶级邻里，于是在多数的北方城市，邻里的隔离又得到了平稳而缓慢的恢复；鉴于住宅的持续繁荣，各种改善协会也就听之任之，没有去阻止邻里的这种变迁。但1926年繁荣终结之后，白人业主和房地产商又找到一个新办法来保护他们的资产。由于已经不可能通过立法来实现居住区的隔离，邻里改善协会在一些房地产商协会，比如全国房地产商协会(National Association of Real Estate Boards，简称NAREB)的支持下，用"限制性地产规约"(restrictive covenants)的方式以排除少数族裔的进入。1924年，全国房地产商协会承认了州委员会的一项权利：如果有房地产商违背
110 社区的意愿，让黑人迁入白人邻里，委员会可以吊销其执照。这一做法此前也存在，不同之处是早先的执行者是地方上的房地产商委员会。

1926年最高法院也介入了这个问题，它站在了限制性地产规约一边，承认它的有效，许可它的实施。一时间这类规约遍布北方，到1930年，芝加哥至少有超过175家业主协会通过了种族性质的规约，全市四分之三的业主房产都在规约的管制之下，这类房产都不能出售或者出租给黑人。[22]

芝加哥的邻里改善协会走过的历程，在全国各地得到了复制。这些协会都把工作重心放在品质的提升上，一个刚刚起步的邻里尤其如此。社区的发展提高了资产价值，改进了社区生活。一般说来，人们只要经济上能够负担，只要有空房子，总是愿意迁入品质更好的
85 小区，所以他对邻里并不会有什么稳固持久的情感，——就像二十世纪早期的那些城市人口也不是要长久待在那里一样。然而，每当住

房短缺或房屋市场不景气时,人们没钱换更好的房子,这时在那些与黑人或者下层阶级聚居区相邻的白人邻里,改善协会就会表现出强烈的种族隔离甚至暴力立场。

冷战对各种邻里改善组织产生了深远的影响。美国和苏联的全球竞争使得美国必须对国内根深蒂固的种族主义有所作为。商界和政界的领袖发现,如果这个国家在国内还继续坚持这种不人道的、压迫性的种族隔离制度,就很难把自己打扮成“自由世界”的领袖,使亚洲非洲和南方的人们信服。杜鲁门总统于1946年指出:

> 我们在战后世界中的地位对未来有至关重要的意义,我们最不起眼的举动也会有深远的影响……我们无法回避这样的事实,我们的公民权利记录已经成为世界政治的一个议题,全世界的媒体和广播都在讨论。……和我们哲学理念冲突的对手强调了——同时也在无耻地歪曲——我们的缺点……他们试图证明,我们的民主制是空洞的欺骗,我们的国家一直是弱势人民的压迫者。这样的说辞在美国人听来也许很可笑,但我们很有必要顾虑一下我们朋友的感受。美国的实力虽然强大,民主的理念虽然会最终获胜,但不意味着我们可以无视整个世界对我们、对我们的行为记录的看法。[23]

对华盛顿表现出来的这一新的“自由主义”倾向,全国有色人种协进会(The National Association for the Advancement of Colored People,简称NAACP)迅速地抓住并加以利用。协进会从1925年起就反对限制性地产规约,过去20年里它频繁地进行各种诉讼,但几乎没有进展,没有一次判决明确反对这种规约。但1945年显得非常有希望,除了冷战的压力以外,南方黑人民众在战争期间纷纷迁入北方工业中心,希望在这里找到工作,体验新生活。他们并且愿意行使投票权，甚至愿意为争取投票权而示威抗议。

各地的业主协会意识到时代的新进展，纷纷组织起来试图抗拒社会的变革。在首都华盛顿特区，为了阻止居民区的整合而成立了公民协会联合会（Federation of Citizens Association），在1944年它共有69家成员单位。在洛杉矶、芝加哥、哥伦布、纽约、底特律及首都华盛顿，邻里改善协会在下级法院都打赢了官司，法院支持了限制
86 性地产规约。唯一的一次失败是谢利诉克莱默案，它发生在圣路易斯的马库斯大街改善协会所在的地区，但这次失败仅仅是因为一个小的技术差错，随后密苏里州最高法院就在上诉中推翻了原来的判决。马库斯大街改善协会和多数邻里协会一样，对地方法院有很大的影响力，甚至把当地舆论的力量都动员到了法庭上：审判中，他们让协会会员挤满法庭，请当地有声望的商人和房地产商出来证明居住地种族状况的改变会带来有害的后果，最后在州一级赢得了胜利。

现在案件到了联邦最高法院，地方上的邻里改善协会在全国一级并无组织，也找不到足够强大的盟友来抗衡冷战带来的自由化压力。因此，最终最高法院宣布限制性地产规约无效，该案的被告谢利一家可以继续居住在拉巴迪大街4600号，一套与马库斯大街邻里紧邻的房子里。判决后不久，马库斯大街改善协会就宣告解散，大多数白人居民迅速逃离该邻里，它转眼成了一个黑人的中产阶级和工人阶级社区。[24]

总之，截止到1948年，各地改善协会的历程有很大的差别，它取决于每个邻里独特的历史状况和现实条件：有的改善协会属于底层阶级，有的属于上层阶级；有黑人的协会也有白人的协会，有内城邻里的协会也有城郊邻里的协会；至于纽约、圣路易斯、亚特兰大和旧金山这些地方的改善协会，虽然同处于大都市，但这些大都市本身也是千差万别。另一方面，这些五花八门的改善协会也有某些共同的

发展模式。首先，它们在起点上大同小异，都希望，以协调和游说为手段，为本地争取公共服务；然后，随着邻里的种族和阶级的同质性受到威胁，随着底层阶级和少数族裔的社区开始逐渐逼近，改善协会就会表现出明确的反动的、保护主义的性格。最后，还有另一些不受社会变革威胁的改善协会，比如得益于阶级背景或者大城市的空间结构带来的便利，从而与穷人和少数族裔完全隔绝，或者是像南方那样，借助城市的社会控制机制避开了整合，这样的协会就会专注于邻里的维护和提升。由于躲开了社会变革的压力，它们可以一心一意地致力于发展学校、操场和游泳池等便利设施，以实现邻里生活品质的提高和财产的升值，所以，总体来看，某个邻里组织的性质到底如 87
何，既与全国性的事件有关，——比如像谢利案那样的判决就在短短的不到十年间改变了整个邻里和地方协会的面貌，——也与每个城市和邻里的具体阶级、种族和空间关系有关。在接下来对 1950 年代邻里改善协会的讨论中，我们将会看到，这一点不仅适用于 1948 年之前，也适用于 1948 年之后。

4. 1848 年之后的邻里改善组织和休斯敦公民俱乐部

> 我们必须警惕那些违反地契限制的行为，将之公之于众，并坚定地与监督委员会一起和它斗争。
>
> ——西南公民俱乐部（休斯敦）

前述 1948 年之前的邻里改善协会的历史告诉我们，虽然所有这类协会都兼具提升和保护的双重目标，但其中也有差别，有些协会更注重保护和防御。到了 1948 年之后，情况有了变化，此时大批邻里改善协会都位于更加远离城市中心的郊区，这样一来，从风格和主要职能上看，倒有点像最早的一批邻里协会，它们是由城市边缘比较富庶、比较精英的邻里发起成立的，强调提升的目标多于保护的目标。

战后郊区的大发展在空间上完全改变了现代都市的面貌，而这一切的推动者和设计师却是联邦政府。此前，联邦政府借助军事开支刺激了南部和西部国防核心地区的发展，而今天它又再度使城市周围的农村走上了郊区化的道路，联邦住房管理局（Federal Housing Authority，简称 FHA）提供的低息担保贷款为白人中产阶级提供了机会，使他们可以从外城的邻里搬迁到新开发的城郊社区。1948 年联邦政府通过法院判决的方式禁止邻里限制黑人进入，但仅
88 仅过了几年又通过联邦住房管理立法，鼓励白人居民“放弃”外城邻里，把它们让给新来的居民。但如果少数族裔和工人阶级要这么做，却会遇到障碍，因为上述联邦政府管理项目要了手腕，规定内城和外城邻里不能享受低息贷款，这无异于宣判了所有城区邻里的日渐衰

败。所以在接下来的一代人的时间里，市中心及其附近的邻里或者是主动被废弃，或者是由于被忽视而毁坏。

同样地，1956 年的《联邦高速公路法》(Federal Highway Act)带来了上万公里的城际和市内公路，形成了跨越国界的高速公路网络。现在人们只要愿意，只要有钱有车，随时可以住到郊区去。工厂和企业也向城郊新区转移，从而把所属的工人带出了市中心。这一下子催生了成千上万个独立的郊区城镇，都市也因此呈现新的面貌：从前，工业城市的出现曾使城市规模由方圆 2 英里扩展到方圆 10 英里，而今天“多核”大都市的扩张使城市的方圆达到了 25 英里。新都市的显著特征是人口密度低，独户住宅，是纯粹的住宅区，并拥有大量汽车和高速公路。现在，人们的就业或购物不再依赖什么中央商务区、商业中心，各种“工业园区”和“购物广场”随处都提供工作和购物的场所，人们从郊区住地开车过来也很方便。

在多数的大城市，新兴的城郊地区都是一些独立的、自我管理的

单位,并不依附于中心城市,只有像洛杉矶、休斯敦这样1945年之后才开始迅猛扩张的阳光带城市,新兴的城郊地区事实上被并入了中心城市。但是不管是哪种情况,住在这些新兴郊区的居民,都乐于走出自己的住宅和街道,一起营造一种共同体和秩序意识。在各种组织形式中,最为引人注目的就是邻里改善协会。这些邻里改善协会和二十世纪初期的新兴城郊发展起来的改善协会一样,主要目的在于提供和确保各项服务。毕竟,1950年代的城市大发展缓解了都市的空间压力,在这些新兴郊区已没有多少必要采取保护策略,防止黑 89
人进入。

邻里公民俱乐部就是战后社区组织运动的典范,它的数目在1990年超过了700个。它遍布休斯敦市,这一点让很多人觉得意外。人们通常认为休斯敦就是城市大规模盲目扩张的产物,靠高速公路连接在一起,充斥着暴发户城市的气息;此外这个城市还以保守著称,人们完全不会把它和邻里组织活动、和人们的协作努力联系在一起。比如约翰·冈瑟(John Gunther)在其《在美国》(*Inside America*)一书中就宣布,休斯敦"可能是美国除了俄克拉荷马的塔尔萨(Tulsa)之外,最反动的一个地方"。[25]但奇怪的是,这个混合了1940年代开始的高速增长和政治上的自由放任,无法用单一图景来描述的牛沼城(Bayou City),却在全城形成了一股和美国其他城郊地区的社团并无不同的、保守主义的邻里组织运动的热潮。

在休斯敦,据说一直到最近都没有居住区隔离,取而代之的是各种地契限制(deed restrictions)和公民俱乐部。休斯敦的建城始于1836年两位纽约市企业家艾伦兄弟的土地购买,从那时起,私人利益和逐利动机一直是决定城市土地使用的基本原则。当然这不是说休斯敦的土地只是开发商的投机工具,没有任何土地使用的管理规则,事实上,在那些已经开发的居民区,土地使用是有非常明确的地契限制的。这些限制规定通常先由开发商拟定，内容包括土地使用、建筑风格的规定，——近来也补充了一些种族方面的要求。在这种管理方式下，业主个人要对各种规定的实施承担最终的责任，如果遇到邻居违反规定，比如办了一个养鸡场或者迁来一家肯德基店，他们有义务把违规者告上法庭。

为了更好地落实地契限制，同时减轻居民个人在这方面的负担，很多邻里组织了草根的公民俱乐部。[26]与早期实行居住隔离的富人郊区出现的邻里改善协会相比，休斯敦的邻里公民俱乐部一般所处位置仍然在城市范围内，它在控制土地使用方面承担的职能也非常不同。另一方面就历史发展，尤其是二战以后的发展来说，两者又有
90 很多相似之处。这两种类型的社区，都地处远离下层阶级或少数族裔居住的邻里，因而都不会面对阶级变迁或种族变迁带来的压力。于是，对它们来说，邻里的品质提升而非隔离保护是它们关注的主要目标。

在休斯敦，地契限制是从 1890 年代开始，随着住宅小区的发展而出现的。在此之前，无论是在休斯敦还是其他城市，土地都是一小片一小片地卖给单个业主，休斯敦最早的六个内城“城区”就是这样发展起来的，当时没有任何地契限制。但 1890 年以后，休斯敦城郊的大片土地得到开发，在这些规模较大的小区就有了各种地契限制。以最早的一个外城邻里伍德兰高地为例，它在 1909 年发行的一个宣传册就提到了地契限制，把它看成在该邻里置产的一大优势：“为了保证伍德兰高地第一流的居住环境不被破坏，防止出现任何不受欢迎的景观，我们对本处财产施加了特定的限制，这些限制在我们的契约中都有表述，针对的是所有修缮和使用行为。任何购买者及其财产继承人或财产受转让人都受此契约的约束。”[27]

就在这些新建的“电车郊区”，各种公民俱乐部出现了，它的根本

目的就是落实购买时的限制规定。此外,它也发挥传统的改善协会的职能,提供必要服务并向市政厅游说,争取在道路维修、公园建设和学校发展等方面的便利;在这一点上它和北方的协会没有不同。随着休斯敦市郊发展越来越快——在1920年代已经发展到城市商业区三英里远——邻里公民俱乐部也迅速发展起来,因为每个新小区都相应地制定了一套可以实施的地契限制。但是,休斯敦的公民俱乐部与芝加哥或圣路易斯外城区的邻里改善协会不同,它在实施这些限制规定时并不带有后者常见的那种反动的热忱,它的地契限制的主要目的是维护财产的价值,保持邻里的同质性,而不是想借此排斥黑人。休斯敦本身就是种族隔离的堡垒,所以业主不用像北方小区的那些业主一样,担心邻里的种族面貌发生改变。

休斯敦在1920年代的地契限制其实包含了种族条款,规定业主
和租户"仅限于高加索人/白人",但这里黑人和白人的住房之争几乎 *117*
不存在,而且也受到精心的控制。城市里黑人数量虽然不少,34,000 91
人左右,不过它所占的比例(24%)始终没有扩大。更加重要的是,在1960年代民权运动之前的南方,种族隔离是法律的规定,体制的方方面面,包括所有机构、权力掮客、警察和各种日常关系,都是歧视黑人的吉姆·克劳法的实施者。这里存在的两个社会,黑人社会和白人社会,它们是完全分离的;黑人集中居住在城市的三个旧社区里,即使可能,他们也不会搬到白人社区去,那相当于自杀。人们"知道自己该待在哪儿"。所以在1948年之前,居民区的种族变迁对邻里公民俱乐部来说还不构成问题。

休斯敦公民俱乐部的鼎盛时期是在"二战"后的几十年,而城市的发展也在同一时期达到顶峰。从1940年到1960年,二十年的时间里休斯敦的人口从40万增加到近60万;郊区的建设也日益繁荣,联邦高速公路的兴建使城郊的边远地区四通八达,而联邦提供的住

房贷款让中产阶级家庭有能力购买独户住宅。开发商迅速抓住了机遇。

坐落于休斯敦西南部的布雷斯伍德(Braeswood)地区是当时最受中上层阶级欢迎的一个新区。布雷斯伍德的房子售价在 2 万美元左右,其他地块的中产阶级住宅可能价格更低,但这里提供的都是有中央空调和中央供暖、三卧两卫还带现代厨房的平房建筑。布雷斯伍德的房子看不出什么区别,占地都不大,棋盘式街道布局,树很少,只有几种样板房可供选择,但它带给人的感觉是足够的舒适愉快,距离商业区也不远,而且还是位于大家都喜欢的城市西侧。布雷斯伍德的开发始于 1951 年,到年底已经有 6 千人入住。[28]

1951 年 2 月 13 日,西南公民俱乐部(Southwest Civic Club,简称 SWCC)在布雷斯伍德地区成立,一个月后召开了首次会议,有 88 位居民出席。成立这一组织的目的十分明确,就是使邻里得到提升和保护,落实地契限制。它的早期活动与此前的邻里改善协会一样,重在保证各项基本物质条件的配备。休斯敦市一直以它的政府权力有限、不介入私人事务为荣,这也就意味着较低的税收和较少的公共服务,邻里居民必须自力更生。所以公民俱乐部的任务就是协调邻里的人力财力,以确保城市不提供的各项服务得到落实,比如喷雾灭蚊和街道照明等等。

92 但是西南公民俱乐部也会向市政府进行游说,以改善公共服务,而且不乏成功的例子。相比于其他邻里的居民来说,该地区居民支付的房产税十分可观,他们自然希望得到特别的回报。1951 年 11 月俱乐部举行了一次抗洪防洪的大会,有 200 名左右的邻里居民参加,最后通过的决议表示,如果政府承诺加以修缮的道路沟渠不能完工,他们将不再支持政府官员提出的增加两个新税种的计划。县政府的回应拖了很久,但最终还是满足了邻里的愿望。在之后的若干年里,西南公民俱乐部还进行了不少次成功的游说,为当地增加了交通指示牌和信号灯,提高了水压,完成了道路铺设和修缮,并建设了新的图书馆、公园、小学和消防站。至于俱乐部游说的方式,一种是召开民众大会和发动民众写信,向市政厅和官员施压,但更主要的方式是通过俱乐部领导人与城市官员及商界领袖之间的私人关系。在那些年里,俱乐部的领导人都是议员、房地产商、律师和城市规划师之流,他们交往广泛,对城市和县里的事务有不同程度的影响力。总之,对布雷斯伍德这样的邻里而言,正是借助成员个人的威望和联系,外加公民协会的支持,邻里的声音才能够传递给政府官员,争取到想要的服务。

从成立之初开始,西南公民俱乐部的一项中心任务就是落实各项地契限制规定,这种私人性质的落实方式,多数时候可以有效地维持邻里的同质状态,但也存在严重的缺陷。每次执行规定时,第一步往往采用非正式的方式:某位居民向公民俱乐部表达不满,然后俱乐部主席出面给"违规者"写信,或登门拜访。多数情况下人们都是没有意识到自己违反了规章,比如有次一个男孩参加了美国未来农场主协会(Future Farmers of America)的一项活动,在后院养了两只小羊,但按照有关规定,邻里是禁止饲养牲畜的,男孩只好不情愿地服从了规定。但也有些时候问题较为棘手,需要采取更加正式的行动,比如提起民事诉讼,但这时公民俱乐部就会遇到根本性的难题。走上法庭的例子较为少见,因为被告知道诉讼的花费很高,而且法庭通常总是支持现行的地契限制。有一个例子是西南公民俱乐部有次从法庭得到了"永久性禁令",禁止一位按摩师在家里营业;另有一次俱乐部把一位开汽车旅馆的老板告上法庭,禁止他把生意带入邻里。可是,诉讼的花费无论对于被告还是对于公民俱乐部都是很昂贵的,一个官司从头到尾打下来可能就会把俱乐部的相关储备资金消耗殆

93 尽,甚至还不够。因此只有那些最财大气粗的公民俱乐部,比如橡树河业主协会(River Oaks Property Owners Association),才能负担得起频繁的法律诉讼。所以,为了维护房产的价值而对各种违规行为进行处置,代价也是十分高昂的。

而且,执行这类规定常常带来内部的分裂,邻里居民必须彼此防范、对立,甚至威胁动用法律手段。试想如果是反对一个加油站设到邻里,这倒不是难事,但如果是要对邻居说,你不能把你们家的车棚建在两家的分界线上,你不能把车库改成子女的房间,如此之类的,那会是什么情形?考虑到经常需要对违规的处置,考虑到潜在的花费以及邻里间因此产生的紧张关系,一些俱乐部活动活跃的邻里在1948年和1962年十分热心地支持了区域划分的提案,这看似出乎意料的立场其实就不难理解了:这些公民俱乐部希望借此把落实地契限制变成公共事务而非私人事务,这样就可以得到政府税收的支持,由地方官员来加以管理。

西南公民俱乐部建立了一套公民参与的民主治理结构,但是和休斯敦的其他公民俱乐部一样,俱乐部的事务实际上是由五六个人——通常是商人或职业人士——负责处理的;而且直到1956年,俱乐部才向女性会员开放,并且她必须是户主。俱乐部内部有四位选举产生的行政人员,十名“片区理事”(area directors)以及“街区协管员”(block captains)。每次开会都非常民主,所有成员可以投票,但居民参与的热情往往并不高。刚成立那几年是居民参与的高峰,当时邻里刚刚有了雏形,人们开始相互熟悉,有很多基本设施亟需落实完成,居民们都感到需要一个社区组织。在1955年,85%的居民支付了6.75美元的年费加入俱乐部,其中1美元是会员费,1.25美元计入处置违规行为的基金,4.50美元用于喷雾灭蚊。有些临时性的紧急会议,比如防洪抗洪,可以吸引多到200人参加,但是每月的例会绝大多数时候都只有寥寥无几的参与者，即使在俱乐部的鼎盛时期也是如此。1955 年曾有一位行政人员抱怨：“如果有什么事情要大家去做，大家都很乐意，但就是不来开会。”一般与会的人员只有不到 10 或者 20 个人。俱乐部的活动通过街区协管员和新闻简报，多数时候就足可以传达到所有居民。行政人员的选举基本上没有什么竞争，理事会任命的提名委员会提出的人选一般都会为人们接受；如果有哪位富有领导经验，而且有政治或经济影响力的人士——一般都是这类人选——愿意出来承担责任，人们感激还来不及。

随着时间的推移，组织的参与程度和民主程度甚至越来越低。94
1956 年召开的俱乐部大会次数从 12 次减为 5 次，而理事会则继续每月开会，决定俱乐部的事务。1958 年，俱乐部成员数量创了新低，仅占邻里居民的 43.5%。人数锐减的原因很容易找到，布雷斯伍德地区的情况变得越来越稳定了，多数的服务和设施已经到位；此外，很多人不喜欢俱乐部提供的喷雾灭蚊服务，而改用其他方式。当然最重要的原因可能是，人们觉得现在一切太平了。理事会曾宣布要在邻里“出售公民俱乐部”，但人们毫无反应。1948 年成员略有回升，达到居民人数的 48%，但与俱乐部建立之初的缴费情况相比几乎是天壤之别。休斯敦所有的公民俱乐部都出现了这种精英掌握领导权和民众兴趣衰退的情况。不管怎么说，西南公民俱乐部以及其他公民俱乐部本质上都还是以邻里为基础的利益团体，而利益团体是不需要公民的民主积极参与的，越富庶的社区（比如布雷斯伍德）越是如此。

不过，虽然公民俱乐部很明显地发挥着类似于邻里利益团体的政治功能，充当着保证邻里服务和维护房产价值的协调者和游说者，但它们一般不认为自己带有政治色彩。诚然，它们一般不会直截了当去支持某位公职参选者，但是那些实力雄厚的公民俱乐部（比如西南公民俱乐部）可以为邻里的利益直接对地方官员和权力掮客施加影响，充当非正式的信息渠道，让外界了解社区的各种需求和变化，这种时候它们都承担了准政治的职能。[29]西南公民俱乐部从不讳言对政治问题的关注，它常年主办一些与俱乐部领导人保守政治倾向合拍的讲座与活动。在讲座中，那些讲演者会告诫俱乐部成员要当心联邦政府的赤字开支和征税权力；同时它也协调邻里的各项民防（civil defense）计划，放映《自由的土地》（*The Land of the Free*）、《地图上的共产主义》（*Communism on the Map*）之类的电影，后者曾在全城被大加宣传，声称是“一部完整的、记录共产主义分子如何在全世界传播其主张的电影”。但是俱乐部不把这些活动看成政治活动，因为它得到了全体居民的拥护；至于那些会在俱乐部引起争议的话题，比如党派纷争，则禁止触及。总之，政治行为只有有利于维持邻里的同质性，或者至少不破坏邻里的同质性时，才可以展开。

95 在 1950 年代，城郊地区的邻里改善协会面临的一个重要问题是种族的整合。支持种族隔离的人士为了对抗黑人的抗议行动和冷战的压力，在南方和北方组织了各种团体——其中有的属于邻里层面，有的则超出邻里的范围，后者如公民理事会（Citizen Councils）——其目的都是要阻止在居住地和学校的种族整合。从布雷斯伍德沿布雷斯河（Braes Bayou）往东，有个地方叫“河畔”（Riverside），也有人称它为“犹太人橡树河”（Jewish River Oaks），在 1940 年代是一个比较高档的白人邻里。在 1948 年最高法院作出谢利案判决后，河畔邻里的白人居民眼看北边的黑人居民区日益逼近，感到非常紧张，于是在 1952 年成立“大河畔地区业主协会”（Greater Riverside Property Owners Association，简称 GRPOA）以阻止种族的混杂。他们要求白人居民安定下来，不要售卖住宅，也不要迁走；他们还尝试自筹资金，把待出售的住宅买下，或者要已经住进这一地区的黑人把住宅卖给他们,然后搬走。[30]在邻里住宅的门廊上,经常可以看到“此处房产不出售”的告示。而1953年第一户搬入河畔邻里的黑人家庭,其住宅还遇到了炸弹袭击。然而,尽管有这种种阻挠,却不足以扭转形势,随着居民成分的变化越来越明显,白人房主就选择了迅速卖房搬走,甚至不惜以低价抛售,而房地产经纪人也热心地为他们提供帮助。迁出的居民搬到了位于城市西南的新开发地区,比如布雷斯伍德,这里不仅住房条件优越,而且远离黑人居住区。

休斯敦在二战之后的高速发展,使得争夺生存空间的问题几乎不存在,仅仅在毗邻黑人居民区的部分区域(如河畔邻里)才会遇到这类的问题。而在布雷斯伍德这样的邻里,居民对种族隔离的拥护丝毫不逊于河畔邻里的白人同胞,直到1973年,这里的8654个居民中仍然只有13个黑人。而且,由于布雷斯伍德离城市中心和黑人区
都很远,有5—10英里的距离,——事实上当时多数城郊邻里都是这
样——这里的居民就不像南方和北方城市中那些与黑人区毗邻的白人邻里居民那样,面临种族混杂的压力。但即使是这样的地方,人们也仍然为此专门成立组织,以维护财产的价值。

1950年代,在休斯敦西南地区的地方公民俱乐部成立了一个联合协调机构“公民俱乐部联盟”(Allied Civic Clubs,简称ACC),以统
一处理超出小区范围的地区性事务。它举办过社区领导力培训和处 96
置违规行为的工作坊,支持过旨在为地区争取市议会代表权的运动,并极力主张实行区域划分。此外,联盟还在那些反对在休斯敦西南部废除种族隔离的人之间穿针引线,充当协调人。联盟的领导人看到,有了谢利案判决后,要阻止黑人迁入白人邻里变得难上加难,他们感叹大势已去,但另一方面又仍在阻挠邻里的大规模变迁和恐慌性抛售。他们将这一目标称为“保持邻里的稳定”。

每当某个邻里的稳定受到种族混杂的威胁时,公民俱乐部联盟

就给居民打气，让他们保持镇定："对白人来说，恐慌解决不了问题，只会自乱阵脚。如果保持邻里稳定，效果会好得多。"对于那些可能会带来麻烦的房子，比如因为享受军人特殊优惠而不太好卖的住房，它特别地加以警惕。如果邻里搬入了黑人住户，它会马上召集当地居民开会，要人们不要慌张。它还让人们提防那些"不道德"的房地产商，后者总是挑起种族之间的仇恨，如果把这些"没有职业道德的房地产商"清理出该行业，"休斯敦所有希望保持单一种族的白人地区就会过上好日子"。公民俱乐部联盟还要求，如果居民发现不遵守职业道德的房地产商，应该向休斯敦房地产商理事会、商业改进局以及公民俱乐部联盟举报，这样就能把这些商人给剔除出去。它给出的建议十分明确："保持邻里的稳定"是维护房产价值的最好途径。[31]

前面提到的西南公民俱乐部就是公民俱乐部联盟的一个成员单

位，它忠实地执行了联盟的建议。甚至到 1970 年的时候，当有一户黑人家庭搬入该邻里，公民俱乐部主席立刻给当地居民写了一封信，告诉人们"匆忙草率地搬走会严重影响房产的价值，破坏我们的邻里"；他在信里透露了那位出售房屋给黑人的房地产商的名字，然后又指出，目前已经在邻里定居的两个黑人家庭，一位是医生，一位是律师，"有良好的教育和教养"，人品都值得肯定，"我们应该坚守阵地，以现实的、勇敢的、与人为善的态度来应对局势……你们现在的处理方式，将决定你们的财产的价值，决定邻里的命运"。[32]

总体上，对休斯敦那些富裕的白人邻里来说，"保持邻里稳定"是一套行之有效的保护手段。多数黑人由于经济能力的限制无法搬入
97 这里，而少部分有能力的黑人还有城市其他一些条件不错的区域可供选择，而且对他们也不那么排斥。至于北方的那些邻里改善协会，它们在二战之前和之后都尝试过"坚守阵地，不要慌张"的做法，但这对那些与黑人居住区毗邻的白人社区来说收效甚微。休斯敦也是如

此,像河畔邻里这样紧邻黑人居住区的白人邻里,"保持邻里的稳定"是没有意义的。纵观整个国家,凡是面对黑人的住房压力而难以抗拒的地方,都会发生暴力冲突,然后是炸弹爆炸,白人全力抵抗,最后仍不得不搬走的情形。

像布雷斯伍德这样的富裕邻里,不论在南方北方,只要在地理位置和阶级身份上与下层阶级和少数族裔居住的内城地区隔开,就不会发生上述的情况。在休斯敦,黑人最集中的地区是城市东部,而布雷斯伍德地处西部,彼此相隔很远,所以西南公民俱乐部优先考虑的事情仍然是争取各种服务和保持小区面貌,而不是阻止种族的混杂。在俱乐部的历史上,它始终把重心放在落实地契限制、阻止商业入侵、进行喷雾灭蚊之类的事情上。像南方的新兴多核(multinucleic)城市和北方的大都市,都受益于空间上的距离而把不同种族和阶级自然地分隔开,富人由此可以轻而易举地把自己与外隔绝;而在1950年代之前,这种隔离还是一件奢侈品,只有最富裕的城郊居民才能享受到。但是现在有了联邦政府的扶持,它通过高速公路和住房项目支持城市中心商业区大规模地向郊区转移,面向中上阶层的各种郊区开发项目(有的在城市范围内,有的则在城市之外)可以远远地离开城市中心,独处一隅,这是前所未有的。它为邻里改善协会带来的影响就是,这些地区的协会的主要功能是邻里养护和游说各种服务,而不像在毗邻黑人居住区的白人邻里那样成为防卫性的、战斗性的种族主义组织。

第四章　1960 年代的邻里组织
98 运动“革命”

1.“丰裕”社会里的贫困和种族

> 我的看法是，如果让人民对眼前的问题及其根本原因有清楚的了解，他们就会自己想出解决方案，而有了方案也就意味着有了行动；但如果方案是他们的“领袖”想出来的，就不会有行动。

> ——马克西姆·X

此前几章已经揭示，在一个时代作为权宜之计出现的解决方案和脆弱的阶级与种族关系，往往会成为下一时代的关键因素和变革基础，新的形势往往会孕育出新的邻里组织活动形式。以战后的军事凯恩斯主义为例，它并没有解决经济体制存在的根本性的不平等和不稳定，相当数量的人口（主要是非白种人）并没有享受到国家海外扩张的成果。面对可能的异议和反抗，国家虽然也进行镇压，但只是作为一个暂时手段，而且在 1950 年代后期这方面也放松了，随之
99 而来的是各种心怀不满的团体开始组织起来，抗议自己的境遇，争取更大的权力。因此，如果说 1950 年代的邻里组织运动主要表现为保守主义，那么对丰裕社会存在的种种矛盾采取有组织的、激进的行动，则成为之后十年的特征，而这一组织风格和目标的转变，非常类似于 1920 年代到 1930 年代的转变。

在 1960 年代的邻里组织运动中，最大的创举是学生非暴力协调委员会(Student Non-volient Coordinating Committee，简写为 SNCC)和学生争取民主社会组织(Students for a Democratic Society，简写为 SDS)所做的准乌托邦试验，[1] 两个团体都强调了激进的社区组织路线的价值，都把工作重心放在发展新型的以参与民主观为基础的草根政治行动上。不过，两个团体虽然为社区组织方式的创新做出了重要的贡献，但也仅仅是时代出现的众多草根行动之一种；在它们的早期试验之后，接踵而至的是 1964 到 1968 年间发生的内城少数族裔聚居区的造反，这是底层社区对"丰裕社会"的不平等的回应，它的暴力和无组织的程度都是空前的。联邦政府面对这样的混乱，延续了进步主义时代和三十年代的做法，推出种种旨在削弱激进抗议、缓和局势的政策。社区行动计划(Community Action Program，简称 CAP)就是一例，这是美国迄今最大规模、最为系统的邻里组织计划；此外，各种各样的"向贫困宣战"计划也成功地缓和了紧张局势，吸纳了相当一批政治反抗分子。另一方面，这个时代的众多事件(主要是城市新兴的反抗运动以及诸如马克西姆·X 这样的政治领袖的出现)也把很多激进分子推向了更极端的左翼，而不是推向体制。于是，1960 年代初期对参与民主的呼吁，到中期的时候已经演变为公开的支持社会主义、批判资本主义的呼声以及各种革命方案。而本章讨论的主题就是这一时期的政治和经济局势，学生非暴力协调委员会和学生争取民主社会组织这两个团体的早期活动，以及政府提出的"伟大社会"计划。

在 1950 年代和 1960 年代，无论保守派、自由派还是激进派都接受一个流行的看法，认为军事开支和战争保证了资本主义国家的兴旺发达；[2] 而到处存在的物质繁荣景象不仅给"丰裕社会"增光添彩，也强化了人们的这种看法。1971 年，美国的国民生产总值超过了一

万亿美元，是二十年前的四倍。所有的人差不多都有了冰箱、电视和
100 吸尘器，超过三分之一的人口有了空调、冷柜、彩电和第二辆车，一大批人由于实际收入的增加和分期付款消费而改善了自己的生活水平。冷战经济的鼓吹者从中受到鼓舞，宣布新的经济时代已经到来；对这样的布道，我们在1920年代也曾听企业家们宣讲过，但冷战的辩护士们说这次货真价实，美国现在建设的是“人民资本主义”(people's capitalism)，它会带来收入的不断增加和贫困的消除，很快美国大众都会成为股权所有人。繁荣人人有份，财富更加平等，——然而这样的誓言最终没有成为现实。

从1940年代后期一直到1973年，实际收入和工资(扣除通货膨胀因素)确实在增长。美国的国际经济帝国地位、庞大的联邦政府开支以及新的技术发展，这三大因素推动了过去二十年里的经济增长，而且是美国历史上持续时间最长的一次增长。1950年代的平均失

业率非常之低，偶有经济不景气也微不足道。尽管如此，繁荣却没有带来更多的经济民主，“丰裕社会”的繁荣是建立在阶级基础上的，对经济不平等并无多少积极影响，而股权的分散也没有让“人民资本主义”成为现实。保守派媒体《商业周刊》在1972年就曾谈到，从1920年以来，一直到整个1960年代，美国财富高度集中的局面并无多少改观，“要说有的话，那就是稍有增加”。[3]

社会理论家这时提出了警告，如果对如此显著的不平等不加关注，阶级和种族冲突将会随时到来。自由派经济学家约翰·肯尼思·加尔布雷斯(John Kenneth Galbraith)在1958年出版了一部著作《丰裕社会》(*The Affluent Society*)，书名就开了一个玩笑。在书中他批评美国人全部心思都投入到新产品的生产、购买和消费上，生活变得空洞没有意义；他提出警告，在物质丰裕之中美国还有相当数量的人口生活在贫困中，他们总有一天会起来造反，会让社会秩序付出

高昂的代价。1962 年，迈克尔·哈林顿（Michael Harrington）出版了一部立场更加鲜明的著作《另一个美国：美国的贫困》（*The Other America：Poverty in the United States*），他在书中指出，根据繁荣派福音所宣传的，一旦衣食住行这些基本的人类需求不再成为问题，接下来要考虑的将是如何在物质极大丰富中选择一种幸福快乐的活法；但问题是，这幅吃穿不愁的丰裕社会图景仅仅适用于某些阶级，它并不真实，贫困仍然到处存在。据哈林顿估计，美国有四千万到五 101
千万的人口陷于“贫困的恶性循环”而不能自拔，它所影响的，既有乡村也有内城，既有南方也有北方，而其中成年女性主导的家庭及年轻人是受害最深的群体。城市化不过是进一步加剧大都市里的阶级隔离，以此来掩盖贫困，从而很容易地使它在人们面前消失，——如果他们不想看到的话。

按照 1960 年联邦政府规定的 3,000 美元贫困线来衡量，将近
80%的贫困人口是白人，黑人只占 22%，但这 22%却占了美国黑人总人口的将近一半。1960 年代的贫困问题曾被视为“黑人问题”，就与这个高比例有关，但之所以称“黑人问题”，更主要的原因——事实上黑人贫困人口一直维持这样的高比例——在于，在 1960 年代初期，在黑人中间爆发了激烈的反经济压迫的抗议行动。[4]

城市里的黑人抗议越来越成为威胁，起因一部分可以在本世纪初的人口变动中找到。到 1910 年，黑人总人口的 90%生活在南方，75%生活在乡村。但 1910 年以后，部分受到了一战创造的工厂就业机会的诱惑，在农场干活的黑人离开了南方农村，先进入南方的城市，然后又来到北方的城市。这一趋势在二战期间及其后进一步加快，1940 年代有 150 万黑人农业工人离开了南方，然后 1950 年代又有 150 万人离开，这样到了 1960 年代中期，美国黑人总人口的 75%生活在城市里，超过 50%脱离了南方。如此大规模的人口迁徙，几

乎相当于 19 世纪末 20 世纪初东欧南欧进入美国的移民规模，或者是同一时期农村人口进入城市的规模。

黑人的大规模迁移，尤其是二战后的迁移，与其说是受前景的吸引，不如说是被现实驱迫。从二战后开始，南方农业的现代化扭转了一战后出现的农业经济衰退的趋势，在短短二十年的时间里，小规模的、劳动密集型的耕作方式就让位于大规模的、高度机械化和工业化的耕作方式。从 1940 年到 1960 年，南方一半的农场消失了，与此同时农场的平均规模扩大了将近一倍，而在未来十年又继续扩大了一倍。在机械化、新技术、新作物以及联邦政策的共同作用下，南方对
102 佃农的需求显著地减少，根据总统任命的农村贫困咨询委员会(Advisory Committee of Rural Poverty)发布的报告，从 1950 年到 1965 年，新方法和新机器的使用使美国的农业产量提高了 45%，而农业就业人口也下降了同样的比例。不夸张地说，农业工人就是从土地上被赶走的。如果是白人佃农，还有机会在南方新建成的工厂里找到工作，但黑人多数时候都被禁止录用。所以，超过三百万的黑人只能离开南方乡村，前往北方纽约、芝加哥、纽瓦克、圣路易斯、底特律和克利夫兰这些大城市。[5]

在 1940—1970 年这代人中，大量的黑人农村人口被改造成了没有技能的城市无产者。纽约的黑人居民在 30 年里从 458,444 人增加到 1,668,115 人，数量上翻了三倍，所占城市人口的比例也从 6.1% 增加到 21.2%；芝加哥的数据更加惊人，从 1940 年的 277,731 人和 8.2%增加到 1970 年的 1,102,620 和 32.7%。纽瓦克在 1940 年还是一个以东欧一代和二代移民为主的城市，黑人只占 10%，到了 1970 年，随着黑人的不断流入和白人的流出，黑人成为了城市主要居民。这样的城市在北方越来越多。[6]

就这些黑人新移民的经济地位来说，很多方面不见得比战前的

南方农村更好。虽然北方城市在社会、文化和政治等方面更为开放,但是这里的贫民窟生活、工作晋升的限制、渗透在方方面面的种族歧视以及随之而来的无力感,使得黑人工人在一个全新的、陌生的环境里,再度体会到了他们世世代代在南方所体会的那种艰辛困窘。黑人工人的平均收入只有白人的一半,而且失业率十分惊人。在有"旧金山的哈莱姆"之称的沃茨区(Watts),在1964年第一次大骚乱之前,黑人居民的失业比例达到三分之一。从全国来看,黑人青年失业率是22%,低于1970年的数字,但高出白人青年一倍。在1966年,有四百万黑人依靠福利救助为生,而这仅仅是需要救助的黑人的一部分。1967年,劳工部的一项研究指出,在全职工作的黑人聚居区居民中,超过20%的人收入低于政府制定的3,000美元贫困线,而 103
低于这一数字的黑人家庭占到37%。[7]

雪上加霜的是,就在大批没有文化和技术的黑人工人进入北方城市的同时,工商企业和白人业主却抛弃了城市,去了郊区腹地,而他们本来是城市税收的基石。这就是说,就在新的黑人移民需要大量培训、需要更多资金来负担这些公共服务的时候,在大批不熟练工人开始寻找工作——事实上这些工作需要的技能水平越来越高——的时候,工作的来源却没有了,支撑公共服务的税收基石也没有了,它们都远离了城市。日益加剧的贫困,每况愈下的学校教育,残旧不堪的住房,高发的犯罪和毒品,人满为患的福利救济名册,以及逐年上升的婴儿死亡率和发病率,所有这些因素汇在一起,终于激起人们的怒火,酿成了城市的危机。

所以,从生活在内城的少数族裔穷人来看,1960年代完全不像大多数美国生活的观察者所描绘的那样,是一个繁荣富裕的社会。诚然,帝国和冷战政治的果实使很多公司和股票持有人从中得利,中产阶级中那些有熟练技能、可以胜任公共和私营部门种种工作的人士也是获益者,但对于遭到主流排斥的农业人口和少数族裔工人来说,1960 年代是一种截然不同的体验和挑战。然而,人们并没有无所事事,消极认命。面对"丰裕社会"理论和现实之间的差距,一方面是社会高度富裕的想象,另一方面是千百万人体验到的全面贫困和无能为力,有部分穷苦民众和行动者挺身而出,加入了邻里的和全国性的组织,投身到各种宣讲会、抗议示威和公民不服从行动中,张贴标语,投掷燃烧弹,公开呼吁"现在就要自由""权力还给人民"等等;他们人数虽然不多,但带来了重要的影响。总之,1960 年代和 1930 年代一样,都是社会激烈动荡和变革的时代;历史学家如果试图对这个时代进行准确的评价,显然还为时过早,但如果是去捕捉它的狂放不羁的精神、活力和希望,似乎又嫌太迟。不过让我们暂且把这些缺陷抛在一边,在邻里组织运动史上,1960 年代以它在邻里组织活动的出色品质、丰富类型和深远影响而成为了一个重大的时代。

2. 新的左翼组织计划:学生非暴力协调委员会和学生争取民主社会组织,1961—1965

104

> (民权运动)对每个参与者来说,都是一场完全改变生命轨迹的体验。……在我成长的社会环境中,存在着很多明确的边界,随着我年龄越来越大,这些界限的具体内容也越来越清晰。民权运动给了我力量,让我敢于挑战一切限制……它告诉人们,遇到压制,一定要坚决斗争。
>
> ——柏妮丝·里根,学生非暴力协调委员会领导人

> (我们需要)一种更负责任的、把根扎在基层社区的反叛政治,用当地民众能够理解的语言来表达他们的需求,针对不平等、工业停滞、师资不足及民防事务等具体问题提出明确的方

案。这是一项我们今天必须完成的艰巨任务，如果一个民族要想创造出真正独立的、不以所谓“新边疆”为满足的选民的话。

——汤姆·海登，学生争取民主社会组织的领导人

在邻里组织运动史上，1960 年代将会进入人们的记忆，它是一个大众反叛、激进政治和青年试验的时代，也是一个民主概念因为与参与联系在一起而重新激发活力的时代。这一时代的最大创举是学生非暴力协调委员会和学生争取民主社会组织中那些由学生发起的计划，这些活跃的学生活动分子（既有白人也有黑人）深入南方的城市乡村，深入北方的少数族裔聚居区，开展一些目的在于发展草根民主组织的试验。从 1962 到 1965 年，学生非暴力协调委员会的社区工作主要是在南方的城市和乡村进行选民登记，和抗议公共设施的种族隔离而学生争取民主社会组织在 1963 到 1965 年间主要是通过自己的“经济研究与行动计划”（Economic Research and Action 133
Project，简称 ERAP）[1]，在北方大城市穷人生活的邻里开展社区组织活动。两个团体在完全独立的情况下，成立了两个相互关联但是自主运行的激进分子组织，也就是所谓“新左派”，这是冷战开始以来从未有过的局面。

1960 年代的大动荡是从民权运动发端的。二十世纪下半叶争取黑人平等权利的大规模斗争，早在二战期间和战争刚结束就开始了，一些黑人领袖意识到争取民主的斗争不仅发生在国外，也发生在 105
国内，所以变得越来越好战。同时，1945 年之后的冷战为种族平等带来了新的压力，对此杜鲁门总统曾表达了一种开明的立场：在一个有色人种超过半数的世界，美国作为老大应该“清扫好自己的房

[1] 原文此处（及书后的索引）有误，误为 Economic Research and Education Project。经与作者核实，改为 Economic Research and Action Project。——中译注

子”。[8] 这个看法有充分的依据，根据美国国务院官员的估计，在苏联指控美国的宣传材料中，种族问题占了一半以上的比重。1948 年杜鲁门宣布废除军队中的种族隔离，随后 1954 年最高法院在布朗诉堪萨斯州托皮卡教育委员会案中，终止了南方公立学校的种族隔离，联邦政府自此开始支持种族融合事业。鉴于黑人领袖此时越来越走向对抗和行动，所以联邦政府的做法催生了要求种族平等的群众反叛运动，它遍布了南方。

抗议开始于 1957 年罗莎·帕克斯和小马丁·路德·金领导的蒙哥马利公车罢乘运动。在立场开明、经济宽裕的白人的援助下，中产阶级黑人领袖选择了南方最明目张胆的种族歧视措施，发动大规模的非暴力直接抗议。整个行动是借助南方基督教领袖会议（the Southern Christian Leadership，简称 SCLC）、种族平等协会（the Congress for Racial Equality，简称 CORE）和全国有色人种协进会（National Association for the Advancement of Colored People，简称 NAACP）这些组织进行的；人们没有去成立一个更有力量的民权机构，而只是想发动一场展示道德勇气和公民不服从的运动，所以完全没法从某个确定的组织去推断运动的特征和领袖权，毋宁说它们更多来自一个共享的远景——所谓“爱的共同体”——和“消极反抗”这种共同的策略。在小马丁·路德·金那里，什么是真正的民主得到了最好的阐述，但是他和南方基督教领袖会议都没有建立起某个组织，来把他的理念付诸实践。他们选择了一条精英主导的、非暴力的行动道路，意在暴露种族主义的邪恶，以使权势阶层在理智上（如果不是情感上）也能认可其诉求。后来到 1960 年，黑人学生专门发起了在餐馆门口的反种族隔离静坐，以及挑战公共交通工具中的种族隔离措施的“自由乘车”运动，运动的参与性、斗争性才有了增强。

学生非暴力协调委员会是于 1960 年 10 月，紧随学生静坐抗议行动之后成立的，最初人们只是把它看成南方民权运动的一个部分，是运动中一个有组织而且保持独立的学生分支。但一年以后，它的发展超出了这个判断。一批全职的组织者加入其中，他们深入南方腹地，鼓动抗议，推动社会变革；更具体地说，他们进入那些自从重建 106
时代和平民党运动以来黑人就没有投票过、也没有对种族主义有过集体抗争的地区，组织选民登记和抗议活动。这些优秀的黑人和白人青年，大多数受过大学教育，在1965年冬季人数达到最高峰180人，就这样深入虎穴去挑战种族隔离制度。

至于学生争取民主社会组织，它和上述的学生非暴力协调委员会虽然存在着重要而根本的差别，但它在北方的城市邻里开展的那些早期活动，如果抛开环境本身的差异的话，在起源、目标和风格上与学生非暴力协调委员会在南方的活动倒是异曲同工。学生争取民主社会组织是在1960年春天，在第一次静坐抗议的过程中出现的。这个以校园为基础、具有浓郁知识分子气息的新组织，在开始几年并不确定自己的定位和群众基础何在，一直到1963年，它转向学生非暴力协调委员会所从事的社区组织工作，采纳了这一当时最引人注目的行动模式。同年夏天，他们新成立不久的经济研究与行动计划得到了一笔5,000美元的捐款，美国联合汽车工人工会希望以此支持他们“重视校园和社区的经济问题”。组织里的几位主要领导人，比如汤姆·海登（Tom Hayden）和伦尼·戴维斯（Rennie Davis），进一步认为贫民窟比工厂更适合开展激进的组织工作。到1964年夏天，组织已经募集了2万美元，在经济研究与行动计划的名下开展了10个社区组织项目，招募了近100名学生志愿者。包括整个1965年在内，在两年的时间里这些项目完全占据了组织的注意力，在最高峰时有200名组织者在10个城市参与这一计划。这些组织者很多都出身于上层或中上层阶级，在学术要求非常严格的名牌大学就读，而且还是其中的佼佼者。学生争取民主社会组织还有两点也与学生非暴力协调委员会相似：其一，它的成员中，北方的白人学生往往是来自信仰共产主义或社会主义的家庭，也就是所谓“红色尿布小孩”(red-diaper babies)，而南方的白人学生都是自由派牧师的子女；其二，对成员来说，参与组织的活动不止是一种艰难而快乐的阅历，而且决定了他们中大多数人此后的生活、观察和举止。[9]

两个团体都给自己贴上了“非意识形态”的标签，这对学生非暴力协调委员会来说并不意外，它本身就是具有道德改革性质的民权运动的产物，而对学生争取民主社会组织来说，却有重要的意味。学生争取民主社会组织成立时，是信奉民主社会主义的工业民主联盟(League for Industrial Democracy)的学生分部，但这些新起的左派组织在世界观和策略上与工业民主联盟的社会主义批判很少共同之处。这不是说学生们更为激进，事实上以1962年的《休伦港宣言》为

例，这是学生争取民主社会组织前期思想的最好表述，却看不出什么
107 革命性，其中并没有对资本主义、阶级支配或帝国主义的明确批判，反而是很明显地抛弃了老左派的思维方式。伦尼·戴维斯于1964年说的如下一段话表达了该组织许多领袖的共同想法：“我们也无法提供一份令人满意的蓝图，来实现充分就业、共同富裕和民主平等。我们只是对权力的来源，对如何引领我们进入新社会的变革手段，有一些有限的观念。在我们看来，1930年代的组织运动对我们今天的行动，提供不了什么有用的信息。”[10]学生非暴力协调委员会的积极分子布鲁斯·佩恩(Bruce Payne)也赞同这个观点：

> 学生非暴力协调委员会的人都愿意说自己或者自己的组织是“非意识形态”的，它表示的含义是，他们没有一套关于政治和社会生活的总体性观点，没法从这样的观点出发为他们希望看到的未来社会描绘一幅蓝图。这个说法还表示，他们不尊奉任

> 何现有政治组织的观点，他们不是马克思主义者、社会主义者，也不是民主派。不看重总体性方案带来的一个自然结果就是高度重视当下的行动。[11]

不过，两个组织对于未来的社会，对“运动”的内涵，却抱着同样确定的看法。它们在语言和行动上，都倡导一种道德的反抗，“体制”限制了自我的表达和实现，因而必须加以拒绝。自由主义信奉的温和改革和反共产主义立场，也被它们抛弃，这也意味着它们抛弃了早期左派的做法，不再谋求和主流的自由派劳工组织建立联盟，取而代之的是直接行动，是在基层建立各种自治的、带有反叛色彩的社区组织。不仅如此，对于民主社会主义和公司资本主义都实行的集权制、官僚制和等级制，它们——尤其是学生争取民主社会组织——也一概加以抛弃。

学生争取民主社会组织的批判立场使它不再像老左派那样关注组织和权力，不过与此同时它并未提出一个替代的涵盖社会、历史和激进变革的正式理论，而是把一切都囊括在一个政治信条中，它将之称为“参与式民主，就是让人民来决定”，在这里，民主的行动和关系、过程及价值被放在了首位。无论学生非暴力协调委员会还是学生争取民主社会组织，参与式民主成为一种关于目标的意识形态，同时也是手段的意识形态，是一种模模糊糊的远景，借此人们可以团结起来，一起行动，一起争取权力。[12]这样的立场从根本上说是无政府主义的，而非社会主义的。两个组织都看到现行支配体制是由官僚结 108
构、代议政府和专家领导组成的，这种体制使精英对穷人和无权势者的控制变得稳固持久，民众毫无机会参与公共决策；以致最后，民众自惭形秽，就心甘情愿把政治丢给了精英。而两个组织推动这场自发的、分权的和反威权的运动，就是要提供一种截然不同的选择。

新左派钟情的这幅图景，其源头要到冷战时期美国的社会状况去寻找，从中可以看出它的轮廓。心理学家肯尼思·凯尼斯顿(Kenneth Keniston)对新左派的这一历史选择有很好的把握：

> 在一个各种权力、权威和领袖都变得冷酷而没有人情味的世界里，人们恐惧权力会被滥用，恐惧非理性的权威和政治领袖不受约束，是非常正当的反应。围绕在参与式民主这一观念周围的种种立场、风格和形式，无论其本身多么不完备，多么带有试验的性质，都是为了探索新的行动和组织形式而做出的重要尝试，目的是实现组织的人性化，增强行动者的生命力。[13]

新左派由此贡献了一套独一无二的组织风格，简单地说，它的社区组织方法具有以下共同要素：

1. 作催化剂，而不作领导人。穷人虽然没有受过什么教育，但他们能很好地表达自己的利益，因此组织者的角色不应该是社区的领导人，而是社会变革的催化剂。他要做的是给予社区居民以技能和自信，就像阿林斯基在后院邻里做的那样，不要让自己做的事情变成一项常规性的工作。

2. 让人民来决定。学生非暴力协调委员会的一位积极分子吉米·加勒特(Jimmy Garrett)曾这样描述该机构所希望的活动家，他会“把民众召集到一起，告诉他们，‘你们来决定，你们的生活你们做主。投票的事由你们定，游行示威也由你们定。你们是什么样就什么样，不必要把事情说得清楚透彻，也不需要政治上再有什么提高。你们的情况你们最清楚，比我清楚，也比任何人都清楚’”。经济研究与行动计划在克利夫兰的一位工作人员则如是说：“我们和那些女性聊，她们来决定自己想干什么，无论最后决定做什么，我们都会提供帮助。”[14]

3. 建立松散的组织结构。这种做法可以鼓励社区居民多参与，而且是真正有价值的参与。他们会按照一致原则进行决策,会轮换大会领导人,各项任务也不用事先安排,可以按照志愿原则现场领取。两个机构的组织者都认为,松散的结构更有好处,这样民众虽然 109
没有政治经验,但不用为说出自己的想法而感到不自在,不用一切都仰赖名流要人。以经济研究与行动计划在纽瓦克的工作为例,项目委员会的成员有"各个街区的代表、机构工作人员以及所有能够出席会议的人,一人一票"。委员会每周开会,决定所有的政策事务,决定自己的组织形式,委员会主席也每月选举一次,轮流担任。[15]

4. 在社区里营造出没有任何外来干预的场所。在经济研究与行动计划中,"社区活动中心"(community union)是它在当地的办公场所,完全由邻里的居民支配。按照一位组织者的说法,它是世界上独一无二的一个地方,"即使一个穷困潦倒的酒鬼也可以站到讲台上,高谈阔论他对政治战略的看法,而听众还很当回事地听着。当然这样的演讲虽然偶有闪光之处,不过通常都是颠三倒四的"。[16]中心的活动五花八门,从准备传单到躺下睡觉甚至狂喝滥饮,什么都有,而中心的钥匙则公平地在邻里居民中分配。另外像学生非暴力协调委员会,它在融入当地文化上做得更好,所以不管教堂、社区中心还是机构办公室都可以作为它的社区活动据点,只要大家可以在这里碰面,可以安全放松地交谈就行。

5. 发展本土领袖。组织者要做的事情是"把自己的活力也投射给其他的人,要告诉人们他们能领导好,要多向人们提出问题而不是直接给出答案"。[17]以前南方基督教领袖会议和全国有色人种协进会都是从本地社区之外选举或任命领袖,由他负责一切活动,学生非暴力协调委员会抛弃了这种传统的组织方式,因为他们意识到,这些外来领袖匆匆而来也会匆匆而去,最后社区民众还是群龙无首,任人宰割。这两个学生机构都强调,领导人必须来自当地民众,这样他们才可以更好地保护自己。

6. 创造有益的人际关系。组织者无论在乡村社区还是城市邻里,都要愿意与当地打成一片,和民众建立起牢固的人际关系,组织者和当地居民之间的相互信任是草根组织工作的基础。从外来者的角度看,要吸引人们的兴趣,单单有个计划是不够的,在政治纽带之外还必须和民众建立私人关系。这种不带操控意味和竞争色彩的、
110 相互支持的人际关系,也是未来真正民主社会的人际关系的一种预演。

如果说这六大信条是新左派组织工作的指导理论,那么一位出身于密西西比州杰克逊市的学生非暴力协调委员会成员查尔斯·麦克劳林(Charles McClaurin)在一份报告中,则给出了组织过程的具体步骤。首先是融入社区,成为它的一部分。你得找一个人家收留
140 你,最好还是当地人人都知道的家庭,“有可能几周都找不到,别泄气”。多交朋友;多和人们交流社区事务,他们是你的社区教育的真正老师;用一个下午来扫街(Canvas the whole community)[①],和人们一起讨论,一起说笑,“尽可能地去多做那些会引起人们对你关注的事”。去了解哪些事情使人们烦恼;记下聊天对象,尤其可能成为社区领袖的人的名字和住址,让他们以后成为你的关键联系人;从交谈者和感兴趣者中选出一个核心小组;召集一个会议,会场可以放在教堂或者某幢空楼里,也可以在你寄居的那户人家家里;第一次开会要提出一些行动设想,“各种提议都交给他们讨论:路灯、步行道、停车标志、文体设施,以及怎么靠选票争取这些和别的东西。”——这可能至少要开十次以上的会议才解决问题。让核心小组选出主席和委

---

① 扫街,意思是走遍整个社区,这里走走,那里走走,到处打打招呼,让人知道你来了。——中译注

员会；要多拜访核心成员的家庭，定期地和他们交流，因为这表明你感兴趣的是社区，是他的家庭和个人生活，而不只是政治会议，而且亲密感有助于人们克服退缩心理。“不信任会产生猜疑。我们上过那么多次当，让我们再相信陌生人是很难的。所以你要让人感到像朋友一样，值得依靠可以信赖，这样人们才会打消疑虑。然后人们会越来越相信你，相信你的判断，这时猜疑被抛到脑后了。”[18]

在最理想的时候，穷人也会展示他们的造反勇气，成为来自两个组织的学生学习的榜样，这时组织过程变成一个双方的相互学习过程。麦克劳林曾回忆起他在密西西比州印第安诺拉(Indianola)的一次经历，当时他带着三位黑人老太太去法院进行选民登记：

> 我打开车门要下车时，突然有点紧张，有点胆怯……这时不再是我领着她们，她们走在前面，而我跟在后面。她们下了车，昂着头径直向法院走去，好像这是一次通往天国之门的长途跋
> 涉。我跟在她们身后注视着，她们走起来显得那么自豪，支撑她 111
> 们的信念是那么强大。我看着她们走进屋子，然后我在门外等候，想到这些女士终其一生都受白人欺侮，现在竟敢径直走到他们面前，告诉他们说‘我要投票’，这会是一幅怎样的场景！我被深深打动了，由衷感到……民众才是真正的领袖。我们只要把他们推上路，简单示范一下，然后只要观察和学习就可以了。[19]

在芝加哥开展的经济研究与行动计划，可以视为学生争取民主社会组织的社区组织过程的一个实例，因为芝加哥在经济研究与行动计划的各项目社区中，情况有点特殊，这里发生的组织过程很好地演示了该组织是如何把参与民主理论应用到实践的。1967年9月，密歇根大学的一个学生乔·沙博(Joe Chabot)接受组织委派，来到芝加哥进行白人失业工人的组织活动。在接下来的几个月里，他参

加了几十次的会议，注意观察现有的邻里组织的活动（比如服务站、教会），了解当地的情况和政治生活。沙博一开始进展缓慢，其中的原因在他看来是白人失业青年对参与政治兴趣没有兴趣。后来出现了转机，他找到了当年和阿林斯基有过联系的左翼工会——屠宰场工人联合工会，这家工会正好需要一个有资源又有能力的人来从事失业者的组织工作，而沙博也有意如此，两边一拍即合结成了同盟。经济研究与行动计划的组织活动有一个理论前提，即1960年代初一批经济学家提出的战后繁荣很快就要终结的观点，那么如果经济危机一旦到来，就会出现一大批心怀不满、态度激进的失业者。沙博在部分屠宰场工人联合工会的职员和美国公谊服务委员会（American Friends Service Committee）的一位活动家的协助下，成立了一个核心小组，开始筹划失业工人的组织。

142 核心小组给自己取名为代号“JOIN 行动”，JOIN 是英文 Committee for Jobs and Income Now 的简称，即争取马上获得工作和收入的委员会。它在城市的南关（South Side）和北关（North Side）都建立了办公室，每天早晨沙博都和大家一起去失业办公室散发传单，在 JOIN 行动办公室和民众见面交谈，接听电话，举行会议，给上门拜访的人供应咖啡。行动开始后，六周内就有400—500人来到北关的办公室，和经济研究与行动计划的职工进行交流。每个星
112 期四的晚上，机构的工作人员还会专门为那些有兴趣加入 JOIN 行动的失业工人举办组织会议，每次到会人数在5—30人之间。办公室开张不到几个月，就有数十名工人定期参加这个会议。

组织工作是一件非常艰苦、很折磨人的事情，即使对经验丰富、技巧娴熟的鼓动家也是如此，更不用说经济研究与行动计划里的这些大学刚毕业、几乎没有什么组织经验的年轻人。他们进入对他们多数人来说都很陌生的贫穷之地，除了一点补贴没有别的薪水，主要

靠吃奶粉、花生酱和果酱三明治度日。如果说服务站的工作人员（比如赫尔堂）是在内城营造出一个上流阶级的安全岛，经济研究与行动计划的组织者则是让自己融入内城生活，成为它的一部分。

日复一日、不厌其烦地到失业办公室发传单、谈话、开会，告诉人们什么是最基本的问题和政治立场，而且往往努力很久却看不到结果，——这样的组织经历在伦尼·戴维斯的笔下有很好的描述，他是芝加哥的JOIN行动项目的一位积极分子：

> 凡是经济研究与行动计划的社工人员，几乎都从心里承认，要在社区建立一个以推动根本变革为目标的、永久性的社区组织，一定是慢之又慢的……常常在一个人身上就得耗费组织者一二个小时的时间，然后，经过成百上千次的交谈，才慢慢地和一群群的失业人士建立了联系，可以从城市地图上把他们找出来。再比如你找到某个失业工人集中地区的人，跟他说要开会，他说没问题，不过他没时间通知别人。JOIN行动的工作者只能自己给每个失业工人打电话，或者去当面通知。你联系了30个人，最后来的只有8个，其中还有一个是种族主义分子，他的观点被大家否决了。最后只有一个人——最好的情况——愿意参与你的工作，对需要做的事情有一点意识，其他人只是不停地唠叨他们个人的困难。总之，这个过程是非常之慢的。[20]

JOIN行动的失业者组织策略最成功的例子是芝加哥，经济研究与行动计划在这里把失业的阿巴拉契亚白人（Appalachian Whites）作为重点组织对象。不过，即使芝加哥的成功也只是非常有限的成功，因为所谓即将到来的经济危机和高失业率并没有成为现实。在另一些项目实施地，上述策略则是完全地失败。倒是关注其他社区问题的一些新策略，比如在纽瓦克和克利夫兰等地黑人邻里进行的项目，成效更为显著，这个新策略称为 GROIN，是 Garbage Removal or Income Now 的缩写，意思是“垃圾清运或者提供收入”；经济研究
113 与行动计划的工作人员发现，在黑人中，比起让男人为失业问题组织起来，让女性去关心福利、日托、上学、文娱、灭鼠等等问题并组织起来，来得更为容易、更有效果。但在经济研究与行动计划的工作者中，只有女性工作者才乐于从事 GROIN 项目所涉及的问题（比如食品券、福利救济）。所以就学生非暴力协调委员会和学生争取民主社会组织两个机构来说，虽然在舞台中央、在组织中起主导作用的是男性，但很多出色的工作是由女性组织者完成的。随着 GROIN 项目的进行，女性慢慢在很多项目中走到了前台。比如在克利夫兰就是女性在领导整个项目，这里的经济研究与行动计划围绕社会服务问题，把领福利救济的妈妈们组织了起来；在宾夕法尼亚州的切斯特（Chester），一个距离斯沃斯莫尔（Swarthmore）学院两英里远的黑人社区，GROIN 策略推动了一场抵制公立学校的运动。运动随后发展为抗议示威，结果有 200 名社区居民和 50 名斯沃斯莫尔的学生被捕，它同时促成了一个由 15 名切斯特居民组成的执行委员会。委员会公布了自己的纲领，提出了 37 项要求，呼吁公正充分的就业，要求修建新学校和新住房，改善医疗条件，推动政策变革等等。[21]

从短期看，经济研究与行动计划也取得了一些成功，但总体上它是失败的，无论从哪个角度几乎都是如此。它的项目很少能真正扎下根；每次召集会议，除了它自己的工作人员，很少有外人参与；政治教育少之又少。工作人员很快意识到了问题所在，自己都是年轻而有钱的白人外来者，而工作的对象却是刚刚移居到城市的一贫如洗的新移民，这种情况下要鼓动对方参与集体行动，当然会难上加难。所以虽然它把建立“跨种族的穷人的联合运动”作为自己的目标，但这始终是一个遥不可及的梦想。它的各种项目，在 1965 年以后还延

续下来的并不多，仅有芝加哥和诺瓦克的几个。[22]

从某种角度说，学生非暴力协调委员会的工作更难开展。去南方腹地进行黑人组织无异于拿自己的性命冒险，那里的反动分子有成型的组织，很长时间以来一直有对黑人和白人鼓动者滥施暴力的传统。如果协调委员会的一个成员恰好又是来自南方的黑人，他再回到家乡，就不仅会给自己、也会给全家带来杀身之祸。但另一方面，协调委员会在组织上又比经济研究与行动计划更有优势，因为南方的黑人社区已经经历了很多世代的生活和斗争，比北方的黑人贫民窟有更为紧密的纽带，同时协调委员会是民权运动的分支，这场运动在南方黑人社区受到广泛的欢迎，这都是它的优势所在。此外，对协调委员会来说，选民登记问题提供了一个焦点，成为衡量它成功与 114
否的标尺，这也是经济研究与行动计划所缺乏的。所以，协调委员会推动的选民登记和反隔离行动，至少是加快了民权改革的步伐，使一个从当时（1960 年代早期）的角度看坚如磐石的隔离体制出现了动摇。不过，按照一位会史作家的说法，它的成就不止于此，更大的成就在于，“它有效地破坏了现有的白人支配机构的正当性，从而使南方乡村存在的、已经被社会化的各种针对黑人的禁令开始瓦解。这是无可比拟的成就”。[23]

随着联邦政府在 1964—1965 年颁布废除种族隔离的法令，新左派组织活动家开始感到进退两难，学生非暴力协调委员会尤其如此。既然联邦政府都站在了民权改革运动的一边，一个号称激进的组织又该如何应对？学生争取民主社会组织这时放弃了社区组织，转向大学校园，从 1965 年开始围绕反战问题进行学生动员。学生非暴力协调委员会则于同一年发生分裂，一部分支持一种结构松散的参与民主试验，另一部分则主张高度组织化的社会革命。1966 年，学生非暴力协调委员会开始支持黑人的革命民族主义，它的组织风格也随之一变，黑豹党就是最好的例子。但无论是学生争取民主社会组织还是学生非暴力协调委员会，都没有达到自己所希望的影响。

以1965年之前而论，这些机构的工作之所以失败要归因于三个因素的影响。首先是1960年代早期左派的普遍退潮，这可能也是经济研究与行动计划及学生非暴力协调委员会面临的最严峻的挑战。因为这个缘故，学生左翼承受了巨大的压力，年轻的活动家也无法从一个全国性左翼组织中寻求支持，无从构想一个全国性的纲领，以便为自己在基层的工作提供激进的政治方向和背景。经历了1940年代和1950年代的反共清洗之后，各种共产主义、社会主义和无政府主义的力量都被扫除殆尽，仅有的一点意识形态和组织的残余也被新左派加以拒绝。这两个学生组织都是第一次介入社区组织工作，工作的对象来自完全不同的种族和阶级；他们既没有向导，没有纲领，和他们激进的前辈之间也没有任何纽带。作为毫无政治经验的

学生，事实上他们是没有做好充分准备来成为“左派”的。他们一切都是白手起家，仿佛社区组织工作是一件前无古人的事情。他们既
115 要介入需要耗费大量精力的日常社区组织工作，同时还需要去发展自己的策略、纲领、结构和意识形态，一身而兼左派和学生先锋队二职，这是不可能胜任的。

一般说来，除了少数例外（比如学生非暴力协调委员会搞的密西西比自由民主党），新左派在基层的行动普遍缺乏全国的视野。两大学生组织都意识到狭隘地方视野的固有局限，它们的成员在坚定推动分权和社区组织的同时，看到穷人的问题并不是单单城市邻里或乡村社区的问题，一场全国性的运动才是自己工作的最终目标。[24]然而，两大组织都太羁绊于各种眼前的、地方的事务和需求，无暇考虑如何把自己的工作整合到一个大的全国性的框架中，从而使自己能够突破基层工作必然带有的地方政治视角的局限，并有效处理全国

范围的种族和阶级分裂等问题。学生非暴力协调委员会的多数成员就是这样，他们工作负担过重而无暇他顾，只好抱定一个简单的想法：只要黑人赢得了自由平等，那些全国性的问题就会自然地得到解决。

然而，如果不能把日常发生的问题及斗争与对整个国家权力状况的分析联系起来，如果没有一个全国性的纲领和批判视角，帮助我们把基层的行动看成迈向未来更长远、更根本的变革的一步，那么很多推动基层改革的努力即使取得了成功（比如选民登记或者领取救济），也只是带来一种错觉，以为现行体制还算民主，对人们的要求会做出回应，所以略加改革就足矣，而无须激进变革。经济研究与行动计划的一位工作者吉姆·默迪（Jim Moody）曾抱怨说：“这些改良倾向的议题没有突破穷人狭隘的地方意识，……整个纲领哪里可以看到‘革命性社会变革’的东西？”他确实点出了问题。[25]到1964年和
1965年，一些有经验的学生非暴力协调委员会成员已经开始担心，如果委员会倡导的改革取得成功，最终的结果无非是黑人中产阶级也有了担心前院草坪蔓草丛生的权利而已。[26]新左派知道，穷人的需求，特别是其中黑人的需求，如果没有激进变革是不可能得到满足的，种种改革只是缓和了问题，使那些最紧迫、最糟糕的穷困的个案得到改善——后来的伟大社会计划正是如此——却没有去触及贫穷或种族主义的根源，没有给穷人以改变自己状况的力量。然而，新左派却缺乏全国性的组织和方向，以把这些改革努力转变为一项激进的全国性纲领。

第二个因素则更多来源于内部而非外部。在参与民主理论中，116
关于组织者角色的阐述是存在重大的矛盾的。怎么才能创造出一个由“组织者”发动同时又“无领袖”的运动？怎么才能在强烈地敌视领导权和结构的同时建立一个社区人民的组织？一位著名的黑人知识

分子小勒龙·班内特(Lerone Bennett,Jr.)发现,学生非暴力协调委员会具有一种奇怪的性质,是"反抗组织的组织,没有形式的形式"。1965年,在一次经济研究与行动计划的会议上,学生非暴力协调委员会的工作人员把理想的组织者描述为:他是"从不进行组织活动的人,仅仅凭借他的在场而成为民众自发表达的神秘中介"。[27]这种反领导反组织伦理的最极端表现,是经济研究与行动计划在新泽西霍波肯(Hoboken)发起的一个所谓"不是项目的项目"(nonproject),其工作方式只是在这个工业城市找到那些蓝领工人,然后就听天由命,让形势决定组织计划的进展。

事实上在社区组织工作中,提供领导权、从事组织建设、进行领导权和基本组织技能的培训都是重要的步骤,但多数新左派认为这和让人民来决定的理念相悖。让人民来决定,这当然是有意义的,对学生非暴力协调委员会的项目来说尤其如此,因为当地人才知道如何让项目生存下来,所以必须由他们来决定。如果当地人不加参与,不由他们来做决定,那就不仅是协调委员会的项目会失败,而且组织者本人(以及他们的联系人)会随时面临严重的危险。但另一方面,新左派对参与民主的威力和效果的浪漫看法导致他们在基层的活动中,专注于民主过程和个人自由,而非技能培育、政治教育和集体目标,而最终的结果则常常使几乎每一个人都感到失望。一个JOIN行动的组织者说他感到悲哀,因为多数来芝加哥办公室的人都"对'社会主义'一词感到反感,表示坚决支持自由企业;很多人认为失业是由于自身的不足……他们对'敌人'的意识模糊不清,甚至更糟"。[28]

为了要在穷人邻里创造出一种容不得任何操控式领导的社区组织理论,组织者常常故意装作(有时甚至对自己也装)是社区人民"在决定那些属于组织者才知道、才理解的事务"。[29]与此同时,他们还提

出了一套不切实际的理论，与日常组织工作的需要和现实完全不相 117
吻合。这一点在经济研究与行动计划的组织工作中尤为常见，因为它的成员本来就更具理论色彩，而非亲身融入他们所工作的社区。在学生非暴力协调委员会那里，一些田野经验较为丰富的资深工作者常常出于生存的考虑而更加实事求是，到1964—1965年，他们公开呼吁协调委员会应该完善组织建设以加强集体的力量，而不是追随一种不要指导、不要结构的组织理念，它过于浪漫化，只能起反作用。

第三个、同时也是最为显著的一个因素，是组织过程中出现的纯粹的身体和情感的消耗，这在学生非暴力协调组织中体现得更为明显，而在经济研究与行动计划中也同样存在。事实上两个机构都没有足够的人力物力来承担它们的使命。当然，大多数的组织工作也做不到这一点，但大多数机构的组织者通常受过培训，有一定经验，而这却是上述两个机构的工作人员所不具备的。面对组织过程出现的混乱失序，他们并没有足够的自信和知识加以拒绝或调整。很多离开学生非暴力协调委员会的人——经济研究与行动计划也一定程度上存在这个问题——除了各种可能的理由以外，一个重要的原因是他们已经疲惫到极点，这种疲惫不仅仅出于恐惧的压力，也是因为时不时地就会被推到身体和脑力的极限。学生非暴力协调委员会最受伤害的地方就是它作为一个组织，却无法帮助自己的组织者复原；这些组织者找不到地方来放松自己，始终不能从第一线脱身，让自己调整、恢复好，每次的消耗都不能得到补充，于是人们一旦离开都不再回来。[30]

我们指出学生非暴力协调组织和经济研究与计划行动的社区组织项目的缺点与局限，并不是要低估它们在社区组织运动史上的重要地位。在严厉的镇压、对冷战共识的屈从以及内部的错误导致进步运动与左翼被摧毁了近二十年之后，两个组织的新左派学生发起了社区组织活动，这是重要的突破。他们具有非凡的勇气，并抱着大胆创新的精神去试验民主的新含义，探索民主社会的新面目。此外，对 1950 年代以来一直把激进派与穷人和少数族裔分隔开的种族和阶级障碍，他们也进行了意义非凡的挑战。这些活动锻造出了新一代激进活动分子的核心成分，这些核心分子对于社区组织活动、政治权力和美国穷人的生活，已经有了重要的了解。在 1965 年以后，他们仍然坚持不懈，继续从事社区组织活动和激进政治工作，投身到反战运动、黑人权力组织、社会福利项目、培训机构、大学校园、社区、工
118 会和工厂之中。正是由于——直接地或间接地——这些激进学生在 1961 到 1965 年间开创的社区组织活动，参与民主的信念才在 1960 年代末开花结果，并在随后的 1970 年代走向繁荣。

就我们的目的而言，还有一点同样重要的，新左派的这些项目反映出左翼的关注焦点有了转移，转向了基层和小群体。由马克思肇始的激进批判理论，对社区层次的组织活动一直不够重视甚至忽视，它把重心放在大工厂的组织上，认为这是阶级斗争的恰当场所。如前所述，即使像 1930 年代失业工人联合会这样的激进社区组织工作，共产党优先考虑的仍然是组织工厂里的工人。这样的决定当然有其理由，工厂容易把工人联合起来，共同地对资本家进行目标明确的斗争，这是非常显而易见的。但在 1960 年代早期，若干新因素的出现导致人们重新思考这一基本的激进的前提。首要的一点也许要归因于民权运动，民权运动是 1960 年代所有组织工作的基础，它要求的种族平等和人类友爱并不限于工厂，它在南方的参与者大多也没有在工厂做工，因此社区组织成为它的中心。其次，二战以来美国经济发生了重大的转变，一方面是工业劳动的重要性下降，另一方面白人工人及其工会领袖也不再像 1930 年代和 1940 年代那样扮演进步的力量，所以像南方的民权运动，像新一代出身中上层阶级的左派

活动家，都把社区作为自己的活动场所，也就不足为怪了。新左派本身并不反对工厂里的组织工作，如前面所讨论的，它也看到了社区组织活动中固有的地方主义，但是在1960年代初那种氛围下，行动者最妥当的选择仍是深入草根，从事社区和“议题”导向的组织活动。于是从此以后，所有重大的社会改革运动，包括反战运动、女权运动、环保运动和反核运动，等等，都把草根的社区组织活动，而非工厂的劳工组织活动作为自己的行动选择，——这绝非偶然，它一方面是那些使新左派转向社区组织的因素引起的结果，一方面也是新左派自己的努力使然。

3. 伟大社会的组织项目：社区行动机构 119

> 《经济机会法》代表了一种全面的尝试，希望在社区实现广泛的变革。不过这一切不能由联邦政府包办，我们必须激发草根的行动，由基层的民众和机构协力合作，才会有所帮助。
>
> ——罗伯特·F.肯尼迪，司法部长

> 我们时代很少有哪项事业像反贫困计划那样，激起如此热切的希望，产生如此丰富的立竿见影的有益成果，同时也刺激了如此之多的争论。
>
> ——林登·约翰逊，总统

激进学生并不是最早，也不是唯一注意到“丰裕社会”里存在的贫困和混乱问题的力量。早在1956—1958年，经济不景气使北部和中西部的黑人工人深受其害，随后就有社工人员、慈善机构和联邦政府推出各种项目以阻止青少年犯罪。最早的一个项目，是1958年国立精神卫生研究所（National Institute of Mental Health）提供给“青年动员”（Mobilization for Youth）的一笔资助，“青年动员”是针对青少年犯罪而在纽约下东区实施的一个系统而全面同时也带有试验性质的项目。随后在1961年，福特基金会也在加利福尼亚的奥克兰做了类似的努力，资助了“里士满青年项目”（Richmond Youth Project）。同年，肯尼迪总统成立了由司法部长罗伯特·肯尼迪主持的青少年犯罪总统委员会（President's Committee on Juvenile Delinquency and Youth Crime）。在1962年，该总统委员会按计划向一些用非传统方式处理青少年问题的社区提供了基金，而福特基金会也新设了四个“灰色地带”（gray areas）项目。这些项目有不少共同点，比如它们都是作为综合性的计划而提出的，由全国性的组织资助，地方政府管理，而由新的社区组织运作；它们都集中于内城的黑人聚居区，都强调运用最新的社会科学成果，抛弃了传统的社会福利型方法，鼓励公民的行动和参与。一位参与者将之称为“尝试与黑
152 人社区合作的试验”。[31]

120 一个以邻里为基础的项目，却能吸引到全国性的或联邦政府的资助，这并不是从上述项目开始的。以战后来说，1953年成立的政府住房政策总统咨询委员会（Advisory Committee on Government Housing Policies）①就是显著的例子，它旨在“通过国会和/或总统的支持，以推动有广泛代表性的私人组织的发展，动员舆论支持社区在城市改造活动中采取积极而负责任的行动”。[32]同样地，在社会福利事务中强调基层管理和公民参与也不是始于上述项目。这些项目的真正特别之处在于，它们表明基金会和联邦政府不再墨守成规，愿意在社会变革上开始一些新的尝试，鼓励草根民众直接行动，即使是对地方公共部门的抗议行动也无妨。

① 原书此处（及最后的索引）英文名称标注有误（多了一个 and），这里是与作者核实、订正后的名称。——中译注

只是这些项目普遍规模较小，面对城市的青年问题或者日益严重的社会骚乱，不足以产生太大的影响。所以当问题激化以后，当学生非暴力协调委员会、学生争取民主社会组织和阿林斯基派组织活动家继续在为不满的穷人进行政治代言，而另一些同样有影响又更加好斗的少数族裔领袖（如马克西姆·X）呼吁黑人“采取一切必要手段”以抗击白人种族主义时，联邦政府作出了回应，推出大规模的反贫困计划。1963 年秋天，肯尼迪总统的班子仿效国立精神卫生研究所和福特基金会的新项目做法，着手设计一套无所不包的计划来解决贫困和歧视问题。肯尼迪的两位智囊沃尔特·海勒（Walter Heller）和萨金特·施赖弗（Sargent Shriver）先后成为项目领导人，但 11 月底肯尼迪遇刺身亡，林登·约翰逊迅速接过项目的领导权。来年春天，约翰逊总统向国会描绘了他的“向贫困作战”计划的蓝图，五个月后《经济机会法》（Ecomonic Opportunity Act）在国会两院获 *153*
得通过，并由总统签署成为法律。[33]

在这项立法中，最新颖也是最核心的一项内容是社区行动计划（Community Action Program，简称 CAP），这同时也是整条法律中最突出“最大限度的可能参与”（maximum feasible participation）和地方化控制这一理想的地方。按照这一计划，成立了社区行动机构（Community Action Agencies，简称 CAAs），目的是支持邻里自助项目，推动社会自发行动，动员地方资源，协调地方计划，而机构的职责是处理一些此前一直由城市、州及全国一级组织处理的问题。社区行动机构的经费直接来自公共基金，其中 90％出自联邦政府，如果市镇政府不愿提供其余 10％的种子资金（或实物）的话，可以由私 121
人团体代付。还有一点对于社区行动机构来说也很重要：作为一项有广泛基础的项目，它直接从联邦政府、而不是其他传统渠道那里得到资金和权力。一位参与这一计划的活动分子理查德·布恩

(Richard W. Boone)对此做了解释:

> 这是一项新的尝试,把管理上的权力下放给受到联邦法律影响的民众。这不仅跳过了州政府,而且,由于它支持基层成立新的管理机构,所以就有可能跳过传统的基层政府。人们之所以允许甚至鼓励这种政策措施,原因在于三点:以往公共和私人计划对穷人的忽视,政治设计(political design)具有的压迫色彩,以及各种服务体系的封闭迟钝。[34]

这是怎么发生的?为什么联邦政府要资助这些意在替代传统基层部门的新规划?为什么联邦政府对社区组织事务,对穷人在这些社区规划中的"最大限度的可能参与"有了兴趣?要知道在1950年代,城市官员对草根组织还满怀恐惧。为什么联邦政府不像在公共住房、社会保障和城市改造等领域那样,通过现有机构来处理城市贫困问题,而是另起炉灶?为什么诸如约翰·肯尼迪、罗伯特·肯尼迪、沃尔特·海勒、萨金特·施赖弗、林登·约翰逊等人乃至那些作为项目设计师的职业改革家们,会突然兴致勃勃地希望吸引城市黑人贫困人口来参与制定和实施规划,希望他们能够"在属于他们自己的机构中发出声音"?[35]

这里,最重要的原因在于,上述那些项目(国立精神卫生研究所、福特基金会和青少年犯罪总统委员会)把初期的工作重心放在社区组织活动上,目的是为了促进社会和谐,缓和城市出现的社会骚乱。当时,高居不下的失业使宗教、家庭、学校和社区等传统社会控制机制遭到破坏,进而导致团伙犯罪、毁坏财物、滥用毒品以及其他一些针对人身和财产的恶性犯罪以惊人的速度在扩散。同时,民权运动及其黑人牧师领袖们虽然不是故意,但事实上他们的努力引爆了这种乱象,把少数族裔聚居区里的穷人(尤其年轻人)吸引到了政治生

活中。最后，贫民窟条件的日益恶化，外加马克西姆·X等激进派领 122
袖的出现，终于火上浇油，把1963到1964年间还是个人性质的暴力行动转变成了大规模的城市造反。城市贫民窟的居民开始洗劫商铺，焚毁财物，并在自己的屋顶狙击警察。政府不能坐视不管，因为这些集体骚乱发生在国家的经济和政治中心，造成了巨大的损失。[36]

不过，约翰逊的“伟大社会”计划不是重复传统的自由主义改革纲领，简单地对群众反抗加以安抚收买了事。它除了要自下而上地消除抗议的威胁，还想把黑人吸纳进政治过程，确保他们成为民主党的铁杆拥护者，所以它不遗余力地在内城和南部乡村建立黑人政治组织，以提高黑人的政治参与和选举投票。

投票模式的改变始终是肯尼迪和约翰逊两位总统关注的焦点。民主党在新政早期曾形成了一个牢固的北方和南方的联盟，但是到了1940年代末，上述联盟中的南方白人眼看黑人要求更多的平等，而民主党和共和党在冷战的压力下，在种族和民权问题上同时变得越来越开明，于是立场开始动摇，转向了第三党——州权民主党(dixiecrat)候选人，或者转向在国内问题尤其是种族问题上与他们隔离主义倾向一致的共和党人。在1960年那场势均力敌的大选中，肯尼迪总统在北方重要城市的黑人聚居区赢得了压倒性的胜利，州权党赢了密西西比和亚拉巴马州，佛罗里达、田纳西、肯塔基和弗吉尼亚则把票投给了共和党。新上任的总统行政班子为了抵消民主党在南方的损失，想方设法巩固少数族裔的支持。民主党把希望都寄托在黑人的选票上，但从黑人来说，虽然他们在投票上基本倒向民主党，但基层存在非常多的限制使他们无法积极参与政党政治，这削弱了黑人选票的威力，也使其价值下降。[37]

在1961年到1968年期间，肯尼迪和约翰逊两位总统倡导了一系列社会改革立法，部分是为了借助手里的总统行政权以及联邦开

支的分配权来处理社会骚乱，但更主要的目的还是为了应对政党力量重组这样一个极具党派政治色彩的难题。伟大社会计划的出台，
123 从根本上说是针对城市里的非白色人种（主要是黑人），而非意在穷人。诚然，很多社区行动机构并不怎么容纳黑人，在南方以外的乡村地区项目尤其如此，但从全国的视角看，黑人在社区行动计划中的主导角色还是显而易见的。比如在资金流向上，乡村地区仅占25%，而这25%中却有三分之二投到了南方的黑人聚居区。所以，社区行动计划在本质上还是被视为民权运动的延伸，是一项“黑人计划”，虽然在很多地方也有其他族裔以及白人工人阶级发挥着积极的作用。[38]

当然我们不能说从白宫官员到职业改革家，所有的计划设计者都带有同样的动机。首先，职业改革家不会像政治官员那样有选票的考虑；其次，一些倾向更激进的设计者会说，社区行动计划不是为了抢占社会抗议的先机，毋宁说是给后者提供了方向和组织；最后，还有一些人坚持认为，改革计划的主要目标是应用社会福利理论的一些最新成果来解决城市问题。计划设计者们至今仍然对计划的真实目的争论不休，这充分说明他们有着不同的方法和目标；但从白宫的角度来说，从1961年到1968年，尤其是在1963年以后，它的目标以及计划的根本意图，就是对骚乱、对全国政治力量重组的一个回应。

社区行动计划与1935年的瓦格纳法十分相像。瓦格纳法的目的也是不仅要消除抗议的威胁，而且要让工人牢牢地站在民主党一边。同时，社区行动计划和瓦格纳法都是社会改革的双刃剑：瓦格纳法本身是带有阶级倾向的立法，希望把白人工人阶级鼓动起来，而社区行动计划同样是希望建立新型的基层组织，以便向黑人和其他少数族裔提供帮助和赋权；另一方面，劳工活跃分子把瓦格纳法作为动员工具，把工会运动推到了远远超出罗斯福总统预想的地步，同样地，黑人和其他活跃分子也是把社区行动计划作为草根组织手段，用

它来组织和推动穷人（主要黑人），也远远超出了联邦政府的设想。

这项计划像野火一样扩散开来。在设立平等保护局（Office of Equal Opportunity）的立法通过之后，在十八个月的时间里美国就出现了一千多家受到资助的社区行动机构。虽然在不同地方由于当地政治环境的不同，社区行动机构也有显著的区别，但绝大多数在头几年都是以捍卫公民参与和邻里组织为主业，而几乎没有哪个地方的公民参与不是通过不懈斗争争取到的。最初，对于各地社区行动机 124
构的领导机构——理事会，平等保护局并没有明文规定应该如何组成，如何挑选成员，于是第一批社区行动机构出现时，理事会成员都是政府官员、福利机构负责人以及热心参与进步改革事业的团体代表。一个例子是田纳西州的纳什维尔市，负责挑选当地理事会成员的市长在解释为什么没有穷人代表入选的时候，明确地说“好计划可不能让不胜任的人来执行”。亚特兰大社区行动机构的理事会开始也没有穷人，只有一个老马丁・路德・金作为穷人的代表。[39] 旧金山的市长约翰・谢利（John Shelley）一手包办了 39 名成员的挑选，奥克兰市长也同样如此。在这些例子中，作为“目标地区”的邻里没有进行过一次选举，也没有任何措施来保证穷人“最大限度的可能参与”；可以想见，地方的政治领导人是无心让基层民众去替代、甚至对抗当地的机构和权力部门的。

随之发生的就是社区民众要求实现公民参与的斗争。旧金山的基层活动家通过发动强大的抗议和施加压力，在谢利作出任命一年之后就使理事会从市长原来任命的 39 人扩大到了 47 人，47 人中除了 23 人仍然是市长任命，其他 24 人都是邻里挑选的代表，而且有六个人直接来自目标地区，这大大提高了它的代表性。这类的事情并不仅仅见于东北部或者西海岸这样的一直倡导进步观念的中心城市，它在全国所有的社区行动机构都有发生。在很多城市，尤其是那些黑人人口较多的城市，社区行动机构的运作变得极其地政治化，每一个问题都会引起邻里民众和地方“现有建制”(establishment)的争论，无论是模范城市(model cities)，还是福利问题、社区行动机构的资金和人事安排、公共住房，或者服务的提供，都是如此。现在地方的政客无法再像从前那样幕后操控一切，因为邻里的民众也要对城市和邻里的事务表达意见，这显然让地方官员感到不适应。谢利市长在 1967 年就曾抱怨说，当地的社区行动机构围绕最大限度的可能参与而发生的斗争，“激起了连锁反应，把旧金山的社会革命变成了混乱和猜疑，这些混乱猜疑反过来又在近年来所有重大的市政改善项目上留下了印记”。[40]

每个城市的冲突在程度上会有不同。比如像奥克兰、纽瓦克、纽约和锡拉丘兹这样的城市，现行建制和公民行动团体之间的政治冲
158 125 突从未间断，因为城市本身有民权抗议的传统，黑人社群的组织性和战斗性都很强，这时社区行动机构就会显得大胆活跃，行动激进。在公民参与的诉求上毫不退让，工作的重心也集中于邻里的倡导和组织而非服务的提供。而在另一些城市，比如田纳西的查塔努加市和亚利桑那的凤凰城，政治氛围历来保守，黑人人数较少，而且穷人和少数族裔社区的激进分子又缺乏有效的组织，或者像芝加哥那样，政治氛围十分压抑，整个城市的官僚体制都被一个政治机器所操纵，这种时候社区行动机构在参与性和对抗性上都会大为逊色，而主要以服务提供和进行监督为主。但不管哪类情况，在所有的社区行动机构里，穷人和活动分子都在利用机构来提高城市和邻里的政治层次，为穷人争取更多的利益。[41]

黑人贫民及其代表的参与不断扩大，推动着那些高度政治化的社区行动机构继续往前，邻里的倡导、组织和发展取代了儿童和社会福利计划成为它们的工作重心。在 1965 到 1966 年间，各地方的社

区行动机构的理事会在目标区域成立了为数众多的、具有一定自治性的邻里服务中心，这些中心占了社区行动机构总预算的15%。最初几年，地方上的社区行动机构工作人员围绕邻里中心制订的计划的内容，与邻里居民及其理事会代表时常出现冲突。一方面，邻里中心得到授权，可以提供各种直接或中介的服务，另一方面，对那些高度政治化的社区行动机构所设立的中心来说，一些更有经验的社区活动家往往会成为它的领导，这些人所希望的是要跳出明文规定的服务范围。比如，中心会从事一些倡导性的工作，主要是维护福利领取人的权利，满足他们的需要；或者是推进各种社区发展工作，包括进行儿童健康门诊、完善学校午餐和牙齿啮合测试等计划，以使社区能更好地意识到自己的纽带和力量。中心还会直接参与社会行动，比如向政府的公共住房或公共福利部门施加压力，推进限制租金上涨的立法等等。事实证明，这些倡导性的、社会行动类的项目，让地 *159*
方官员最感到威胁，因而也成为整个计划中最受关注的部分。[42]

在1964到1967年间，凡是高度政治化的社区行动机构都存在地方官员和邻里代表之间的激烈冲突，而它的后果是掩盖了另一个更加具有普遍性的问题，即社区行动计划缺乏有效组织贫困邻里的能力。它有太多官僚体系内在的限制，像它的官僚等级结构，看起来 126
总也没有尽头的任务计划、文案工作以及规章制度是最典型的表现，所有这些都明文罗列在平等保护局的指导文件里，而这样的机构事实上很难成为社区民众表达少数派团体利益的有效手段。对全国范围的社区行动机构的比较研究及案例研究已经为我们详尽地揭示，这些地方上的机构——仅有少数例外——还是扮演着传统的角色，只是向穷人提供各种服务，而不是作为推动社会变革的组织；社区行动计划“没有带来任何激进的再分配，无论是在影响力和权力上，还是在服务报酬及其他利益方面”。[43]只不过在头几年，由于那些高度政治化的社区行动机构内部的斗争过于激烈，冲突双方都夸大了邻里的活动分子实际赢得的权力及其影响到的机构。

1966—1968年，抗议活动达到高峰，国家和地方一级的官员联合起来，想消除社区行动计划的威胁。地方官员和机构代表从一开始就很警惕这项架空了他们权力的社会改革计划，社会行动机构的福利抗议和由法律援助律师提起的诉讼虽然动员了穷人，但也激起了猜疑和政治反动，于是在1967年出现了保守主义回潮。当然这种回潮并不是第一次，从1964年以来纽约的地方官员就一直在攻击“青年动员”的社区行动项目。“青年动员”虽然在贫困问题上并不成功，但它有几次和纽约市的权势团体，比如教育委员会、警察和当地房东进行了公开的对抗，它提出的口号“穷人的无权力”、“租户权利”都是很容易引来反对力量的，于是一场对“赤色分子”的围剿随之而

来。比如，1964年8月，拥有很多读者的《纽约每日新闻》就在社论中指控“青年动员”里面“充斥着共产党及其同情者”。“青年动员”的负责人很快不得不辞职，该组织的工作都交给了市政部门。[44]

社区行动计划的命运十分相似。联邦政府在1965年初立法规定提供资金的前提条件是穷人的参与，从这一刻开始，地方政客就努力削弱它的影响。赫伯特·汉弗莱（Herbert Humphrey）向平等保护局的头头萨金特·施赖弗施加压力，要求放宽对公民参与的要求。1965年，“城市联盟”（League of Cities）和“市长会议”（Conference of
127 Mayors）携手合作，希望限制穷人介入地方的社区行动机构的运作，同时旧金山的谢利和洛杉矶的山姆·约蒂（Sam Yorty）都指控平等保护局在“挑起阶级斗争”。联邦政府两头为难，只好一边让地方上的社区行动机构继续活动，一边安抚地方官员。谢利在1966年公开宣称：“我们不打算让任何群体，即使是穷人，一手操办全部事务。这不是真正的社区行动……真正的社区行动要求社区所有的成员都实

现最大限度的可能参与。"[45]平等保护局以行动回应了他们的呼吁。它与十五个城市的市长达成私下的协议，同意这些地方的社区行动计划的所有资助，都需经过市政府；它还规定禁止进行党派活动，禁止雇佣"品格不佳"或来自"颠覆性组织"的成员。到1966年底，趋势变得明朗，社区行动计划加强了对地方上的社区行动机构的管制，约束它的战斗色彩，转向一种阿林斯基所称的"动物管理员心态"。[46]

1967年国会通过所谓的"格林修正案"(Green Amendment)，进一步限制了社区行动。平等保护局和所有的联邦政府机构一样，每年都需要争取拨款。1967年它遇到了严重的政治麻烦，共和党人和南方的民主党人尤其不喜欢它。俄勒冈州的国会众议员伊迪丝·戈林(Edith Green)本人是反贫困计划的支持者，但一直在批评平等保护局，这时她提出了一项修正案，旨在削弱穷人在地方的社区行动机构中的权力。修正案首先要求，所有的社区行动机构必须由州或者 161
地方政府任命。这相当于让所有资助都通过地方官员下拨，而不再像过去那样直接分配给地方社区组织，——当然如果地方官员愿意袖手旁观的话，直接分配的渠道也还是畅通的。说来奇怪的是，格林修正案通过了八个月，各地地方政府有97%的比例都选择了维持原有的和地方社区行动机构的关系，而没有借机扩大职权。这是什么原因？这是因为，很多地方官员已经接受了社区行动机构这一项目，认为与其再去捅马蜂窝，不如维持现有的关系来得容易一些；另外一个原因在于，格林修正案还有第二条规定，它的存在使第一条根本无须执行。这条规定要求将理事会成员限制在51人以内，其中三分之一是目标区域的民选代表，三分之一是公共官员，三分之一是企业、劳工、慈善和公民团体代表。对那些此前公民很少参与社区行动机构事务的社区来说，这条规定明确要求必须要有三分之一的社区代 128
表，民众因此受益；而对公民参与程度本来就较高的社区行动机构来说，它无疑是一种破坏，穷人因此无法在任何一个地方的理事会中占据多数。[47]

还有一个因素也起了同样重要的影响：人员组成的变化带来的后果，很快在那些原本十分民主而好战的社区行动机构身上体现了出来。这些机构现在变得越来越“职业化”，什么对抗冲突，什么挑战地方的福利或者是租金控制办公室，还有呼吁加强社区控制，扩大人力资源（工作培训）项目的投入等等，这些冲动都迷失在官僚机构对预算、责任、效率和人事等等的翻来覆去的讨论中。社区计划、资源调配以及管理问题越来越依靠理事会成员的阅历和技能，而拥有这些技能的正是职员和理事会里的职业人士，他们也最乐于见到组织维持成为新的工作重心。社区民众除了去打扰这些“专家”或者慢慢去熟悉官僚机构的运作外——这两项工作本来正是那些活跃分子所擅长的——什么也做不了，或者想做也有心无力。

162

如果说格林修正案是切掉了社区行动机构的心脏，使它丧失了斗争精神，那么预算的改变则是给棺材落下了钉子。在 1966 年，社区行动计划中的所有资金，除了启智项目（Head Start）外，都在地方机构自行处置的范围内。而到了 1968 年，社区行动计划所得的资金有 60%必须用于国家重点计划，比如升学计划（Upward Bound，一项面对弱势青年群体的教育计划）、法律服务计划和人力培训计划等等，其余 40%中有相当的比例用于管理人员薪水和建筑维修之类的固定开支。从一开始社会行动机构的财力就不足以对贫困宣战，而到了 1968 年，它们的命运也不像从前那样掌握在自己手里了。[48]

1968 年共和党的尼克松当选总统，这预示了社区行动计划的终结，因为共和党人完全清楚自己的支持者并不是内城贫民窟或者乡村地区的美国人。从 1968 年到 1972 年，社区行动机构更加埋头于各种计划的运行，不再考虑推动社会变革或者公民行动，按一位历史

学家的说法是“本身成为了问题的一部分，成为另一个服务机构，而
不是机构之间的鼓动者和协调者”。[49]当然在有些社区，社区行动机
构还会以非正规的方式为社会变革努力提供一些支持，比如给激进
组织提供开会场所，或者是提供某些资源（如复印或者油印设备）。
1972年，国会通过了尼克松的新联邦主义，向贫困宣战终于寿终正 129
寝。新联邦主义不让联邦政府再介入资助事务，而是直接把钱一揽
子拨给各州和城市，尼克松称之为“岁入分享”。新计划使地方官员
和官僚机构有了更多的权力，可以控制社会福利方面的基金；它也还
谈论公民参与，但是无论岁入分享还是社区发展拨款基金，其中包含
的参与成分都是做做样子，只是作为建议之用。

于是到1970年代初，公民在联邦资助的社会计划中的主动行动和参与已经成为绝响，成为骚动不安的1960年代和民权运动留下的回忆。今天社区行动机构仍然存在，是社区服务管理局（Community Services Administration）①底下咨询性的社会服务组织，负责一些较为次要的联邦项目，如能源储备、燃料援助等等，同时它也是联合劝募会（United Way）资助项目的基层管理者。它的工作有的很有价值，带有进步色彩，有的则没有；相比于早先社区行动计划的设计者所预期的，相比于社区活动家们所希望的，它现在只是徒具空壳。

那么，社区行动计划究竟是成功还是失败？是对谁而言的成功或失败？对1960年代民主党控制的白宫来说，它算是有限的成功。民主党把它作为重建联盟的策略，但它并没有起到早先瓦格纳法对民主党联盟起到的作用，毕竟政党力量的重组和民主党的分裂不是那么容易解决的。但另一方面，在十年不到的时间里，很多民权活动人士都加入了政府，成为它的雇员，很多城市里的扶贫项目还变成新

① 原书此处英文名称标注有小差错，这里是与作者核实、订正后的名称。——中译注

的黑人政治组织。因此一点不奇怪的是，黑人市长的书目迅速增加，从 1968 年的几乎为零增加到 1974 年的 108 个。以纽瓦克来说，扶贫项目的组织结构成为肯尼思·吉布森(Kenneth Gibson)成功当选市长的权力基础。此外，社区行动计划提供了新的机会和资源，包括工资、技能和工作经历，这对黑人中产阶级来说尤其重要，使他们可以更好地利用 1964 年民权法案和 1965 年投票权法案创造的政治机会。不错，伟大社会计划并没有为美国的黑人带来政治平等，这本来也不是它的意图，但它却在很短的一段时间，通过很有限的一点资
130 金，吸纳了为数众多的激进活动家和团体，把他们的精力转移到传统的选举过程和官僚结构上。就此来说，伟大社会的计划实现了民主党的计划设计者的初衷。

社区行动计划对于千千万万第一次积极参与地方政治的黑人和穷人来说，是一次重要的教育和经历。他们由此了解了政治体制的运作方式，知道现有机构是怎么想方设法吸纳异议者的，而那些敢于冒险、敢于为权利挺身而出的人们——无论是个人还是与别人一起——又如何赢得权力，如何成功地迫使政治体制提供各种服务、好处和工作。同时他们也了解到，仅仅把问题曝光，让贫困、不平等和种族歧视都进入公共视野，这是远远不够的。很多社区行动机构的人士意识到，集体抵制、直接行动、公开抗议才是推动有效变革的重要条件，这也为戴维·奥斯丁(David Austin)等人对社区行动机构的研究所证明。[50]

对很多人来说，社区行动机构的历程还证明了“唯参与论”的不足。政治和经济体制愿意、也可以允许穷人参与地方一级的社会福利决策，但只能是以一种咨询和摆设的身份出现。而且即使是这么一些有限的权力，他们也给得不情不愿。经济和政治体制内的阶级和种族裂痕如此之深，而且在基层尤为严重，底层哪怕只要获得一点

点权力，都可以撼动它的根基。

联邦政府是值得肯定的，无论它的动机和意图如何，它确实支持并资助了草根的公民行动计划。那些社区工作者也是值得赞扬的，无论程度多么轻微，他们毕竟撼动了旧体制，向地方官僚机构施加了压力，让人们意识到自己的潜在力量，从而为1970年代的政治工作打下了基础。以全国福利权组织(National Welfare Rights Organization)为例，就是先有了在社区行动计划中做活动家和设计师的经历然后发展起来的，而这样的组织还有很多。最后，总体上看，社区行动计划并没有给美国的贫穷状况带有明显的改变，它虽然使黑人中产阶级职业人士这个群体扩大了不少，但对于造成许多白人及大多数黑人贫困的根本因素却没有触及。一项真正有实质意义的计划，应该提出一个全国性的服务和工作政策，以确保体面的住宅、教育、卫生保健以及就业——最后这项是最重要的，——并使这些成为每个人

的权利。

再有，无论是社区行动机构还是伟大社会，都是以乡村和城市贫民窟为基地，这就决定了这些努力并不会带来更大范围的影响，不会触动那些生活在丰裕社区的人们，也无损于阶级和种族分化之类的 131
社会的主要矛盾。无论是社区行动计划还是它的前身进步主义和新政改革，这些自由主义方案并没有提出一个根本性的、从国家到邻里的政治和经济变革方案，所以它们的最终效果只是维持阶级现状，而没有使它们在理论上曾希望受益的那些人的地位得到改善。

132 # 第五章 1970 年代的新平民主义

1. 经济衰退、通货膨胀和新企业保守主义

> 我们相信民主,相信普通民众应该支配自己的生活,相信人人有权实现上帝赐予人类的潜能。我们愿意梦想一个真正民主的美国,愿意把梦想化成一个个具体的、由普通老百姓组成的组织,这些老百姓为了自己及子孙后代而努力把这个梦想变成
> 166 现实。
>
> ——让·迈耶,伊利诺伊公共行动委员会主席

无论 1950 年代的保守共识还是 1960 年代的福利国家自由主义,都是建立在"二战"以来美国经济持续而且巨大的增长之上的。在此期间,美国在国内外也遇到了严重的问题,但是总体来说,它受益于世界第一大国的地位,保持了经济的非同寻常的良好运行。正如经济学家罗伯特·海尔布罗纳(Robert Heilbroner)所指出的,对美国及其他发达资本主义国家来说,从 1947—1972 年之间的这二十五年,是"资本主义有史以来经历的最长的一段增长期,在将近四分之一个世纪里增长几乎未受到任何破坏"。[1] 美国凭借自己的能力,把工业资本主义国家和依附的第三世界国家结合为一个单一的经济
133 体制,并用美国的资本和公司将之覆盖,而正是这种能力为 1947 年以后的国际资本主义经济的力量提供了雄厚的基础。

但是到了1970年代初，面对第三世界的成功抗争以及日本和西德的严峻挑战，美国资本在全世界的统治体系摇摇欲坠，它的经济基石因此发生动摇。而在1972—1973年，在美国撤离越南后不久发生的石油输出国组织抬高油价之举（涨了四倍）造成了自1930年代大萧条以来最严重的经济低迷。在1973年和1975年失业上升了75％，这个数字虽然可怕，但它还没有揭示出北方城市的少数族裔社区和工人阶级邻里所遭受的集中影响。在一些黑人贫民窟，因为经济不景气的影响，甚至出现了“失业群落”（pockets of employment），它的黑人青年失业率高达90％。工厂歇业、关门和外逃（runaway shops，指工厂为了降低成本而四处迁移，它们会迁到拉丁美洲、亚洲、南方等地）在俄亥俄、宾夕法尼亚、纽约、密歇根和伊利诺伊州的工业城市已经成为家常便饭。此外，这次的经济不景气有点与众不同，因为它在多数时候伴随着两位数的通货膨胀率，因而显得尤为棘手。

美国银行的副总裁沃尔特·哈德利（Walter Hoadley）曾形容说，企业面对这次崩溃，“陷入全然的恐惧之中”。企业界希望在丰裕社会中重新分配财富、建设人民资本主义的愿望被抛在脑后，如何在奢华之中改善人们的生活也没有人再提。现在是经济危机，与前二十年的繁荣时期不同了，现在企业界和全国领袖们需要关注新的问题：面对高通胀和高失业并行这一前所未闻的难题，企业该如何应对？如何解决利润和生产力下降的问题？如何在经济风险和危机增长的关头，防止国内外出现反抗？等等。

按照政治评论家哈里·博伊特（Harry Boyte）的说法，企业界面对经济危机的新态度最早在1972年可以看出苗头，当时财政部长约翰·康纳利（John Connolly）呼吁在政界和商界之间建立“新的伙伴关系”，政府应该减少对企业行为的限制，并拓展新的手段以援助大企业。更完整的企业计划则是在水门事件之后出现，企业领导人和 134

新右派理论家共同筹划，发动了对凯恩斯经济学福利国家论的意识形态攻击；进而，他们的新议程倡导一个“限制的年代”，其典型特征是平衡政府预算、减少公共社会福利计划、降低企业所得税、增加企业税收优惠和折旧费。进而，他们整个攻击上一代人所取得的进步，从少数族裔权利到妇女权利，再到卫生、消费者和环境方面的管制都在被攻击之列，其目的则是让大政府退出美国人的生活。政府多么低效、笨重，成本高昂，它是我们经济问题的根源。

企业领袖们十分清楚，要把这样的新保守主义方案兜售给公众绝非易事。诚然，企业议程中的反政府一面，人们是容易有共鸣的。有了水门事件，越南战争，无数的政府腐败和丑闻，对联邦调查局和中央情报局活动的震撼曝光，以及与公共官僚机构的令人羞辱的打交道经历，所有这些使人们越来越疏离了政府机构及其官员。但是相信大政府是问题所在是一回事，要说服人们把企业当成解决方案那是另一回事。1960 年代的社会运动改变了人们的政治意识，即使反对这些运动的人也从中感受到，积极参与对于实现和拓展各种可能的诉求具有重要的意义。草根力量由此增强了自信，这是那十年最主要的遗产。期间发生的那些重大事件，一直在激励着人们，让人们感觉到自己的力量，他们再也不会放弃自己的梦想，不会听任政府或企业担负一切的权责。一方面是新保守主义者两手满满，而另一方面，正如《商业周刊》的一篇社论所指出的：“另一些人却必须将就过日子，降低自己要求，不论是城市或州，或者住房抵押市场，或者小企业，或者消费者，概莫能外。让大家将就却把大头让给大企业，这服苦药对很多美国人来说都是难以下咽的。想凭着巧舌如簧让人们接受这种新现实，真是太难了，放眼现代历史，不论是美国还是外国都不曾做到过这样的事情。”[2]

新保守主义策略在城市推进得最为容易。以卡特总统或里根总统为例,这些民众选举的全国性政治任务因为支持增加国防开支(这只是一个方面),所以没有办法削减全国的预算赤字。但基层的情况
很不一样,很多城市在 1970 年代发生了财政危机、失业率上升、预算 135
和服务削减以及对政府工会的批判,等等,这一城市危机很大程度上就是当时总体经济局势的产物。从历史上看,每当全国经济遇到困难,作为经济结构中心结点的城市就首当其冲,不过在 1970 年代初期,不同城市的命运也有差别。北方城市的问题更加严重,不论是纽约、波士顿、克利夫兰、旧金山这样的商业中心,还是像扬斯顿(俄亥俄州)这样的单一产业城市都陷入了严重的危机。而阳光带的城市尽管仍有贫困、污染、服务供应不足、种族和阶级隔离等等问题,但并没有发生北方城市那么严重的经济衰退。比如像休斯敦,各种社会问题成堆,但在 1970 年代却增长迅速,失业率持续保持在 3 个点左右甚至不到的水平。

如果 1950 年代和 60 年代的繁荣一直持续,那么北方城市的财政形势——如果不说政治和社会形势的话——不会有什么问题。到 1950 年代后期,由于居民越来越向郊区转移,工业也越来越分散,这些城市对财政危机的抵抗力下降了。不过,中心城市的政客、自由派官僚、企业老总和房地产企业代表在每个城市都组织起了促增长联盟,推动联邦的福利和城市复兴计划,推动连接中心城市和郊区的高速公路项目以及地方发起和拨款的中心城区重建,这样往往又把钱吸引了回来,延续着经济的增长,从而成功地使城市得到复苏。[3]

然而,1950、1960 年代这个促增长联盟的运行是需要经济基础的,这个基础在很大程度上依赖于这二十年里出现的前所未有的增长。而进入 1970 年代后,一旦出现经济衰退和国际经济问题,增长基金退出,这些北方城市就遇到了各种麻烦,如课税基础的减少,城市债务的增加以及社会服务的退化,等等。许多城市滑到了破产的边缘,

最著名的例子就是纽约。这一下银行家、金融分析师和企业投资人对促增长项目都变了口风,也不再出力支持。于是像纽约这样的城市以前是以复苏中心城区、维护社会秩序而闻名遐迩的,现在在金融家和联邦官员的眼里却一无是处,管理不善、挥霍无度、官僚结构笨
136 重而杂乱无章,需要在财政责任方面好好补课。新保守主义就这样慢慢在基层站住脚跟,如果城市不一改过去大手大脚浪费资金的做法,银行和联邦政府都不会再提供资金,这意味着企业部门尤其是金融机构在控制和领导这些北方城市的过程中,会发挥更多的作用。

于是,用新保守主义手段来进行城市改革成为一种常用手段。市政官员采用“有计划缩减”模式(planned shrinkage)和“分诊模式”(triage model)对城市里的贫民窟加以破坏或者忽略,希望这样可以迫使这些邻里的居民迁徙到城市权责范围之外的地方,最好是到新兴阳光带,据说那里工作职位很多。纽约市的住房和发展主管罗杰·斯达尔(Roger Starr)甚至走得更远,他在1976年干脆建议关闭这些贫民窟里的学校、消防站和派出所,这样就可以起到迅速减少人口的作用。穷人不再是帮助的对象,企业的新策略认为在穷人身上投资很不划算,把他们看成削减城市开支的绊脚石。

城市的新做法是从尼克松政府时期开始的。尼克松政府用岁入分享计划取代约翰逊任内的经济机会局(Office of Economic Opportunity)项目,在头两年的时间里,就有超过一半的资金是用于降低城市税收,其余大部分则是用于强化法律实施——这方面通常都是偏向于扶助和保护商业发展,从而使城市对富人更有吸引力,——最后只有3%是用于人们需要的各种社会服务。到1970年代中期,这一保守主义战略加快了步伐。城市经济学家乔治·斯特恩列波(George Sternlieb)的态度就反映了时代的右转,他曾说:“你不能只帮助穷人而不帮助富人;只要你能让富人留在曼哈顿,对穷人

也意味着一次胜利。”[4] 但斯特恩列波接着指出，要让穷人和工人阶级接受这样的分析并非易事。事实正是如此，而且即使是纽约的政界领袖也不太容易接受这样的看法。他们虽然加入了“财政保守主义”的大合唱，但现在联邦政府那边断了炊，银行业也不伸援手，他们立刻感到了经济混乱的可怕。纽约市长亚伯拉罕·比姆(Abe Beame)对此看得十分清楚，只不过他错误地将之归为党派之争，认为它是“共和党发动的一次钳形攻势，是要对金融机构负责而非对民众负责”。同时他对企业领导人，尤其是金融机构领导人的抨击倒是十分准确，称他们“正用金钱作为手段，来控制我们城市的社会和经济政策”。[5]

当然，那些受到1960年代城市复兴及1970年代“有计划缩减” 137
影响的民众并没有坐以待毙，听任私人和公共部门推进他们的计划。在1960年代，很多大城市都爆发了针对这些城市复兴设计师的反抗，另外还有一些行动，更为平静但往往更有效果，就是组成各种专门的邻里组织，阻挠城市复兴和高速公路扩建计划，争取服务、工作及其他利益，要求对社区事务更大的支配权，等等。单单在1970年，全国就发生了四百起反对高速公路修建计划的社区抗议。当然，在当时追求增长和繁荣的氛围下，希望这些邻里组织完全阻止开发，或者从根本上改变城市复兴和高速公路修建的总体规划，这是不可能做到的；但邻里组织确实延缓了这个过程，迫使规划做了些许的调整以保护自己的社区，并保证了最低限度的参与。当然，它做得最成功的一点，是从一个不愿涉险镇压草根抗议、宁愿进行安抚的市政府和联邦政府那里争取到了各种利益。

随着1970年代经济危机的爆发，邻里对各种城市问题的反应越来越剧烈。与媒体的渲染相反，人们的行动并没有因为进入70年代就烟消云散，在活动分子中，虽然也有人像杰瑞·拉宾(Jerry Rubin)

那样做了股票经纪人，或者像艾尔德里奇·克利弗(Eldridge Cleaver)那样成为重生的基督徒，但更多的人仍然坚持自己当初对社会、政治和经济民主的憧憬，并把它带入所生活的邻里，带入他们工作的学校、工厂、社会福利卫生机构及法律或政治部门。盖尔·钦科塔(Gale Cincotta)曾是一个全国性邻里组织联盟“全国人民行动”(National People’s Action)的领导人，他曾在1977年对此有很好的表述：“我不断听到人们抱怨，一切都死了，从民权运动和越战以后就没有重大的事业了。但这只是个神话。我们还有1960年代开始的邻里运动。虽然它没有那么激动人心，不是所有的人都走上街头，但是它正赢得越来越多的支持，在每个城市、每个州都是这样。它把基础已经打好，现在正是到了该大家接着往下做的时候。”[6] 就在媒体继续喧嚣整个国家转向保守主义，好奇1960年代人到底怎么回事时，人们为了对抗经济危机，对抗新企业战略，又发起了千千万万个邻里组织、单一议题团体和推动社会进步的政治行动。

到1970年代末，新保守主义方案获得了一个又一个胜利。一位《财富》杂志的记者对此激动不已，“突然之间，商界似乎把主要的权
138 力工具都抓在了手里，领导权、战略、支持者、竞选资金都有了，此前一直缺乏的动用这些工具的意愿现在也有了”。[7] 他并为1960年代的自发行动敲了丧钟，同时宣布了1970年代保守主义的彻底胜利，这些不免都有些夸大其词，但也有一定道理。民众可能不至于轻信企业会是他们的天然盟友，但自身的无力感以及左派替代方案的缺乏让他们只好接受流行的保守主义方案。然而，有一个事实在媒体版面上是看不到的：为了对抗多数美国人在私人和公共部门感觉到的疏离，以1960年代的经验和经历为基础，一场多面向的、倡导“新平民主义”的公民行动运动已经在1970年代出现了。

2. 新平民主义的根基

1960 年代的激进主义成了 1970 年代的常识。

——汤姆·海登，政治活动家

1960 年代的一系列事件以及随后的经济危机，促成了 1970 年代人们对邻里组织活动的广泛兴趣，整个美国都是如此。《基督教科学箴言报》在 1977 年所做的一组系列报道中曾提到，有一场“要求把政治和经济权力还给地方的公民运动浪潮”。[8] 在全美国，有两千多万美国人积极参与到成千上万的邻里组织中，单单以纽约市而论，1975 年之后就出现了数千家街道居民组织。全国邻里委员会(National Commission on Neighborhoods)列出了全国 8,000 多家规模较大的社区团体，圣安东尼奥市的争取公共服务社区联盟(Communities Organized for Public Service)是全国最大的单一社区组织之一，在成立仅仅两年之后的 1976 年，就有 6,000 名代表出席年度大会。1980 年，社区改革组织协会(Association of Community Organizations for Reform Now)在成立十年之后宣布，它在 19 个州的邻里组织中有 25,000 个活跃的缴费成员。更让人难忘的可能是 1970 年代成立的十几家组织人才培训中心，为的是满足公民团体的 139
需要。人们确实在逐渐退出各种公共部门和企业的领导职位，但他们只是退回到他们可以更好支配的空间和利益上，而最能体现这一特征的地方无疑是邻里。[9]

许多评论家都把这一浪潮看成是一场正在形成中的新平民主义运动。美国历史上的平民主义运动，从托马斯·杰斐逊的著作到 19 世纪末的劳工和农场主运动，都拥护美国的民主使命，支持“人民”反对“富豪统治”的斗争。新平民主义与这一传统有很多相符之处，在旧金山的组织培训中心(Organize Training Center)任职的迈克·米勒(Mike Miller)认为,新平民主义奉行的基本价值就是民主的价值,它的一个根本的出发点是认为,“权力越来越不受制约地集中在极少数人手里,这些人正处在我国那些大公司的领导位置上”。另外,因为政府不对人民负责,所以它和企业一样也是问题的一部分。解决这个问题,必须由民众成立建立在“人民的民主价值和自利基础上”的民主控制和管理的社区组织。[10]

从 19 世纪以来,平民主义就成为介乎传统自由主义奉行的精英论和社会主义崇尚的阶级冲突论之间的中间地带,它对经济体制的某些因素也有不少批评,但总体上还是把巨大症和不负责任的权力而不是资本主义,看成是根本的问题所在。因此,在很多时候新平民主义是作为对 1960 年代革命社会主义组织运动的反动而出现的,也就不让人奇怪了。哈里·博伊特是新平民主义的一位著名评论家和理论家,他的以下说法很好地概括了新平民主义背后的基本原则:“(和 1960 年代的组织运动相比,)当代公民组织活动更贴近现实、讲求实际,更主要的是它扎根于社会结构之中,更有生命力。它努力把现有的组织建设成人民可以行使权力的地方,而且它还乐于接受民众传统、习俗和文化中的正义感、创造力和生命力,而这些是六十年代的激进分子嗤之以鼻、不屑一顾的。”[11]所以 1970 年代的新平民主义邻里组织运动放弃了宗派主义的道路,不像 1960 年代后期的组织者那样把工作重点放在反资本主义政治意识形态和“觉悟的提高”上,也没有把全部注意力用于关注特定的人群(比如黑人或学生)。
140 新平民主义活动家认为这种做法将自己隔绝于劳动人民,阻碍了草根邻里组织的有效发展。相反,他们倡导一种“多数派战略”,它要同时扎根于黑人和白人、扎根于低收入和中等收入人群的社区和传统之中。在组织方法上,新平民主义也不像 1960 年代后期的运动那样重视意识形态,而强调去争取权力,建立由工人阶级拥有和领导的组织；为了实现这一目标，新组织必须和各种传统社区机构，如教会、工会和种族团体结盟。

新平民主义尽管拒绝了 1960 年代的革命政治，但它直接来源于黑人和白人青年男女参与那个年代的各种组织和运动的经历。从 1960 年代初期以来，人们一直想找到可以实现的激进方案，以一种更具合作和民主精神、权力更加分散的社会来取代企业资本主义社会，而新平民主义就属于这一持续努力的一部分。像社区改革组织协会的创始人韦德·拉特克（Wade Rathke）最早就是从事福利组织工作，曾和乔治·威利（George Wiley）在全国福利权组织共过事。哈里·博伊特积极参与过南方的民权运动，参与发起了新美国人运动（New American Movement），一个新左派的社会主义组织。希瑟·布思（Heather Booth）一直是反战、学生和妇女运动中的风云人物，学生非暴力协调委员会和学生争取民主社会组织的老会员，后来创立了一个专门针对新平民主义组织者的培训和资源中心“中西部学院”（midwest academy）。史蒂夫·麦克斯（Steve Max）和汤姆·海登曾是学生争取民主社会组织所创立的经济研究与行动计划项目的活跃分子，在新平民主义争取政治和经济民主的运动中仍是重要的理论家和领导人。迈克·米勒也是经济研究与行动计划中的名人，曾先后与学生非暴力协调委员会、农工领袖凯撒·查维斯（Cesar Chavez）、农场工人联合会（United Farm Workers，简称 UFW）一起工作过，1960 年代还与索尔·阿林斯基一起在堪萨斯市从事过组织活动，后来在旧金山一个体现阿林斯基风格的项目“使命社区组织”（Mission Community Organization，简称 MCO）中担任主要领导，现在是该市的组织培训中心的负责人。到 1980 年，这些居住和工作在全国各邻里和社区的新平民主义组织者和政治活动家，事实上已经有二十年的政治和组织经历作为储备。他们的政治视角和策略可能在 1970 年代发生了改变,但他们的经历中最有生气的核心部分,却是在 1960 年代的反帝国主义、争取参与民主的斗争中塑造成形的。

有一点并非偶然,新平民主义对 1960 年代组织运动的批判总是
141 让人联想到阿林斯基对新左派的激烈抨击。阿林斯基的抨击,从积极的方面说是指出了 1960 年代的组织活动没有植根于工人阶级的政治和传统中,而从消极的方面说则是带上了以往平民主义常犯的错误,把婴儿连同洗澡水一起倒掉,——也就是说它不是简单批评激进左翼的某个错误,而是整个否定它的遗产。在阿林斯基和新平民主义之间是具有某种本质性的联系的,所以希瑟·布思才把阿林斯基称作现代社区组织运动的西格蒙德·弗洛伊德:弗洛伊德及其弟子开辟了精神分析领域,阿林斯基及其继承者在平民主义社区组织活动的策略方面也起了同样的作用。

176 从 1940 年代后期到 1960 年代早期,阿林斯基的组织活动一直举步艰难。冷战的压制使他及同伴只能处于防御之中,工作也没有多少成效。这一时期他们唯有的一个成功案例是社区服务组织,它是由一位阿林斯基派的组织者弗雷德·罗斯(Fred Ross)于 1940 年代后期在加利福尼亚的奇卡诺社区成立的。在整个 1950 年代,阿林斯基差不多被人遗忘,无论在社会福利领域还是残余的活动分子圈子都是如此;但到了 1960 年代初期的民权运动和反贫困运动,他本人以及他的方法连同其他一些东西又重新得到复兴;不过一直要到 1960 年代中期,他在芝加哥底层黑人和白人邻里所做的工作才真正引起大众的关注。因为 1965 年后左翼团体越来越好战、越来越革命,黑人这时也走上反叛的道路,黑人的聚居区开始沸腾,而自由派领导人此时希望找到一些"更合适"的斗争方法作为替代,于是一度被视为"布尔什维克组织活动家"而遭到放逐的阿林斯基现在显得像是一个非常有吸引力的温和派了。

阿林斯基最早引起全国关注是在 1964 年，当时《财富》杂志的编辑查尔斯·希尔伯曼写了一部非常有影响力的、站在自由主义立场批判种族关系的作品《黑人与白人的危机》(Crisis in Black and White)，把阿林斯基和他的工业区基金会(Industrial Areas Foundation，简称 IAF)的组织者培训中心奉为解决美国种族问题的灵丹妙药。工业区基金会在芝加哥的伍德劳恩——一个紧邻芝加哥大学的南端、拥有 65,000 人口而黑人在其中又占 86%的邻里——所开展的组织项目，在希尔伯曼看来是“一次对美国黑人产生最重要、也最令人瞩目的影响的试验”。在书的结语里，希尔伯曼一边呼吁有更多阿林斯基这样的行动，一边哀叹美国只有一个阿林斯基，却有那么多贫民窟。当然，阿林斯基和伍德罗恩组织(The Woodlawn Organization，简称 TWO)得到这样的赞誉和名声绝非偶然，当时全国同类的黑人贫民区到处找发生骚乱，而伍德劳恩则一次骚乱都没有发生过。阿林斯基认为其中的原因在于有效的草根政治组织的存在，伍德劳恩 142
的居民不需要再去求助于自发的、盲目的骚乱。但权势阶层看到的是，阿林斯基的平民主义组织活动比起学生争取民主社会组织这类机构中正在兴起的黑人革命民族主义来，是一个不那么有威胁的替代品，一项较少危险的政治方案。于是毫不奇怪，《时代》杂志很快就宣布阿林斯基是“把权力给予人民的先知”。[12]

阿林斯基在 1960 年代做过很多项目，个个都有明显的不同。伍德劳恩组织是阿林斯基第一个黑人社区项目。在芝加哥，“为了更好的奥斯丁”组织(Organization for a Better Austin)针对的是地方的街道居民组织，而主要在波兰裔地区活动的西北社区组织(Northwest Community Organization)则围绕天主教团体进行组织工作。在 1960 年代中期，尤其是 1964—1967 年，阿林斯基以及他的工业区基金会大胆地走出了芝加哥市，组织了三个黑人邻里的项目，分别是密苏里州堪萨斯市的联合行动委员会(Council for United Action,简称 CUA)、纽约州罗切斯特市的"自由、整合、上帝、荣誉和信任"(Freedom,Integration,God,Honor,Trust,简称 FIGHT)组织以及纽约州布法罗市的"建设团结、独立、自由和尊严"(Build Unity,Independence,Liberty,and Dignity,简称 BUILD)组织。另一方面,这些项目虽然所处的环境条件不同,但也有共同之处:走阿林斯基路线的组织者都指向社区当下的问题,并注意发现当地社区最显著的传统和维系团结的各种纽带,以此为基础来推进"人民组织"的建设。

此外,各种阿林斯基路线的组织还有一个相似之处,即它们的发展历程大体相同,这种历程在伍德劳恩组织那里体现得最为充分。在 1960 年代中期以前,阿林斯基发起的,尤其是芝加哥的那些项目活动,一直赞同和奉行民权运动强调平等的意识形态及注重非暴力对抗的行动策略。从 1960 年代中期到 1970 年代初,阿林斯基组织

的风格从民权取向转为强调谈判协商和社区发展。在上面提到的组织中,西北社区组织延续了 1960 年代前期的压力团体和冲突对抗的方式,但是伍德劳恩组织、"自由、整合、上帝、荣誉和信任"组织等组织已经"从对抗转向共存"。时至如今,新平民主义组织活动仍大致遵循这样的发展路径,它也充分暴露了阿林斯基模式的一些弱点。

不妨以 1961 年成立的伍德劳恩组织为例。刚开始的时候,它非
常勇敢、对抗性强,不仅组织拒付租金运动,抗议被指为缺斤少两、欺
143 诈顾客的商人,还组织过满载 2,000 多名伍德劳恩居民的大巴游行
队伍,用一种近似民权运动时的方式前往市政厅进行投票登记。阿
林斯基曾这样讲述早期的伍德劳恩组织所采用的对抗手段:

> 如果伍德劳恩组织搜集到了一堆对房子的抱怨,他们不会直接去找房屋检查员,而会喊上四五十名成员,尤其挑肤色最黑的那种,去房东住的新城郊,在他家口门设立纠察线。当然我们

> 知道光有纠察线没办法让房东转变主意，但你要注意他的白人邻居会出场告诫他："你为了生计做什么我们并不在意，我们要告诉你的是，你必须让这些黑鬼离开，不然你得离开。"这就是我们用的柔术，房东就会乖乖投降，把那些破房屋修好。[13]

但是到了1960年代末和1970年代初，伍德劳恩组织发生了变化，不再是一个服务于当地低收入人群需要的对抗性压力团体，而越来越带有社区发展公司的色彩，主事者变成邻里中地位更高的中产阶级，主要扶持一些有益于处于上升中的黑人的项目。一般来说，走阿林斯基道路的邻里组织最多只能存活六年，而伍德劳恩组织改头换面以后又继续维持了下去，这确实是件了不起的成就，只是这个时候它的角色已经与最初成立的动机有了很大差别。伍德劳恩组织加入了1960年代末由外部力量发起的反贫困行动，担任了各种开发项目的共同倡议人和管理人，而这些项目的赞助人都是由私人基金会 *179*
和公共机构，主体也是由它们来设计的。具体来说，伍德劳恩组织在当地参与发起过一个针对中产阶级的、总计有762套住宅的住房项目，——而为此要拆除的下层阶级住房有2,000套；它经营了一个早教中心，这是经济机会局资助的一个邻里的启智项目，每年预算10万美元；它先后从顶峰公司（Zenith Corporation）和联邦政府那里得到资助，进行就业培训，最终在组织内部发展出了一个专门从事职业培训的、由州和联邦资助的机构；它还得到资助，设立了许多实验学校、精神卫生医师培训中心以及戒毒所；最后，组织开了一家邻里超市，为机构提供收入。

伍德劳恩组织作为社区发展机构是非常成功的，它在阿林斯基 144
1960年代和1970年代初期的所有组织中犹如一颗明珠般地存在着。在它取得的可以度量的成就当中，"从对抗走向共存"的转变算是引人注目的一项，但其结果却是今天的伍德劳恩组织成了一家邻里开发公司，而不是"人民的组织"。它的主事者现在是一群领薪水的职业雇员，他们的兴趣不是社会变革，甚至也不是服务于邻里全体民众的需要，而是集中于发展与增长、组织稳定和职业技能。可以想见，随着技术专家的地位越来越高，邻里居民参与会不断减少，最后沦为社区里的又一家企业而已，虽然名义上是非盈利的，但实际上和那些利润导向的企业一样远离邻里的问题和需求。

更严重的是，伍德劳恩组织在强大的经济压力面前毫无防御之力。比如在1971年，芝加哥的报纸就有文章提到东伍德劳恩地区怎么一步步被烧成了灰烬，单单是在1970年，这片面积为一平方英里的地区就发生了1,600次火灾。这些都是明显的故意纵火行为，这里的大片土地紧邻着两个公园、一个高尔夫球场，周边还有博物馆、海滩和芝加哥大学，开发商巴不得这片地区被彻底破坏，而市政府却毫无作为，伍德劳恩组织也无法发动有效的反抗。这片地区就这样慢慢纳入城市中上层阶级的囊中，而邻里因为没有1961年的伍德劳恩组织那样的对抗性组织，对此无能为力。伍德劳恩组织除了无力阻挡东伍德劳恩被中产阶级接管外，对社区其余地段的居民的日益恶化和贫困，也同样一筹莫展。——这里讲述的伍德劳恩组织和伍德劳恩邻里的故事当然有很多简化，但该组织最后演变成了一个邻里开发机构，对邻里的利益毫无保卫之力，却是一个事实，而它的根源在很大程度上还在于阿林斯基的方法本身，尤其在于它的地方主义，以及它缺乏一个长远的、明确的、改变城市及城市之外的权力关系的计划。[14]

阿林斯基的组织在本质上有一种趋向，即忽视社会变革问题，也缺乏超出邻里的关怀，只是一味争取对开发和改善地方社区有利、也对其长期居民（通常都境况较好）有益的各种利益；同时，联邦和地方的各种规划带来的吸纳的压力也助长了这种趋向。此外一个因素是左派当时所处的无序状态。在1960年代末1970年代初，非社会主义的、主要由白人领导的团体（如阿林斯基团体）可以有两个勉强的 145
选择，一个是“巴尔干化”，即分成若干小规模的、各自为战的政治单位，这被多数邻里组织运动采用，另一个是“单一议题联盟”，那些更关注全国问题的项目活动（比如反战运动）会采用这种方式，它拒绝永久化的结构，在议题之外则无持续的影响力。伍德劳恩组织、使命社区组织、西北社区组织以及其他阿林斯基团体都选择了巴尔干化，继续走利益集团和地方主义道路，并与反贫困计划合作。

阿林斯基组织方法的局限性在1970年代初期还不太为人们所了解。1960年代的运动积极分子都深切地感到，必须推动国家走向进一步的民主、平等和公正，在美国撤出越南以后他们的这种感觉尤其强烈。对1960年代以学生为主体和领导的各种运动，他们都看到了其中的弱点，而阿林斯基的运动策略正是因此才吸引了他们。以

他们当时的了解看，阿林斯基的方法非常不错，尤其引起他们共鸣的，是它拒绝了1960年代末期的革命修辞和公开的社会主义意识形态，而正是这二者曾经造成学生与穷人和劳动人民的隔绝。在1960年代很多行动者都自视为社会主义者，而1970年代的行动者则认为，对传统左派所主张的激进改革美国的方式必须予以重新的思考。于是，在他们眼里，阿林斯基倡导的平民主义民主意识形态适逢其时，是一个进行重新思考的很好的、尽管可能不完美的起点。

3. 新阿林斯基主义

> 有人问，社区改革组织协会的目标是什么？答案很简单：我们的目标是在我们的市和州里，拥有足够的力量可以为广大公民的利益发声，并让我们的声音能传达出去，引起人们重视。我们不想因为没有开一辆罗尔斯罗伊斯就被当成二等公民，我们

> 的目标是作为期望美好未来的普通男女，参与到社区和各种民政事务中去，以使我们关心的问题能得到公正、有尊严的对待，以使无论财富、种族还是宗教都不能成为充分的理由，阻止人们平等地参与政府，对政府施加影响，以使任何人都有力量可以保卫自己的家庭，可以与他人在社区里联合起来；以使“人民进行统治”，正如社区改革组织协会的口号所说的那样。这不多也不少，正好是美国所代表的价值，是社区改革组织协会的真正目标，
>
> ——斯蒂夫·麦克唐纳，社区改革组织协会主席

146 新平民主义组织很多都是由接受过阿林斯基培训的组织者以及他们的学生直接创立的。比如曾任艾德蒙公司（Admiral Corporation）副总裁的汤姆·高德特（Tom Gaudette）就是先在工业区基金会接受了培训，而后在芝加哥帮助发起了“为了更好的奥斯丁”组织，在1970年代初又成立了中美学院（MidAmerican Institute），而中美学院随后又在奥克兰、巴尔的摩、西雅图、新奥尔良等地开展了社区组织活动。另一方面，大多数新平民主义活动与阿林斯基培训的组织者并没有正式的或直接的联系。对1970年代那些具有进步倾向的新平民主义团体来说，不论它们与阿林斯基工业区基金会是直接还是间接的联系，更多体现的是对阿林斯基方法的修正，是对所谓“新阿林斯基风格”的组织策略的发展。

1970年代的新阿林斯基主义，其本质是以邻里为依托、以当地人们关心的事务为基础，成立以谋取具体利益为核心的群众政治组织，目标是推进社会和经济民主，向民众赋权，挑战邻里内部以及邻里之上的权力关系。这种平民主义的趋势一直持续到今天，受它的影响，许多组织都认为要在美国推动根本的社会变革，就需要有建立在草根组织活动基础之上、但又超越邻里或社区单元的、跨议题跨文

化跨族群的全国性努力。这些组织倡导一种与中低层收入者的需求相适应的“多数派策略”，按照他们的估计，这部分人口在 1980 年代初占到总人口的 85%。他们身在 1970 年代，看到了 60 年代阿林斯基式邻里组织活动的弱点，看到它把自己封闭在单个邻里、种族或者族群中——结果常常挑起同是被压迫群体之间的竞争——从而与其他团体、与整个政治体制严重隔绝，于是努力地加以克服。[15] 1970 年代的新阿林斯基项目都采用新平民主义的意识形态，这包括分权、参与民主、自立自助、不信任政府和公司、对中低收入民众赋权，等等，而且在鼎盛时期，它们都认为自己作为草根组织，工作是为了和全国政治进程联系起来。[16]

新阿林斯基主义在很多方面的做法都与其祖师爷有所不同。在 1970 年代，新阿林斯基主义告别了高度的职业化倾向和对大型机构和基金会的依赖，而这二者正是阿林斯基工业区基金会模式的特征； 147

新阿林斯基主义还批判阿林斯基对“超级组织者”的过分强调，劳动人民还不习惯于担任公共角色，这样的强调会让他们对领导的职责和任务望而生畏。此外，工业区基金会项目通常总要等到社区团体筹来大笔经费以后，它的组织者才进入邻里，而新阿林斯基主义并不如此。以伍德劳恩组织为例，在工业区基金会收到施瓦茨豪普特基金会的 69,000 美元捐款、天主教主教区的 50,000 美元捐赠以及基督教长老会承诺的帮助之前，它就开始活动了。最后，工业区基金会的“职业组织者”过去和现在一直享受着高薪，它获得的资金支持也远超其他组织，这些也是多数新平民主义组织者不具备的。

在有些地方，老式的阿林斯基模式仍然保持着极大的效力，这就是西南部一些大城市里的墨西哥裔美国人社区，它的特点在于天主教会是人们的主要纽带，而且教会也愿意发挥社会行动方面的作用。有些城市（比如圣安东尼奥市）的奇卡诺社区，由于数个世纪以来的受压迫地位、语言隔阂和文化因素，在政治上高度孤立而且缺乏经验，这种情况就特别适合工业区基金会提供的那些低调克制、自我赋权的技能。随后像欧尼·科尔特斯(Ernie Cortes)这样受过训练的组织者开始登场，他耐心地借助现有的组织（主要是教会），逐步地把他所称的“核心领导人物”吸收进来，让他们进入一些从墨西哥裔美国人邻里发展起来的城市组织中。圣安东尼奥的争取公共服务社区联盟、洛杉矶的联合邻里组织以及休斯敦的大都会组织都属于这种情况，这时阿林斯基的组织可以产生很大的影响力。[17]但即使是这些组织（详见第七章），也都对老式的阿林斯基模式有所修正：一方面它们仍然是地方性的、单一民族身份的，但另一方面它们又与所有新阿林斯基组织一样，眼光超越了邻里而转向城市，并在其发展最快的时候都试图与其他中低收入群体结盟而成立“多数派”组织。

184 在新阿林斯基组织中，成立较早、也是较为成功的一个例子是社区改革组织协会。它成立于1970年的小石城，当时叫阿肯色社区改革组织，它直接来源于阿林斯基的学生弗雷德·罗斯和全国福利权组织——这大概是1960年代后期最成功的单一议题社区组织——所倡导的组织策略。社区改革组织协会的创始人和负责人是韦德·拉特克，他从乔治·威利和全国福利权组织那里得到了社区组织培
148 训经历和实践经验，以及阿肯色项目的资助经费，全国福利权组织是家正式成立于1967年的组织，它倡导的工作方法更多来自弗雷德·罗斯，而非阿林斯基。要说这二者的区别，阿林斯基模式重视的是把邻里已有的各种机制的领袖尤其教会领袖动员起来，成为草根项目的天然基础；而罗斯与他的社区服务组织在加利福尼亚的贫民窟工作时，看到邻里已有的机制虽然十分重要，但他发现如果就社区成员共同关心的某个问题进行挨家挨户的组织，效果会更为显著。此外，罗斯认为州一级的组织很有必要，可以更好地促进邻里民众的利益，

而阿林斯基则认为大型组织都有法西斯化的危险。全国福利权组织以及之后的社区改革组织协会都接受了罗斯的方法，采用了围绕问题进行挨家挨户组织的行动策略。

但社区改革组织协会对全国福利权组织的策略也做了些许修改，它重视在美国占多数的中低收入阶层，要建立一个由他们组成的群众组织，以便从邻里开始自下而上对政治体制施加压力，一直到全国一级。在社区改革组织协会看来，邻里起到的是“训练场”或者说“临时集结地”的作用，以便为日后争取民主、公平和正义的更大斗争做好准备。乔治·威利和韦德·拉特克等人都认为，像全国福利权组织这样局限于单一议题、单一支持者（主要是贫苦黑人）的做法是作茧自缚。拉特克曾与全国福利权组织在马萨诸塞有过合作，他曾对其间遇到的组织困境有如下的评述：“我们的福利领取人除了面对其他人的敌意，还要面对隔壁邻居的敌意……福利问题不管怎么说 185
只是与少数人有关。我们都知道应该摆脱单一议题的束缚，我个人希望的不是仅仅赢得某个少数群体的支持，而要赢得多数人的支持，这样左邻右舍都团结在一个阵线中，而不是彼此内斗。”[18]成立社区改革组织协会的目的正是进行新的尝试，在社区组织工作中选择一个新的有广泛群众基础、多议题、罗斯式的“多数派”策略。

在 1970 年代，社区改革组织协会吸引了成千上万的人参加社区组织活动，其中又以白人大学生为主。在 1982 年的一份招聘广告中，社区改革组织协会承诺提供“一份可以信赖的工作。协会需要组织者，他们的工作是与 26 个州的中低收入家庭一起努力争取政治和经济正义。……讲求实效。长时间低报酬。有培训”。报名者在新奥尔良的学院接受培训，他们中大多数都是新手，没有政治工作或社 149
区组织的经验。罗斯的这套方法在很多方面与当初学生非暴力协调委员会和“经济研究与行动计划”的做法有相似之处，从社区改革组织协会创立之初直到现在，协会一直采用他的方法。以下是这种挨家挨户的组织方法的一般模式，它也会因不同地方的条件不同而有调整：

第一，你作为组织者是被派到社区去的。你虽然不是带着某项议题进入邻里，但你进入社区的目的也不仅仅是为了把民众组织起来，后者是阿林斯基培训的组织者常有的思路。而的目标是帮助中低收入的民众实现经济和社会正义，要按照社区改革组织协会的口号所说的那样去做："应该由人民统治"。选择一个300—1,000户大小的区域，其中有你要寻找的支持者，有自然的边界。看看有没有什么"外部联系"能帮助你和社区居民建立联系，或者帮助你更好地理解邻里及其面临的问题。

第二，建立内部联系。记住人们的名字，到他们家里和他们交谈，让他们接受这样的观念：他们自己也可以成为组织者，而且所有的人都应该组织起来。你可以说："既然医生可以有组织，为什么我们不可以有？"看看谁愿意组织第一次家庭会议。在这段时间，你要想好和你谈话的人，还有你想去拜访的人的名单，列出社区所关注的问题的清单。单子内容越丰富，你得到的信息越多，你对社区的了解就越多，兴趣也越深。这一切应该在六到九周内完成。

第三，组织第一次家庭会议。组织第一次家庭会议时，你要保证参与的人既要能够代表整个社区，但总人数又限制在十几个人的范围内。要多花时间选好代表。最开始的组织委员会将成为未来邻里组织的重要基石。第一次会议就要开始寻找问题，甚至可以拟一封公开信，说明会议对某项有胜算的邻里问题的关注，然后把信寄给社区民众。将来你进行挨家挨户的拜访，就可以把它作为组织活动的工具。第一次会议往往会跑题，会聊到各种个人的、有时是狭隘的问题上，但不要打断它，这非常重要，因为人们很少能有机会到这样的论坛表达自己的关注。这时你要认真倾听，人们都是从倾听而不是讲述中学到东西的。如果你在会议前已经进行了有效的组织，事实上你会很清楚哪些问题将被提出来。但是尽管如此，会议本身还是非常重要，它可以提高人群的团结，培养领导技能，增强人们的自信，鼓舞人们的斗争精神和意志。

第四，推进组织。第二个月要做的是和组织委员会的人一起，在 150
城里挨家挨户多走动，多和人交谈。这种登门拜访活动可能是你需要做的最重要的一件事情，借助于私人家庭那种非正式的、亲密的氛围，和人们面对面地聊天，你可以和他们形成一种私人的关系。要记住，人们之所以会参与活动，不只是因为事情本身，也是因为他们喜欢你，信任你，或者是他们也想找一件值得干的事。自己当地的问题却无能为力，这常常会让他们感到挫折、愤怒；而挨家挨户去做工作这种方式有其他方法不能比拟的优点，它可以吸引人们参与进来，可以增进你们彼此的了解，并让他们更好地意识到他们拥有的集体力量。

第五，对组织过程本身保持敬意。在组织过程中，人们常常会带给你惊喜。不要预先对他们做任何设定，要保持开放。遇到的每个人，都争取建立一个索引文件，不然你会忘记他们的兴趣和技能中那些重要的方面。逐门逐户的拜访尤其有利于你找到潜在的领导人，然后可以邀请他加入组织委员会。这可以说是逐门逐户的拜访的最大优点之一，虽然它也常常让人感到难以推进，有的人可能从来没有想过自己会成为领袖，甚至从来没有被征询过意见，而你却可以慧眼挑出他们。多办一些家庭会议，中途肯定会有人退出，只有少数人会留下来干活。要保持灵活和开放。

第六，识别出一个问题。组织者和差不多每个人都交流过之后，对社区里的人与事会积累大量的知识。你和组织委员会一开始关注的问题，现在可能变得不再那么重要。那么，根据目前的工作情况选出一个最理想的问题，它要能把社区的民众都刺激起来，而且让他们意识到他们只要组织起来共同努力，就可以获得胜利。要记住的一点是，不要匆忙把人们推到某件事情上去，事实上最先做哪件事情无关紧要，重要的是让人们参与进来。组织者当然应该提出自己的选择、手段，提供自己全天工作搜集到的信息，还有自己看问题的不同角度，但要让人民来做决定。

第七，召开邻里会议。召开第二次组织会议，然后可以通过电话、小广告、新闻发布等等形式告诉人们，将召开一次邻里大会来讨
151 论前面选定的问题。尽可能把这变成邻里的头等大事，正式的组织将在这次会议上诞生。在开会的头天晚上，可以和组织委员会碰个头，商量好明天的会议由谁来主导。让大家提名临时职位的候选人，每个位置一个候选人就够了。成立大会上，要保证所有与会者都有一次发言机会，人们来是为了表达自己；把大家的意见都列一个清单；然后举行临时职位的选举，为组织提供一个立刻可以运转起来的结构。争取让与会者缴纳会员费（1970 年代初是月费 1 美元，年费 10 美元），会员费非常重要，不仅提供了一笔资金，更关键的是它让组织变成了人们自己的组织，这时大家就会和它产生一种不同的关系。最后，成立大会应该提出某项有社区影响的行动，行动可以是组织委员会在会前初步拟定的。[19]

社区改革组织协会于 1970 年在阿肯色州成立，开始它的工作主要集中于小石城的六个低收入邻里。创始人拉特克及其他人凭借自己在全国福利权组织的工作经历，在政府的福利手册上发现了一句话，说穷人有权获得家具。社区改革组织协会马上与当时的州长温思罗普·洛克菲勒谈判，要求一个免费的“家具仓库”。在这次胜利之后，协会一下引起了人们的注目，一夜之间很多同类组织纷纷出

现，如百年纪念邻里协会（Centennial Neighborhood Association）、伍德罗到派恩邻里协会（the Woodrow to Pine Neighborhood Association）和9—17社区组织（the Nine-Seventeen Community Organization），它们的工作主要集中于争取学校午餐、要求福利权以及改善公共住房条件等等。

两年后，社区改革组织协会又走出邻里，发动了一次草根的"拯救城市"运动，这一全市性的运动既考虑邻里的利益，又超越了阶级和种族的界限。它反对在白人邻里借散布黑人迁入的消息来打压房价的欺诈行为，支持在黑人为主的邻里多建公园，关心传统社区关注的交通、排水、流浪狗等问题。社区改革组织协会注意与种族主义之类的问题保持距离，因为这会损害它所获得的成果。以反对白人邻里的房地产欺诈为例，组织者小心翼翼地把目标定位为维护邻里及
劳动人民的利益，而非反对黑人。这和当初阿林斯基的想法如出一 189
辙，都是要回避有可能破坏内部团结、从而分散了对"真正敌人"的注
意力的问题。协会的组织者的一项工作就是在反对房地产欺诈时， 152
孤立和揭露那些存心挑起黑人和白人邻里冲突的个人或团体。[20]

一位评论家安德鲁·科普坎德（Andrew Kopkind）在评价社区改革组织协会的早期活动时曾指出："胜利是组织过程中的重要一环，这几乎成为协会的一个固执信念。"胜利推动组织的建立，社区改革组织协会确实就是这么建立起来的。1975年，社区改革组织协会又在得克萨斯等州建立了分支机构，到1980年它在总共19个州有25,000名缴费会员。两年后它的联合组织声称拥有50,000名会员，在26个州的邻里扎下了根。1980年，协会进入休斯敦时已然有不小的名气，市里的两大日报之一连续做了头版报道，提醒人们这家组织是为中低收入民众争取权力的，信奉的是"由人民统治"。协会派到休斯敦的两位白人组织者都是刚从得克萨斯大学奥斯丁分校毕

业，对城市没有多少直接的了解，因而组织工作进展缓慢。在协会重点关注的黑人社区，民众对新组织毫无兴趣。尽管如此，协会此前在阿肯色、达拉斯等地区取得的成就，它的大胆的直接行动博得的名声，以及日益增长的影响力，还是让休斯敦的保守体制忧心忡忡。

社区改革组织协会逐渐成为一个具有全国影响的机构，也就越来越卷入到选举政治中。这样的转变在1970年代的许多新平民主义组织身上都变得很明显，过去使用的草根的压力集团策略虽然能带来稳定的收获，但也只是一些最基本的收益而已，很难让人满足，于是越来越多出现了这种从单纯的压力政治到压力和选举政治并行的转变。至于具体采取哪种策略，还要视环境而定。如果是在波士顿这样的城市，它已经有了“麻省公平共享”(Mass Fair Share)这种比较有影响的新平民主义团体，或者是像费城，已经建立了消费者党

(Consumer Party)等较为成熟的组织，在这种情况下，社区改革组织协会就会选择更大胆的直接行动策略(比如占屋运动)，如果是在那些容易被“多数派”组织所忽略的贫困黑人邻里就尤其如此。如果是社区改革组织协会已经有一定根基的地区，或者是因为环境的压迫较为严酷，使得直接行动很难奏效的地区，这时协会就会更强调选举政治。新阿林斯基主义本身就是要为中低收入的民众争取权力，而不仅仅是向掌权者施加压力，而且它希望把草根组织行动和全国政治过程衔接起来，这些都是与选举政治一致的。

153 像全国人民行动这种更老派的阿林斯基团体，在1970年代一直坚持压力团体模式，认为通过选举来参与会妨碍社区组织的有效性和草根性。但社区改革组织协会所持的立场不同，它认为向掌权者施加压力或者加以揭露，并不就带来真实的权力，真实的权力意味着中低收入的民众(或者他们的代表)可以进行实际决策。所以在1980年的总统选举中，社区改革组织协会的策略就是对两党提出要

求,要求它们把协会纲领中提到的问题列入两党的纲领。其他一些全国性的组织,比如前面提到的"麻省公平共享"组织,以及俄亥俄公共利益团体(Ohio Public Interest Group,一个以社区、老年人和劳工为基础的组织),也都反思了自己过去对选举政治的不信任态度,主动登上政治舞台,像平民主义政治行动委员会那样明确地表达自己对具体议题和候选人的支持或反对立场。这种做法的一个前提假设是认为,把民众组织起来,在一些事关经济民主和正义的问题上明确地支持候选人,这就可以催生一场真正的——而非教条的或者孤立的——民主的人民运动,并最终赢得权力。[21]

1970年代的新阿林斯基主义有一个很关键的问题:一个建立在改良取向的平民主义意识形态基础上的运动,往往会由组织者占据支配地位,非常容易被受到企业或保守工会支持的改良运动吸纳。新阿林斯基团体希望跳出劳动人民和中产阶级的传统、希望和梦想,建立一个面向多数人的左翼;考虑到支持者来自多个阵营,他们避而不谈政治教育的问题,尤其是不谈很多组织者都接受的反资本主义远景,担心对赤色的迫害会导致支持者的分裂,而一旦出现这样的分裂将无法补救。正是基于这样的考虑,社区改革组织协会以及类似组织都喜欢维持工作人员的高强度,并把组织者看成一个专门从事组织方法(甚至是"科学")实践的专家。在一些项目中,草根的参与虽然也存在,但仅限于某些特定的、重大的时刻,比如举行群众大会、直接行动或者选举的时候,而协会的工作人员则负责日常事务的处理和组织的领导工作。这意味着所谓的政治参与、所谓真正的组织民主,都是很表面的。

在社区改革组织协会已经产生重要影响的社区,它在挑选和培养当地人担任组织者方面是做得非常出色的。而在其他很多新阿林斯基派的项目中,以前没有参加过政治活动的邻里民众现在也慢慢

154 掌握了复杂的组织和领导技能。对大多数新阿林斯基派的组织者来说，组织工作的全部内涵就在于培养土生土长的工人阶级领袖。欧尼·科尔特斯的如下思考也证明了他们的这种信念："组织者不应该太过傲慢，认为自己要建立一个组织。事实上我并没有建立'争取公共服务社区联盟'，它是那些领袖建立起来的。我激励过他们，与他们一起合作过，但都是用一对一的方式，实际组织工作是他们完成的。"[22]

不过在很多1970年代的例子中，即使已经培养出本地的领袖，政治教育仍然做得仍很不够；培训主要集中于组织建设方面的技能，比如组织者如何发动民众参与，如何建设一个邻里项目等等，对职员、本土领袖和组织成员的政治教育则受到忽视，而这对追求长远的、根本的政治变革本来是至关重要的。这种局面的出现，部分原因在于新平民主义的实用主义倾向，它一味地强调争取胜利，回避可能
192 带来分裂的问题。相对来说，马不停蹄地从一个胜利奔向另一个胜利还是比较容易的，而放慢步子，对民众进行充分的政治教育，直接面对那些非常棘手的问题，就要困难得多。胜利当然可以保证组织的继续存在，甚至可以进一步说，人们最好的学习方式就是通过直接的经验来学习，然而如果丢掉了政治教育和意识形态，很多时候会让人感到茫然：新平民主义到底在支持谁的传统、谁的希望和梦想、谁的社区？有些新平民主义组织面对是否支持用校车接送来实现种族融合、是否支持堕胎之类的问题拒绝表明立场，这种时候，它在支持谁的传统呢？

说得更清楚一些，毋庸讳言，在1970年代，在出现反对红线歧视①(redlining)的街区和邻里组织的同时，也出现了以种族排斥为诉

① 所谓红线歧视，是指美国一些行业（多见于银行、保险等行业）对某些人群拒绝提供服务或额外收费的一种做法，这种歧视往往与地域、种族或性别有关。——中译注

求的街区和邻里组织。从波士顿的“恢复疏远的权利”组织(Restore Our Alienated Rights,简称 ROAR)可以看到,右翼也可以采用新平民主义的修辞来组织邻里组织。在“恢复疏远的权利”组织中,中产阶级商界领袖和政客很敏锐地抓住了参与民主的意识形态,用来服务于一个具有侵犯性、挑衅性和反动性的 abc 项目,即反堕胎、反校车和反共产主义。① 于是“让人民来决定”和“社区的支配权”转而成为右翼反对女性、反对非白种人的行动依据。像这样的以及其他类似的反动邻里组织,它们提出的“邻里权力”的诉求不过是用来掩盖白人工人阶级和中产阶级商业人士、政界人士之间的种族主义联盟。
联盟的发起人往往是一些中产阶级领导人,维持种族隔离的现状会 155
为他们带来政治和金钱上的好处。比如在南波士顿的白人工人阶级住区,“恢复疏远的权利”组织的支持者认为,这个组织在经济困难的时候可以成为最后一道防线,来保证他们相比于黑人的微弱优势,避免南波士顿成为低收入住房及各种社会问题的沦陷区。但在这些支持者的背后,怂恿者和鼓动者却是在当地有大量财产并和不动产及银行利益有密切关联的政客。[23]

从规模和实力上看,“恢复疏远的权利”组织是较为特殊的,它的组织非常完善,其工作团队在 1976 年共有 150 名志愿者、400 名积极分子以及 200 名准军事化人员,后者专门负责组织里的那些需要“招惹人”的工作。但这样的组织并非只此一家,琳达・戈登(Linda Gordon)和艾伦・亨特(Allen Hunter)在一篇研究新右翼的文章里指出,以教会、家庭和男权等社会习俗基础上的民主草根组织运动,往往会走向新平民主义保守的右翼一边。一个邻里组织最终会走上

① 因为反堕胎(antiabortion)、反校车(antibusing)和反共产主义(anticommunism)这三个主题的英文首字母恰好由 a、b、c 组成,所以称 abc 项目。——中译注

哪种政治道路，在很大程度上取决于它的组织者、基本宗旨以及它对胜利和失败的解释方式。比如在贫穷的工人阶级邻里，人们起来保卫自己的邻里，但参与的结果往往是增加他们的挫折感和愤怒情绪，而这种情绪指向何处，却取决于它的政治和意识形态，以及围绕阶级、种族和性别问题而进行的政治教育。[24]

在大多数新阿林斯基主义者看来，像“恢复疏远的权利”这类的组织是神经错乱，与新平民主义毫无关系。所以他们回避阶级、种族、性别或排外这种可能造成政治分裂的议题，至于以反资本主义为主要内容的政治意识教育，在他们看来也更多是妨碍而非帮助。事实上他们的做法十分短视，因为现有的国家经济、政治和社会体制总是倾向于维护某些方案、某些阶层，对之加以揭露批判可以起到巩固和团结组织的作用，更不要说它有可能阻止保守主义团体和意识形
194 态在 1980 年代的主导地位。

4. 新社区发展

> 无论是布朗克斯区和曼哈顿的下东区，还是东洛杉矶的贫
> 156 民窟，或者芝加哥的少数民族聚居区，在整个国家那些曾被市政
> 官员称为“垃圾场”的社区，同时也是银行常年实行红线歧视、各
> 种传统社会服务匮乏的社区，新精神的萌芽正在慢慢浮现。
>
> ——哈里·博伊特，政治评论家

尽管一直存在一种倾向，把 1970 年代所有的内城邻里组织都视为新平民主义运动的分支，但我们仍然无法确定这些组织在多大程度上具有一致性。事实上，这些代表邻里组织运动的团体在起源、目标、策略及结构上都有很大的差异。像社区改革组织协会这样的新阿林斯基团体，在新平民主义中代表了政治上最活跃、左翼意识最强的一支，但此外新平民主义也存在其他取向，最典型的如社区发展取

向，和新阿林斯基主义比起来，它更加地方化，也更加保守。

发展取向的组织与新阿林斯基主义也有不少相似之处。它接受“让人民来决定”的意识形态，愿意使用冲突策略，对当选代表、公司老总及政府官员的政策深深感到失望；对所有对邻里生存造成威胁的社会力量及各种公共政策和企业行为，它也一概反对。它比较容易出现在没有经受过 1960 年代左翼及民权运动洗礼的蓝领的白人族裔聚居区，这是它和 1970 年代的多数新阿林斯基邻里组织运动的另一个相似之处，但它同时还会出现在有长期斗争历史的黑人、西班牙语裔及白人工人阶级邻里，这些邻里的共同特征是都位于大城市，到 1970 年代中期由于种种原因，比如红线歧视、房东缺席、房地产欺诈、城市改造、住宅高级化、社会服务不足以及城市设施改建支出的缺乏等等，而发生了严重的破败乃至废弃。

新阿林斯基团体和社区发展团体此外也还有不少相似之处，不 *195*
过，在邻里组织面临的问题、解决途径以及未来前景这些方面，双方的看法却有根本的分歧。简单地说，1970 年代的新阿林斯基主义希望的，是创造一个以地方为基础的全国性运动，对体制施加压力和寻求变革，甚至建立一个平民主义的政党，以便从现有的企业支配的政 157
党手中夺取权力，然后借助这些手段，来解决劳动人民面临的不平等、不公正及专制问题。但对社区发展团体来说，正如一位作者所说的，它专注于中低收入邻里的社区发展，而对所有意在“建立新制度或者为了‘外部’用途而聚敛权力”的计划都表示怀疑。它的工作重心不是发起社会变革或者新政治运动，而是维持、加强邻里的网络和组织。[25]这些团体认为，问题在于工人阶级没有权力，这才造成了邻里的衰落，尤其是物理上的破败，而解决的方式是为邻里在物理和经济上得到恢复而谋求最大的利益，为此它愿意在现存的政治和经济体制内部活动，尽可能争取自己利益最大化，甚至很愿意接受、认可这一体制。发展取向的新平民主义组织通常都由邻里的小资产阶级领导，他们是小业主或者小企业主，首先关注他们唯有的重大投资会不会因为经济压力而严重缩水。在某些场合中，由于这些组织拒绝进行阶级分析，或者是仅仅把自己看成归属于某个种族、宗教和族裔，而且不愿与自己邻里（或文化团体）之外的其他中低收入民众结成联盟，因此它们容易像“恢复疏远的权利”组织一样带上反动色彩。不过在更多的时候，它们是走后院邻里议会和伍德劳恩组织那样的保守政治路线，把邻里的发展和保护置于最优先的地位。

在新平民主义中这种更注重地方性和邻里发展的倾向，典型的代表是东南巴尔的摩社区组织（Southeast Baltimore Community Organization，简称 SECO）。这个组织成立于 1966 年，当时市议会打算建一条六车道的高速公路，计划经过城市东南部的某些邻里，为
196 此会破坏几百套民宅。[26]有些人对此感到愤怒，他们试图保护自己的邻里免遭道路施工的破坏。东南巴尔的摩邻里在该市属于白人工人的聚居区，在 1980 年大约有 95,000 居民，其中大多数是东欧波兰、乌克兰、希腊、意大利、德国和捷克的二代和三代移民。这个邻里不是贫民窟，居民非常喜欢这里的氛围，而且这种喜爱已经持续了几代人，所以那些打算出来保护邻里、反对破坏的居民，最后在社区得到了广泛的支持。最早的行动是成立了一个叫“东南反修路委员会”（Southeast Council against the Road，简称 SCAR）的联盟，反对修建
158 这条穿过邻里的高速公路。联盟非常聪明，想办法把费尔斯角（Fell's point）邻里列入了美国国家历史名胜名录，因此变成推土机禁入之地，从而阻止了 83 号州际公路的延伸。社区居民每次说起这条六车道的高速路如何“在巴尔的摩市中心像块跳水板一样戛然而止”，骄傲之情都溢于言表。[27]

在 1960 年代末 1970 年代初为了反对“改造”和高速公路计划而

成立的邻里组织还有成百上千，它们都发生过类似东南巴尔的摩反对83号州际公路的斗争。这些斗争最后都揭示出，高速公路不过是一个更大的改造邻里计划的一个方面。“东南反修路委员会”的活动分子就通过深挖发现了这样的“开发”计划，而这个计划之前人们只是猜测和听说过它的存在，却不知道该如何作为。事情的经过是这样的，城市规划者曾想把社区的某片区域重新规划用于产业开发，另一片区域则推倒等待“改造”。于是这里的社会服务迅速减少，有些甚至可能是永久性地取消。比如在东南巴尔的摩，在过去一代人里都没有建过新学校。由于市政府对邻里的压制，邻里变得日益破败，而银行也因此实行了红线歧视。银行对所谓“高风险地区”拒绝房产抵押，拒绝发放房屋修缮贷款，搞红线歧视，是它的一贯做法，它希望借此实现一个包括衰落、推倒和重建三部曲的“邻里循环”。随着东
南巴尔的摩问题的原因慢慢为人们所知，原来各自为政的各个团 *197*
体——它们有的维持图书馆的开放，有的组织重新规划计划，有的建立了回收中心——现在都和“东南反修路委员会”联合起来，建立了一个社区管理组织，以监督和团结所有草根的行动。

在1971年4月的一个雨夜，代表90多个组织的1,000多名代表参加了东南巴尔的摩社区组织的成立大会。从一开始，这个组织就是一个各种邻里团体的联盟，其中包括街道居民组织、教会团体、工会的地方分会，少数民族互助协会等等，它采用了阿林斯基的运作模式，把各地方社团和机构的领袖聚集在一起，从而使社区组织依托于当地民众的传统结构。在采取直接行动和对抗策略以达到目标这一点上，东南巴尔的摩社区组织也与阿林斯基团体如出一辙：这里有过母亲推着婴儿车堵住运输车以迫使其改道，从而无法进入他们居住的街道；还有一次轮椅大游行，以此保住了社区唯一的一个公共疗养院。正在进行的一场和政府官员的斗争，保证了邻里被划为住宅低

密度区，从而避免了住所被改建成高密度的出租房。东南巴尔的摩社区组织还曾经阻止了图书馆的关闭，并成功地从市政当局那里争取到更好的服务，包括两所学校的兴建；最后，它还成立住房检查小组，创办邻里卫生合作社，提出公立学校改革计划，以及为青少年另谋出路的项目（Youth diversion program），后者有效地降低了邻里青少年犯罪的再犯率。

东南巴尔的摩社区组织的成员曾与市政官员密切合作，让当地的住房和社区发展局对本地的储蓄和贷款机构进行正式的调查，调查他们有无红线歧视行为。调查专员的报告证实了社区组织的指控，认定该市的大多数贷款业务都在实行歧视。于是邻里居民尤其是业主联合了起来，与银行斗争。现在他们总算知道银行是邻里衰落的罪魁祸首，银行只好妥协，与社区组织达成协议，同意停止对贫困邻里的红线歧视，但条件是邻里居民支持提高州议会所规定的8个点的贷款利率上限。这次协议看起来标志了社区组织"对抗"阶段的结束，从此走上了"邻里发展"的道路，——这一点也在其他阿林斯基式的组织那里见到，典型的例子就是后院议会和伍德劳恩组织。

在东南巴尔的摩社区组织中，组织者和行动者除了都赞同维护邻里、促进邻里利益这一点外，对组织应该站在什么立场、最终要实现什么目标这些问题从未取得共识。即使是在对抗性的阶段，组织也是更愿意与市政官员合作，甚至于依赖他们，比如上述的住房与社区发展调查专员的例子就是证明。被称为东南巴尔的摩社区组织的教母的芭芭拉·米库斯基（Barbara Mikulski），后来曾分别当选为市议会、国会众议院以及国会参议院的议员，她这么说过："我知道我们应该强硬好斗，但是'事情'本身才是我们的敌人。我们非常清楚，我们现在挑战的机构会是将来正常状态时我们要与之合作的机构，所以什么'市长是大坏蛋'、'市议会是大坏蛋'之类的说法从来都不是事实，我们永远不针对个人，我们只针对事情。”[28]

东南巴尔的摩社区组织从来不去表达，巴尔的摩(或者更笼统地说美国)有没有进行根本的政治、经济和社会变革的需要。当然，它的内部也不乏一些左倾的成员，私下里相信有变革的必要，在组织内 160
部讨论时他们也会提出自己的立场。于是最终东南巴尔的摩社区组织在组织发展的方向上出现了分裂。事实上不单单是它，1970 年代很多新平民主义团体都遇到这种情况。在更左翼的人士看来，东南巴尔的摩社区组织已经成为体制的一部分，成为又一个“成功”的邻里发展机构，它可以改善邻里的某些品质，却对更大范围存在的中下层民众的无权力问题不置一辞。左翼人士认为只有在邻里、城市、州及全国进行对抗和斗争，才能提高劳动人民的政治权力和经济安全，然后他们才有可能有效地去参与决定自己社区的未来，更不说决定自己的生活了。

但是东南巴尔的摩社区组织的首任主席杰克・格利森(Jack Gleason)看待这个问题的视角截然不同。他说：“我知道采用通常的对抗策略也能阻止市政府做事情。但是如果我们希望的是实现东南巴尔的摩的复兴，就必须从积极的立场去做事情，像住房、学校改革都是这样。我们那时正面临这样的关头，然后就进入了邻里的经济发展阶段。”[29]无论在邻里内外，有很多人支持这种转变重心的做法，罗伯特・卡西迪(Robert Cassidy)在其著作《宜居城市》(*Livable Cities*)中曾讨论过东南巴尔的摩社区组织的经验，他提出，判断邻里组织是否走向成熟，一个决定性的标准就是看它能否像东南巴尔的摩社区组织那样，有效地运用动员/对抗和发展/伙伴这两种策略。

在东南巴尔的摩社区组织这个案例中，复兴策略带来了立竿见影的成果，这似乎证明了它的有效。这个社区组织是在权力体制外处理的，所以开始选择了对抗的策略，但它很快发现，如果时机合适，如果邻里愿意采取集体和公开的方式——如果有必要——去挑战城市的经济和政治权力，那么在城市环境里推动一些温和的改革其实是不难的，对以白人为主的多阶级邻里来说尤其如此。之后，东南巴尔的摩社区组织就成立了一个邻里住房服务社，这是一个社区企业，董事会成员包括邻里居民和银行家，在成立后的头三年，服务社帮助245个家庭购买房产成为业主，另外还帮助100户人家进行了房屋修缮。东南巴尔的摩社区组织还与政府、企业及其他机构合作，创立了东南发展有限公司，为邻里居民提供就业和商业机会。此外，东南巴尔的摩社区组织的成果还包括：成立了一家社区控制的企业，“东
161 南工艺美术公司”，生产和销售邻里的老年人和残疾人的工艺品；引进了一套重要的医疗服务设施，每个月为3,000名病人提供服务；注册了一家高地镇复兴公司，给商人提供技术支持。东南巴尔的摩社
200 区组织并且从福特基金会那里得到一笔捐赠，以便在房地产投机商下手前把好的房产买下来。

东南巴尔的摩社区组织用了六年时间，从一个只能在教会地下室办公、仅有一名薪酬微薄的社区工作者的组织，变成拥有41名员工、有65万美元预算、经手1,600万美元的社区项目的组织。一句话，现在东南巴尔的摩再也不是银行和政府官员眼里的老大难的贫民窟，“东南巴尔的摩社区组织使所有街区的房子焕然一新，让人们又恢复了对社区的自豪，”一位评论员给了它高度的赞扬，“简言之，东南巴尔的摩已经成为内城复兴的经典之作。”[30]

不过这样的结果不应该让我们得意忘形，看一看那些位于工人阶级邻里的地方性自助邻里组织的历史，就会让人怀疑东南巴尔的摩社区组织从长远来看究竟有多大的生长空间，意识到即使是新平民主义的这种短期的成就，也是非常难以复制的。在某些特定的时间和场合，如果有一些勇于抗争的邻里组织，通过它们的宣传和推

动，某些邻里的利益是可以和商人及政客的利益兼容的。比如在二战以后一些逐渐衰落的城市，经济和政治精英首要关注的问题是中心商业区的复兴，像匹兹堡的复兴项目是在“金三角”，底特律的项目是“复兴中心”，其他还有圣安东尼奥是它的河流，波士顿是在海滨，波特兰（缅因州）是在老港口区。在这些项目中，重点都是复兴中心商业区以便吸引商业投资，使富人回到一度衰落的市中心，在这种情况下，有些邻里提出的要求就不会像通常那样受到忽略，因为它们的改善也会有助于城市的复兴，甚至吸引到新一代的城市“士绅”来入住。[31]

然而，这样的改善行为能够惠及工人阶级邻里的例子少之又少。正如菲利普·克莱（Philip Clay）在《邻里复兴》（*Neighborhood Renewal*）一书中所写的，“有个功劳常常被归到 1970 年代自助运动
的名下，说它把一直困扰中下收入邻里的物理上的衰败和道德上的 201
颓废给扭转了过来，”但是克莱指出，这种“通过现有居民实现的改善升级”（incumbent upgrading）其实发生得“非常之少”，只是它很容易
成为新闻的好素材，并得到新保守主义的交口称赞，所以它在新闻界 162
和商业团体那里自然地被放大和浪漫化了。然而如果我们看一看有多少家庭继续往郊区迁移，多少家庭被迫迁出因为没有投资而日趋衰败的邻里，多少家庭由于邻里在改良或中产阶级化之后带来的租金和征税估值的上升，以及新的白领职业人士的入住而被挤走，我们对上述邻里复兴行动的范围和影响的评价就会迅速降低。[32]另一位评论家罗伯特·罗森布鲁姆（Robert Rosenbloom）曾指出，像东南巴尔的摩社区组织这样的邻里改善升级取得成功之后，接下来要发生的就是“开始动员人们努力克服因为改善而带来的负效应”。这种事情说起来可笑，但并不罕见：事实上如果人们经过斗争争取到了社区的修复和保存，他们马上就会看到，自己已经没有力量去抵抗邻里的

中产阶级化了。[33]

东南巴尔的摩社区组织所做的不是阻止改善升级，而是希望通过与现有体制合作，从邻里的改善升级中为中产阶级和工人阶级居民争取更多的利益。从邻里的层面上说，它所从事的就是单纯的利益集团政治。利益集团政治对于已经拥有权力的人来说，当然是有效的；但对于工人阶级民众来说，只有在非常幸运的条件下（比如东南巴尔的摩社区组织的例子），社区发展策略才能在一段时间内奏效，但它归根结底还是取决于邻里组织的规模、力量、行动能力和斗争精神。不管怎么说，仅仅某个邻里的组织力量是十分微弱的，不足以为一个中低收入社区带来必要的变革，也不足以对抗它所面临的压力。与之相比，新阿林斯基主义强调发展州一级的以群众为基础的组织固然有其局限，但它却清楚地看到了建立全国性的“人民组
202 织”的必要性，从而开始触及社区转型的深层原因，这个原因远远超出了单个邻里的范围。

5. 建立信心，培养工人阶级妇女组织活动家

> （组织过程）是建立信心的过程，就是告诉人们：“真的，如果我能做，你也能做。只要你站出来，想着说点什么，就成了。”就
> 163 是告诉那些人，你也是一个人，一个需要尊重的人，但很久以来你一直被踢来踢去。都去他们的吧。他们没有权利那么对待你。我喜欢你，让我们着手对付他们吧。
>
> ——菲丽丝·汉森，邻里组织活动家

1970 年代的新平民主义（尤其是新阿林斯基主义）尽管有严重的局限，但也包含着一种力量和潜能，反映出美国政治生活中一种新的联盟的开始。这场运动带给人们的最大希望，正像罗杰·弗里德兰(Roger Friedland)在 1975 年所写的那样，在于“它把都市的日常

生活转变成全国性党派关注的事项，从而为过去在全国选举体制中没有一席之地的大批穷人和工人阶级民众争取到了重要的选择机会”。[34]在没有任何重大事件作催化剂的情况下，社区的组织者、领导人和成员在十年之内(1970 年代)就掀起了一场方兴未艾的全国性草根运动，这真是值得大书特书。新平民主义在伯灵顿(佛蒙特州)和圣塔莫尼卡(加利福尼亚州)取得的胜利，折射出来的不是个别的成就或者某种得天独厚的环境条件，而是整个国家在那十年里在组织方面所做的辛苦耕耘的结晶。

对于千千万万个美国人来说，可以确定的一个事实是，1970 年代的新平民主义组织运动提高了他们的个人尊严和政治意识。而按照劳伦斯·古德维恩(Lawrence Goodwyn)在其研究 19 世纪农业平民主义的著作《平民主义运动》(*The Populist Movement*)中所说的，民主运动必须在那些有较高个人自尊的人手里才能发动起来，如果这个说法没错的话，那么新平民主义(以及它的新左派先驱)已经为这个国家将来任何可能的进步运动做出了贡献。离开了自信、有技能、能够胜任自治工作的公民，不可能出现真正的民主社会，而人们一旦获得了尊严、自信和政治知识，就不容易接受那些受过高等教育的政府官员、职业人士和公司领袖的威胁，也更难以容忍非正义的持续。组织活动家希·卡恩(Si Kahn)曾说过：“让人们从对自己的信心中产生尊严感，是组织者能给予穷人的最重要的工具。人们对自己作为普通男人或女人的尊严产生信念，是最有力量的一个激励因素；由此他们会拒绝别人的利用，更拒绝别人的虐待，还会告诉自己‘我已经被摆布太久，我再也不想受他们的摆布了。’”[35]

人们从参与 1970 年代邻里组织的经历中，学到了与民主有关的 164
很多东西。他们知道权威是可以被挑战的，知道民众可以凭借数量而产生力量，也知道了美国的民众反抗运动已经有一段很长的、也很重要的历史。他们还懂得了政治上的团结合作,知道“卷入政治”不仅仅意味着投票或者参与选举政治,还意味着为那些影响你生活的决策承担责任并有所行动。在这个过程中,人们不仅了解了自己,了解了邻居、社区,也对更大的经济和政治体制有了一定程度的了解。行动开拓了他们的眼界,把他们塑造成有意识的历史行动者,“(公共官员)总是把我们看得很愚蠢,认为我们对正在发生的事情一无所知……他们不自觉地就把我们看成蒙昧无知的一群人……而组织让我们有了觉悟,对,就是觉悟。”这是芝加哥的一位工人女性活动家的心声。[36]

组织者从中也有收获。阿林斯基主义认为,人们是出于自利才会参与和留在社区组织里,比如装红绿灯、扩建公园、阻止高速公路修建,或者反对坏房东这些行动都是因为关系到自己的利益。但新阿林斯基主义的组织活动家意识到,成功的组织不能仅仅建立在自利的基础上,更关键的是它能够提供的远景,它采用什么方式去提高人们对自己、家庭及社区的期望。如果是一个有成效的组织,相比于只注重自利的组织,人们在赢得“利益”斗争的胜利后,对自己、对参与产生的是截然不同的看法。组织者会慢慢知道,如果人们愿意一直待在一个组织里,那是因为他们希望个人有更全面的发展,希望实现他在参与组织活动中所体验到的那种更高层次的目的感。这正是希瑟·布思说的,人们选择“继续参与不仅仅是为了自我的利益,而有更宽广的理由,即那种对力量、对共同体的意识,以及把自己的理想和憧憬付诸实践的那种感觉”。[37]

说起新平民主义对个人发展和政治发展产生的影响,最显著地体现在它的工人阶级妇女工作中。1970 年代妇女运动产生的一个结果是,受过大学教育的女性开始发挥了更重要的作用,她们既是社会变革活动的组织者、领导者,也是它的积极参与者。当然,中上层妇女在邻里组织中扮演重要角色是常有的事情，从早期的服务站到后来的学生非暴力协调委员会和学生争取民主社会组织，很多日常组织工作都是女性承担的，只是功劳大多数记到了男人们的头上。通常富裕家庭出身的女性只要愿意投身政治和社会工作，就会有足 165
够的时间和机会。在进步主义时代的服务站以及很多社会福利型组织项目中，都有相当多的女性工作人员，虽然男性在其中以与其总人数远不能成比例的频率担任着领导角色，但运动也涌现出了一些全国知名的女性倡导者，如简·亚当斯、玛丽·西姆科维奇(Mary Simkhovitch)和丽莲·瓦尔德(Lillian Wald)。当然更常见的情况是，女性在邻里组织活动中扮演重要、但却默默无闻的角色，比如1930年代的美国共产党和失业工人联合会就是这样，女性都发挥了积极的作用，但担任公共领导职务的依然是男人。

前面说过，1960年代参与学生争取民主社会组织的那些社区组织项目的中上层阶级女性也遇到了同样的情况。在“经济研究与行动计划”中，女性起着很关键的组织作用，但它的历史仍然是一部男性支配的历史，男性和女性从事着同样的组织工作，挨家挨户上门，花费了数不清的时间和人们见面交谈，但是男性始终在组织中担任主要的领导和决策角色，直到1960年代末妇女运动开始出现之前都是如此。[38]

工人阶级和少数族裔的女性也在邻里组织活动中发挥了重要的作用，虽然她们一般并不处在显赫的领导位置。比如早在19世纪末纽约市的租户运动中，工人阶级妇女就在她们居住的楼房里充当了抗议的组织者，[39]学生非暴力协调委员会中也有不少组织者是工人阶级和佃农出身的黑人女性，这些都不是孤立的例子。另一方面，从历史上看，白人工人阶级家庭主妇是最少抛头露面，在社区政治活动中担任组织者或领导者的，但是到了新平民主义时期，她们也追随传统上更加活跃的黑人女性或者受教育的女性，走上了同样的道路。凯瑟琳·麦考特(Kathleen McCourt)曾研究过 1970 年代芝加哥西南区邻里组织中的女性积极分子，她写道："在这些新成立的、充满干劲的、还在努力壮大力量和寻找方向的社区组织中，很多都是妇女担任领导，她们往往也是基层最活跃的分子，在基层占的比例最大。一直以来女性都在支持着抗议示威，现在她们又开始在组织中进行决策，公开发言，承担更多的责任。"[40]

积极参与邻里组织，每天都与一些重要的政治和社会问题做斗
166 争，这对大多数人来说都是让人激动、鼓舞人心的经历，而对那些习惯于躲避公共政治角色和领导角色的工人阶级家庭主妇来说尤其如此。参与带来的重大变化既体现在个人身上，也体现在政治生活中。行动者通过亲身参与，对自己作为个体、作为工人以及作为女性的力量都有了更好的觉悟；工人阶级妇女因此迅速转变观念，把自己看成天然的社区组织活动家，这种例子绝非罕见。"我认为在这些社区事务上女性应该站出来。我们需要男人，但他们只有那么多时间，"一位参与者如是说，"我们和社区有接触……我丈夫在社区里认识的人还不如我因为参与学校事务而认识的人多。"另一位也说："如果我丈夫要介入社区事务的话，他仅有的那么一点安全感也会受到损害……我不认为男人会有女人那样的好机会。"[41]

很多工人阶级妇女参与新平民主义邻里组织的活动之后，会对政府官员和商界领袖抱着不以为然、甚至愤怒的态度，但这并不意味着政治上的失败感或绝望感。恰恰相反，她们有过的组织经历一般都会增强她们的力量感，让她们有了更强的自尊，更加相信自己能够说服他人勇敢斗争并加入组织，相信自己有不同于传统政治掮客的能力。这在政治上是非常重要的一步突破，正如一位女性所说的："我过去一直认为(政客们和企业领导人)多半很精明很智慧，大脑像

计算机一样——但事实上他们并不是这样。这给我带来了冲击，唤醒了我的自我，我不再害怕和他们斗争。他们也是普通人，他们并不更聪明……只要你的大脑能够应付他们的大脑，你就不需要害怕他们，一点都不需要。这会进一步帮助你。”[42]

参与还会影响到妇女的家庭生活以及她们对社区的态度，前者会变得充满紧张，但也往往是两者都得到了强化。在很多工人阶级家庭，女性在担任公共角色、参与公共组织之后，会发展出与异性的友谊，这常常造成她们与丈夫的紧张关系。这时候的问题是，就像一位妇女所说的，“他得适应新的现实”。新现实有时会威胁原来的婚姻，但更多的时候它会创造新的角色，塑造出新的纽带。至于社区方面，女性积极分子比那些不积极的女性对社区有更强烈的情感联系，167
她们会感到生命中充满了此前没有体验过的兴奋和挑战。社区组织活动对任何人来说都是一种挑战和成长经历，经常有社区改革组织协会或其他阿林斯基团体的组织者承认，一年的社区工作要比四年完整的大学学习带给他们更多的收获，让他们的技能得到更艰苦的锻炼；这对工人阶级妇女也一样，新的角色也是非常考验人、激励人的。

毫无疑问，1970 年代的新平民主义——尤其是其中的新阿林斯基派——在把工人阶级妇女引入邻里组织工作方面做得非常出色。这个时代留下的遗产就是它培养出来的那些工人阶级领袖——包括男性和女性，他们仍在投身于政治，对于如何建立组织、向市政府施加压力、制作传单、构建联盟以及发动抗议都富有经验。在 1970 年代，大量的民众通过从事邻里组织活动而积累了经验，掌握了如何建立反抗性社区组织的必备技能；他们所缺乏的，只是对政治和经济体制的知识，以及一种可以作为替代的远景。没有这些知识和远景，那么人们刚刚学会建立的组织在性质和方向上就可能出现偏差，结果是损害而非解决了他们的需求。所以，1980年代面临的任务就是让这些在1970年代有过训练和经历的人们，能够有一个比1970年代的新平民主义所提供的更加清晰的左派政治远景，从而把他们联合起来。

第六章　1980 年代保守主义氛围中的社区组织运动 168

1. 经济危机的持续与恶化

> 1980 年代的肮脏的小秘密就是：从经济的角度说，它是二战以来美国最糟糕的十年。
>
> ——沃尔特·拉塞尔·米德，作家

> 我们置身的社会仿佛一栋失火的房子，而且是有人纵火。
>
> ——希瑟·布思，组织活动家

说起来也不是太大的秘密，美国从 1970 年代初开始就陷入了经济危机，而现在则是经济衰退的连续第三个十年。当然，供给学派的辩护者会争辩说，经济从 1983 年到 1990 年都是在扩张的，通货膨胀率已经从 1970 年代末期的两位数降了下来。确实，年收入在 5 万到 20 万之间的将近 3,000 万人过得还不错，而在财富顶端的人群也迅速膨胀，以至于 20 年前还作为财富象征的所谓“百万富翁”，在一位保守派评论员眼里已经变得“毫无意义”。到 1980 年代末，财富超过 169
1,000 万的所谓“千万富翁”人数已经达到 10 万人。[1] 这些就是 1980 年代经济成功的标志，而经济学家米尔顿·弗里德曼和阿瑟·拉弗所推动的供给学派经济政策的目标，就是要让美国企业家释放出创造性和勇气，然后他们的成就、财富和再投资再从上往下渗漏到其他地方。

但事实正如一部美国政治经济的批判之作《荒原之后》(*After The Wasteland*)的作者们所反驳的："有人洋洋得意于1980年代的经济复苏，但其实它对于让国家走出这场始于1960年代、并在1970年代和1980年代初期进一步加深的经济危机，并没有做多少或者说没有做丝毫贡献。"[2] 整个十年间平均周薪一直在下降，以至于到1990年降到了258美元的水平，这相当于把二战以来美国工人收入的一半都吞掉了；全职工作而且属于低收入——按照现在的标准是12195美元——的雇员比例从1979年的12%增长到1990年的18%；[3]1989年到1991年间倒闭的银行数量超过了大萧条结束到1980年之间倒闭数量的总和，[4] 而且期间还有储贷丑闻，以及耗费了美国人民5,000亿美元的政府紧急援助。一些核心经济指标，比如实际工资增长、产出和生产率增长以及投资和利润率，都远远低于1950年代和1960年代的水平；有房产者人数也急速下跌。巨大的贸易赤字把我们从最大的债权国变成了最大的债务国。

"军事凯恩斯主义"继续对经济起着刺激作用，伴随着政府支出向军事领域的巨大倾斜以及对富人的减税，联邦赤字在急速上升。在罗纳德·里根总统任内，最高的个人税率只用了七年时间就从70%降到28%。1986年由共和党和民主党共同推出的税收改革法律使最高收入群体的税率从38.5%下降至28%，而紧随其后的那个群体的税率事实上上升到了33%；企业和资本收益税的情况也如出一辙，政策的根本趋势是要减少那些最有负担能力的人的纳税。[5] 公司合并、收购和举债经营屡见不鲜，不管是日常聊天还是电视节目或者电影都在谈论这些事情。这种所谓的"纸上创业"(paper entrepreneurialism)只不过是财产变更了主人，却把百万富翁变成了亿万富翁；不仅如

此，它还加剧了经济生产率的衰退，而没有在新工厂、设备、产品、工 170
序或研究方面增加任何投资。[6]

经济危机的起因在第五章做过讨论。美国的政界和商界领袖眼看 1960 年代末 1970 年代初开始的全球经济竞争，撼动了过去无可匹敌的美国经济霸权，结束了它的光荣和增长时代，于是出台一套新保守主义策略来帮助美国企业和富人。但这套牺牲大多数而使少数获益的策略并没有起作用，从中真正获益的只有一些能够集中权力的跨国企业，以及一小撮从前虽然不算富裕、但恰好在合适的时间处在合适的位置并拥有合适的技能的人，——当然获益者中还少不了那些已经拥有财富的人。所以 1980 年代的情形是富人越来越富，而他们周围的社会在逐渐瓦解。

在 1980 年代，美国出现了一个奇特的收入往上再分配的过程，
这一点在左翼右翼学者所做的众多研究中都有记录。[7] 在 1990 年， 211
税后收入最高的 1%人口的总收入相当于最低的 40%人口的总收入，而 1980 年时前者还只达到后者的一半。[8] 从 1977 年到 1989 年的股利收入，有 70%进了最富有的 1%美国人的腰包。[9] 在 1960 年代末 1970 年代初一度下降的贫困率又再次回到 1964 年的水平，而妇女、儿童和有色人种是最直接的受害者。[10] 这里的数字极其惊人：美国有 20%的儿童属于穷人，而 40%的穷人是儿童，此外，有 40%的贫困家庭收入处在或低于贫困线收入的一半水平。举个例子说，在美国大城市一年少于 5,000 美元就不可能抚养得起两个孩子。美国最恐怖的一点是，它是主要工业国中唯一一个儿童成为主要贫困人口的国家，而且主要集中于黑人和拉丁裔儿童；在美国的多数大城市，50%的有色人种儿童是在贫困环境——一般是在低于贫困线的家庭——中长大的。在得克萨斯，四个儿童中就有一个处于贫困中，其中 42%的黑人儿童、43%的西班牙裔儿童和 9.7%的英裔儿童处于贫

困状态。[11]

说纵火可能过于严重,但出现上述情况并不是偶然。新保守主义政治家如罗纳德·里根、乔治·布什以及他们在企业界的支持者执行的是一种新的政治,其内容是放开管制、通过新税法、维护资本
171 收益以及其他种种有利于富人的政策;与此同时他们又取消了平权行动等政策,削减食物救济券、有子女家庭补助、医疗保险及其他 57 项社会项目的开支,放宽了工人安全、环境标准乃至公共教育——它的受益者不仅是穷人还有中产阶级——方面的公共管制和责任。新保守主义的设计师如戴维·斯托克曼(David Stockman)和埃德温·米斯(Edwin Meese),把社会和公共服务的责任丢给了本来就没有多少资源和能力处理这些问题的州政府。事情眼见越来越糟之后,一些新保守主义分析家,最著名的例子是乔治·吉尔德(George

Gilder)和查尔斯·默里(Charles Murray),开始指责政府和受害者,说穷人、有色人种、妇女、儿童以及艾滋病患者出现的这些问题,都要归因于"下层阶级"的病态行为,要不就是因为吸毒、未婚单身母亲、性混乱、家庭破裂及同性恋等因素造成。吉尔德在《财富与贫困》(*Wealth and Poverty*)一书中争辩道:"穷人要想往上走,就必须工作,而且要比中上层阶级更加勤劳地工作。以前每一代的底层阶级都是这么做的,但今天的穷人却拒绝勤劳工作,在这点上白人比黑人还要明显。"[12]

由于中上层阶级的撤离,城市遭到的冲击最大。现在没有了联邦政府的资助,城市自身的财政基础又发生动摇,于是价格适宜的住宅变得越来越稀缺,就业机会(尤其是制造业)也远离了城市。结果内城的贫困状况显著地恶化,从 1968 年占总贫困人口的 30% 到 1988 年的 43%。从 1981 年到 1992 年,联邦政府用于城市的支出下降幅度超过了 60%,而联邦分担的城市预算也从 1980 年的 18% 急

剧下降到1990年的6.4％。[13]像吸毒、犯罪率、婴儿死亡率、种族和族裔冲突、帮派暴力、无家可归、未成年怀孕、卫生保健缺乏以及艾滋病等等，——这里我们仅举一些最为公众所知的现象——都以令人震惊的速度在上升。城市的基础结构在遭遇多年的漠视之后终于宣告崩溃。

这些影响因不同城市、不同年份而有不同。现在资本的流动太快太容易，这是以前从未有过的，信息技术在几秒之内就能把钱从世界的一个角落转移到另一个角落，城市的繁华或者萧条都在转瞬之间可以实现。1980年代初休斯敦和阳光带的繁华，伴随的是资本从霜冻地带的撤离，而投向更有投资价值的地区；但很快，资本投资（主要是房地产和制造业投资）又抛弃了阳光带，而在东西海岸打造出众
多繁荣都市。波士顿、西雅图、缅因州和俄勒冈州的波特兰都一派欣 172
欣向荣，而本来是共和党支持者的美国中部却遭受重创。到了1990年代初，像洛杉矶、波士顿这些沿海城市又陷入严重的衰退，资本又慢慢回流到房地产不景气、工资较低的地区，比如休斯敦这样的阳光带城市以及大湖工业园区。

像纽约、芝加哥、费城这样比较大的都市，遇到好时候发达一下，但热过之后就会因为陷入财政困境而苦苦挣扎。至于一些资源较少、经济单一的中小城市，比如昙花一现的弗林特（密歇根州）和布里奇波特（康涅狄格州）这样的工业小城，就很少熬得过去，或者干脆破产，而像波特兰（缅因州）这样的城市则是顺着经济大潮的起伏而起起落落。很少有城市有足够的资源可以自己解决问题，为了生存它们必须把有限的资源按用途——包括企业和政府管理、投资、娱乐业和旅游业——配置好，以使自己在全球经济中处于一个较为有利的位置，但是不管哪种城市，都遭遇了越来越恶化的社会问题。很多人的心情就像《新闻周刊》1991年的一篇专题文章所写的一样：“城市

是过时了吗？”[14]

城市的灾难性状况给进步的邻里组织活动家带来了严重的阻碍。这些状况中，有些是新情况，比如吸毒和暴力升级，对此居民的呼吁是希望政府加强管控，多采用更严厉的威权手段而不是实行民主；另有一些是老问题，比如贫困问题及种族或族裔冲突，但范围和强度都远远超过以前。所有这些问题的解决办法都大大超出单一邻里或城市的范围，更何况私有化政治的出现使问题更加复杂，而美国在 1980 年代和 1990 年代初的政治和全球经济的标志就是向自由市场一边倒的思维、政策和规划，这对组织活动家构成了严重的结构性挑战。

前面第五章曾提到的 1970 年代初期新保守主义战略的那些孵化师们，意识到在高度竞争的全球经济中，要保持企业利润的持续增
 长，国家就不可能同时提供“大炮和黄油”。为了保证新保守主义战略的成功，就必须让那些支持自由主义社会变革、支持政府实施社会计划的人士闭上嘴巴。[15]各种社会计划必然增加社会开支，需要提高工资率，增加赤字或增加税收。与此同时，社会上弥漫着保守主义的
173 气息，并在里根、布什时代占领了白宫，在这种氛围底下，各种新右派运动（比如宗教原教旨主义和反女权主义）赢得了合法性，获得了大量支持；从教育到流产问题，方方面面都是右派观点主导了公共辩论，由此使得整个国家的政治话语极端地右倾，而支持进步社会变革的人则处于守势。[16]

但是，新保守主义战略为降低社会开支、给资本松绑所提出的最核心理念是私有化和市场经济这套意识形态。它给不受限制的资本主义送上祝福，而把政府视为罪恶：资本主义意味着经济增长和利润，政府则阻挠这一切。新保守主义者如杰克·肯普（Jack Kemp）等人又重弹早期自由市场派如爱德华·班菲尔德（Edward Banfield）等

人的老调，认为自由派政府的社会计划产生了贫困，摧毁了内城的家庭，鼓励人们过寄生生活，颠覆了价值和传统社会控制方式，并给美国城市造成了巨大的破坏。[17]

这一意识形态迅速吸引了美国政客和媒体的注意，以全国制造商协会和美国商会为代表的自由放任的资本主义远景又大受欢迎。它们理解的自由放任就是，政府在企业需要的时候必须站在企业一边提供帮助，但政府不应该干预，不应该对全体公民的社会福利承担责任。当然，在格林纳达、巴拿马、伊朗进行武装干预是允许的，多建一些监狱也是应该的。（就像记者亚历山大·科伯恩[Alexander Cockburn]说的那样，“凡是没有社会计划的地方，就会有暴力计划”。[18]）现在解决社会问题的责任由私有部门在地方政府的协助下来承担，乔治·布什的设想就是这样，企业和公民个人（也就是布什所说的“千万点光芒”）具有的开明的自利心，会接过——至少会表示 *215*
一下意思——公共部门撂下的社会问题的担子。事实上，大多数的联邦计划已经深深嵌入美国人的政治和社会生活，要清除干净是不可能的，在联邦一级搞私有化的实质是废除社会计划的管制措施和合法地位。联邦政府已经不再有什么心思去花钱处理社会问题。

小萨姆·巴斯·沃纳（Sam Bass Warner）在其所著《私有的城市》（*A Private City*）中，把这一战略置于一种历史视角中做了很好的说明：

> 在美国传统中，公民的首要目的是作为一个私人去追求财富，城市的目的则是一群挣钱的私人的集合体……私人市场对劳工的需求，它具有的分割土地和建造房屋、商店及工厂的能力，它对公共服务的需要，这一切决定了美国大城市的形态和品 174
> 质。凡是私人市场能做得好的，美国城市也能做好；凡是私人市场做不好或者遗漏的，我们的城市也未能克服……20世纪美国

城市在创造一种人道环境方面的失败，就是一个长期的私有化传统如果置身在不断变动的环境中会发生的故事。[19]

我们所说的私有化战略，主要指的还不是政府职能转给私营企业接手，更多是指经济、社会和文化生活方面发生的全盘的私有化，即让各个城市、州和整个国家都屈从于企业的价值、需要、指示和领导。曾有新保守主义者如斯图尔特·巴特勒(Stuart Butler)主张，市场比政府计划更长于解决社会问题，并且为邻里的居民赋权。[20]威廉·夏布拉(William Schambra)是布什政府中卫生和人类服务部的负责人，也是一位自诩的"社群保守主义者"(communitarian conservative)，他对巴特勒的这种观点表示赞同，认为它有根有据，而且正当其时：

人们越来越认为，眼下大多数的社会问题，比如吸毒、艾滋病、婴儿死亡率、早孕、自杀和暴力等等，都是缘于地方社区的解体，以及那些产生、汇集、改善并反映着地方价值和政治信仰的种种结构的崩溃，而这归根结底是联邦政府的触角伸得太长。我们现在意识到，联邦政府在这个过程中太多时候起到了推波助澜的作用，它汲取了地方社区的职能和权威，从而也毁灭了地方社区……而最近政策重心的转移让我受到很大的鼓舞，笨重的、集权化的官僚计划没有了，政策开始让自己深深地扎根在地方社区的智慧、价值以及通过民主方式决定的愿望之上。[21]

这些人到处兜售私有化，把它说成是带有民主色彩的方案，可以替代代价高昂、反应迟钝的社会民主国家。自由市场实现了让人民来决定；人民被社区里的商业环境同化从而得到赋权，他们通过各种自助的手段赋予了自己权力，决定自己的需求以及满足需求的方式。

在现实中，私有化给城市带来的是截然相反的东西。解散和取缔公共部门的做法，固然催生了有限的自助的努力，同时也加重了那些资源缺乏的社区的负担。正如全国人民行动组织的盖尔·钦科塔所指出:“从联邦政府和它的官僚那里,从国会和大企业那里,已经向 175
全国发出了明确的信息,低收入人群必须靠自己靴子上那根并不存在的拔靴带让自己脱离泥潭。”[22]现在不仅仅是各种社会需求不能得到满足,公共责任也常常被当作包袱甩掉,私有化它造成的结果是使公民行动乃至所有的公共行为都变得难以进行。保罗·斯达尔(Paul Starr)正是这样批判私有化的,:“决策过程脱离公共舞台的结果是个人不再有参与社会行动的动力。”[23]苏珊·法因斯坦和诺曼·法因斯坦(Susan and Norman Fainstein)也肯定地认为,“用政治过程去控制‘私人’行为,要比用它来影响政府本身要困难得多”。[24]杰弗里·海尼格(Jeffery Henig)则注意到,私有化“把主要决策转移到了一个市场力量起主导作用的地方,穷人都清楚,要在这里赢得胜利会非常困难”。[25]

不仅如此,有些群体本身是需要社会支付成本来帮助其解决困难的,而私有化拒绝了公共的福利目标,从而使这些群体受到损害。私有化使社会行动丧失了合法性,把公共议题消解成了私人事务。[26]从这个视角来看,现行的这套私有化战略是取消了政府对公民和社会的福利所承担的责任和义务,从而使社会对政府的各种要求——比如增加艾滋病研究、加强对有毒废物倾倒的管制、提高生活福利等等——都失去了正当性,并变得不合时宜。小埃米特·蒂雷尔(Emmett Tyrell,Jr.)曾用他的浮夸方式表达过右翼的这一主张:

> 1970年代平等主义的毒素到处都在扩散。早先美国人珍视的自立、能力、个人自由等等价值都被抛到爪哇国了。……一方面是美国人的古老价值被弃之一旁,另一方面又来了一群吃饱没事干的人开始唠叨一堆新的废话,不断折磨共和国里从事生产的那部分人。福利国家把很多一直以来辛勤工作的美国人

变成了寄生虫，而这群闲得没事干的人更是超级寄生虫，他们是从那些福利领取人的持续依附地位中才能获得养料。[27]

本书的结论部分提到，新社会运动理论认为当代草根运动的主要目标是建立一个负责任的公共部门。就后工业社会来说，仅仅在生产场所（工厂）进行组织已经远远不够，而要在社区进行有效的组织，就要求有一个具有正当性的、负责任的公共部门，需要一种有助于推动公民积极参与公共生活的时代精神，而私有化对这两项条件都构成了严重的挑战。[28]

176 总而言之，私有化带来了一个醒目的悖论：私有化本身加剧了城市的难题，更加突显了社区动员的价值，但与此同时它又使社会行动变得更加困难了。

2. 志愿主义的重生

218

> 我们的信念是，解决社区问题所需的资源就在我们的手边：我们的天赋和技能，我们的合作和奉献，周全的计划，细致的实施，这些都是资源；我们全体休斯敦人对于社区福祉的善意和关注，也是资源。
>
> ——休斯敦私人部门行动委员会

> 今天你必须想办法让自己变得和这个讲求利润的现实世界完全一样，不然就会难以立足。
>
> ——乔·吉龙，兄弟再发展公司

> 昨天的邻里组织活动家成了今天的非营利企业家……修正的资本主义就这么流行了起来。
>
> ——M. W. 纽曼和丽莲·威廉姆斯，芝加哥《太阳时报》记者

新保守主义的政策和全球结构调整将社区组织置于一种尴尬的境地。一方面，1980 年代的草根志愿精神确实有显著的增长，围绕方方面面的议题出现了千百万个以社区为基础的自助组织，无论在大城市、小城镇还是乡村，都有志愿社区组织在着手解决当地的问题。长期以来，美国一直以它的志愿组织而闻名。早在 1830 年代，托克维尔就描述过美国人这种结社的嗜好，但是进入 20 世纪，在进步主义时代、新政时代和伟大社会时代，随着集权化国家对公民福利的责任的扩张，这些组织逐渐退居幕后。可是到了 1980 和 1990 年代，志愿性的公民行动组织又卷土重来，成为解决社会问题的首选战略。

志愿组织重生的部分原因在于新社会运动团体的扩散，这些团 177
体各自形成了自己的自助工作，比如妇女组织的家庭暴力庇护所和同性恋建立的艾滋社区中心，但重生的更主要原因在于私有化政策
带来的公共社会服务的衰减。此前由政府承担的职责，现在都落到各种社区组织身上，比如邻里中心、住房和社区发展项目、社会服务机构、文化和艺术协会、非营利卫生机构，等等，程度远远超过以前任何时候。“那些意在把责任推给志愿团体的政策，”地理学家珍妮弗·沃尔奇(Jennifer Wolch)注意到，“结果导致志愿部门规模的爆炸性增长。”[29] 这一切的实质，不是权力转移给草根，而是掌握权力的人拒绝了、或者说很多时候也是没有能力把无权者的利益作为自己行使权力的出发点。

对邻里组织者来说，志愿主义的爆炸性增长当然有积极的一面。应用研究中心(Applied Research Center)的加里·德尔加多(Gary Delgado)曾做过一项有色人种社区的社区组织活动的研究，他注意到存在多种组织形态：有单一议题动员组织，如洛杉矶的反警察暴力委员会；有职业性倡导团体，如全国有色人种协进会和拉美裔美国公

民联盟(League of United Latin American Citizens);有从事经济发展工作的,如各种社区发展公司;有保卫移民权利组织的,如厄尔巴索的"女人奥韦拉"组织(La Mujer Obera),有建立在社区基础上的工场行动组织,如纽约的反击行动(Fightback in New York);有跨种族的社区组织,如罗得岛州普罗维登斯的"为权利和平等而直接行动"(DARE)组织;最后还有单一种族跨议题组织,如蒙大拿的本土行动(Native Action)组织。[32] 总之在全国的每个城市都能看到志愿组织的传播。

但它也有消极的一面。这种增长更多来自外力的驱迫而非理想的牵引。尽管有些社会正义事业的参与者,也是受到自身政治、意识形态和精神遗产的导引而投身公民行动,甚至不乏从 1960 年代起就投身其中者,但大多数人却是被推到这一潮流中的。1980 年代越来
 越严峻的社会问题,以及同一时期投向社会和公共项目的公共资金的削减,推动着人们加入社区组织事业,而且是在没有社会计划和政策的情况下参与进来的。但是,事实上 1980 年代美国的权力集中程度得到了加强而非削弱,民众只有极少的资源能帮助他们处理成堆
178 的问题,而且他们知道多数问题的根源超出了社区的边界。这里的反差非常明显:组织在扩散,但社会状况却恶化了。

这种强烈的反差,部分是由于新保守主义侵入到邻里组织的领地,使得这类行动不再是 1960、1970 年代自由派、左派平民主义或激进派组织者的禁脔。保守主义之能够接受邻里组织活动,是看中它的分权化的组织形式刚好与总体的结构调整相吻合,可以充当各种公共计划和联邦计划的替代品。事实上,新保守主义运动认为自己,而非那些新左派或新社会运动,才是 1960 年代和 1970 年代"社区革命"的真正拥护者。[31] 新右派人士声称,以社区为基础的活动"把权力还给了人民",因为它"允许当地民众和组织在几乎没有外来干预的

情况下，自己领头来处理他们所面临的问题和机遇”。[32]这里所谓的外来干预指的是联邦政府和激进组织者。

当然，这样的社区组织支持者对1980年代来说并非什么新事物。就像前面第三章所讨论的，在社区组织运动史上，长期以来一直存在一个以保护财产权为己任的分支，有一个强大的反对社会变革的保守主义传统。不过即使是反动保守的组织运动，在历史上往往也还是本地自发的一种努力，是建立在工人（以及他们之前的农民）的合理要求——虽然有时也显得狭隘不公正——基础上的，他们希望保住自己拥有的一点点成果。[33]而现在的新保守主义社区计划则非常不同，这些带有商业面貌的活动往往是由企业领袖或团体从上面发起的，要不就是受到与银行（或其他企业）的“合作关系”的深刻影响。它希望的就是通过社区发展公司或开发区企业等小规模项目，来展示私营部门相比公共部门如何具有优越性，分权相比于集权的社会干预如何具有优越性，展示穷人、受压迫者与经济和政治的权势阶层之间存在共享的利益。

不过多数草根行动都不是从这种保守的视角去看待志愿主义的。客气一点说，“新出现的对志愿精神的强调，其原因在各地并不一样”。[34]新阿林斯基路线的工业区基金会的工作是组织公立学校、登记选民、支持（或反对）当地债券提案（bond proposals）、组织和政界人物的“述职”会议，以及兴建低收入住房；“工作与正义”组织
(Jobs with Justice)是组织公共部门工人，在工会和新社会运动团体 179
之间建立纽带；同性恋活动家提供艾滋病预防工作坊或收容所；最后还有教会的社会福音工作者搞的社区园艺项目。所有这些组织都是立足于社区的问题，希望通过一些自助项目为社区公民赋权，同时它们的工作也证明在增加公共投资方面存在长期的需求。在最终的目的上，他们希望满足社区需求，并把更多的人吸引到一种新的体现社

会、经济和政治民主的政治和远景中来，从而对企业和政界精英所把持的特权和过程进行挑战。从这些新平民主义草根志愿行动的具体目标——无论是制止有毒废品倾倒，还是在一个穷困的种族或族群隔离的社区建立提供多种服务的中心——中，可以看到上一代对抗性社会运动中的左翼平民主义的遗产和源流。

新平民主义运动和新保守主义运动属于这场阶级斗争的两端。不过至少在理论上，它们都赞同分权的草根结构有很多好处，远远优于集权的公共和私人服务项目，这包括减少了官僚制运作，提高效率并降低成本，增加创新，对当地环境条件更加敏感，把服务延伸到此前受忽略的群体，提升了为个人或集体赋权的潜力，忠实于草根民主的理论和实践，在社区层面复兴了公民生活，并使参与决策过程的人群变得更加多元，等等。[35]

有意思的是，由于1980年代及1990年代初的保守主义氛围给所有社区活动家带来的压力，两者之间又生长出了新的共同点。大多数活动家都同意，今天的异议和对抗现象不像过去那么醒目，大众抗议、直接行动和公民抵抗曾是1960年代的标志，但今天更多组织者选择走倡导路线，表现出求发展的心态。新阿林斯基派的组织者谢尔·特拉普(Shel Trapp)认为这是一个自然的演进过程：先是对邻里的保卫，接下来自然是转入"进攻"，按他的说法，"这时候你开始把组织活动和发展联系在一起。"[36]罗伯特·里维拉(Robert Rivera)是工业区基金会的一位组织活动家，表达了同样的意思："组织工作有两种：一种是你要什么，一种是你不要什么。今天你得要些什么了，这需要的是一种截然不同的组织风格。"[37]但是1980年代的这种玩法，不只是组织动员活动自然的"生命周期"的交替使然；之所以社区经济发展和创造与当地经济政治力量的社区合作关系会成为邻里组织活动的主导形式，还有一个原因是新保守主义政治经济对组织

动员活动施加的要求和限制。至于今天的组织者要重写历史——难 180
道不是所有成功的组织动员活动都需要追求点什么吗？——只是表明他们在努力与过去的激进主义拉开距离，巩固现有的支持，并利用新出现的私人财政资助。

3. 社区经济发展

“几乎各地的地方政府都毫不掩饰地把全部精力投入到经济发展中，”约翰·洛根（John Logan）和托德·斯旺斯特罗姆（Todd Swanstrom）在其著作《超越城市的边界》（*Beyond the City Limits*）中写道，“绝大多数都会说这是它们的首要职责。”[38] 鉴于联邦一级既缺乏兴趣，也不存在反对的声音，而地方一级的税收基础又在萎缩，两个因素造成了对社区、社会服务和社会问题的公共财政资助的减少，与此同时整个国家的政治话语也转为以自由市场为核心，将之作为解决一切问题的药方。在这种情况下，社区工作就变成了如何实现经济发展，和地方企业建立合作伙伴关系，以及寻找能够获得更多共识的策略。这一点，最明显地体现在社区发展公司（community development corporations，简称CDCs）的迅速传播上。

关注经济发展并不是新鲜事。佛蒙特州伯灵顿市负责房屋管理的约翰·戴维斯（John Davis）认为，本地房产的价值是一切邻里组织工作的基础，而邻里组织的民众是基于对本地利益的考虑才会采取集体行动。[39]“即使是在社区意识和生产能力方面一无是处的社区，共同的财产和地方利益也仍然是集体行动的基础。”[40] 正是为了维护“租户的权利”，为了拒绝搬迁，人们才组织起来。——这一分析虽然有失狭隘，不能涵盖本书讨论的所有邻里组织类型，但它的优点是看到了，属于邻里保护传统的眼下这股社区发展公司的热潮，与美国的私人房地产具有的个人主义和资本主义基础是相联系的，与各类住户(业主、潜在的购房者以及一定程度上的租户)都希望看护好自己地盘、改善经济状况的心理也是联系在一起的。

但也有人认为强调社区经济发展是新近的做法。按照蕾妮·伯杰(Renee Berger)的看法,像社区发展公司这种从事社区发展的组织,可以把它界定为服务于低收入社区的非营利组织,它由社区选出的董事会管理,同时也会兴办一些工商业企业或者住宅开发项目——住宅一直是它最常见的生意。[41]尼尔·皮尔斯(Neil Pierce)和卡罗尔·斯坦贝克(Carol Steinbach)认为这种组织最早兴起于1960
181 年代,是和民权运动及反贫困运动联系在一起的,并得到若干基金会和伟大社会计划的资助。它的发展经历了几个阶段。在第一波发展中,仅仅有一百来个组织,不过其中有些组织财力雄厚,产生了重要的影响,如伍德劳恩组织以及贝德福德-史岱文森修缮公司(Bedford-Stuyvesant Restoration Corporation):前者在第五章已有介绍,而贝德福德-史岱文森接手过很多重要项目,为此每年从联邦那里得到400万美元的资助。社区发展组织的第二波是在1970年代,项目的数量较之此前增长了十倍,但规模小了下来,主要活动是反对城市改造、红线歧视、工厂关门以及损害租户利益的不负责任的房东。[42]它的资金大部分来自基金会(主要是福特基金会)以及一些联邦机构,如社区服务管理局(1974年作为经济机会局的替代而成立)和1978年成立的邻里发展办公室。在卡特政府时期,社区经济发展的理念开始大行其道,到1980年,"已经有超过一打的联邦项目,是地方工作人员及计划的重要支持"。[43]抛开优缺点不论,在1970年代末,社区发展公司在联邦支持的有限但有重要影响的邻里发展运动中,占据了中心的位置。

大约从1980年开始,社区发展公司从政府那里得到的资助显著地减少,在里根时代的私有化浪潮中迎来了社区发展公司的第三波,与之前相比，它现在被迫带上了更多的企业色彩，必须展示出“过去仅仅营利部门才要求的商业禀赋和发展才能”。[44]社区服务管理局和邻里发展办公室这时被解散，其他的联邦资金来源也大幅缩减，社区发展公司和同时代的其他事物一样，最基本的要求是经济上必须成功。它的主要目标被界定为“矫正市场的缺陷，为社区提供工作和服务”；如果是处在少数族裔邻里的社区发展公司，目标则是开发一些非常具体的和可测量的发展项目，以使社区民众可以自己改善自己的经济状况，从而为造就一个非白人的中产阶级出力。[45]新一代的社区发展公司与其说是社区组织，不如说是一些小企业和投资项目，对它是根据盈利能力来作评估的。

第五章讨论的东南巴尔的摩社区组织就反映了这些变化。这个社区组织是处于第二波的社区发展组织，它虽然没有完全丢掉对抗的意识形态，但在具体做法上已经混同主流。比如在最近印制的一 182
份庆祝自身成立 20 周年的宣传册上，它攻击“1980 年从罗纳德·里根开始的公共资源的大幅削减”，批评市政府在搞“两个巴尔的摩”，一个是繁华的中心商业区，而它周围却是日益衰败的低收入居民区。东南巴尔的摩社区组织在起源上非常有战斗性和对抗性的，在 1970 年代初期，它的成员自认为是“东南巴尔的摩的一个替代性的治理结构”。[46]但是今天它的工作重心已经转向围绕含铅涂料和成人扫盲等议题的社会服务程序设计，转向自己的社区发展公司——东南发展公司，这是一家受到福特基金会资助的公司，作用是帮助低收入购房者，同时还建造和管理住宅。[47]

不过社区发展也有它的支持者，他们认为这是解决社区需求的第三条道路，比起中央集权搞的自由主义社会福利型政策，或者保守派自由放任主义者搞的私人慈善及志愿自助策略，是一条更好的道路。他们列举了社区发展公司为社区所做的很多实质性贡献，比如为邻里引入新的服务或商品，在当地雇佣工人，挤走了成本更高的供货商，进行职业培训，以及提供其他一些邻里所需的改善措施，等等。邻里居民聚到一起，讨论决策，自始至终地观察一个项目的进展，并享受自己生产的最终产品，这样一个过程会有助于培养共同体感，增强对个人和集体的赋权。最后，社区发展公司相比于那些往往把利润带出邻里的社区内的营利公司来说，提供了重要的替代选择。[48]

有些组织者也认为社区发展工作代表了一种进步。“这真是一个引人注目的转变，”克利夫兰的前城市规划负责人诺姆·克鲁姆霍兹(Norm Krumholz)如是说，“在 1970 年代初开始的时候，它们都是一些风格激烈敢于对抗的草根行动者组织，现在却变成了以经济发展、住房和商业开发为主业，业务能力出色的社区发展公司。”[49]这种变化表现在获得了新的技能，与政府(及其他供给方)有了更多合作
226 而非对抗，最后是它带来了看得见摸得着的改善成果。在本书的第一版中，作者曾认为邻里组织运动的最大影响是在那些看不见的对民众的唤醒和赋权方面，但是社区发展公司在这方面的表现随着时间的推移而越来越逊色，不过它却有另一项其他社会行动型的组织工作所没有的好处，就是带来了看得见摸得着的有形结果。伯格(Berger)在 1988 年底对 834 个团体——估计约有半数至今仍在活
183 动——做过的一项调查显示，经社区发展项目之手一共建造了 125,000 套自住房和出租房，修缮了 275,000 套住房，此外还在贫困社区中开发了 1,640 万平方英尺的办公室、商业空间和工业园区，给 2,000 余家企业提供过贷款(多数不超过 25,000 美元)，在此前的五年时间里创造(或保持)了近 90,000 个就业岗位。[50]所以那些对社区组织过去的作为不满，认为它太过空泛模糊的组织活动家，或者认为它带有某种阶级性反职业主义的中产阶级职业人士，都肯定了社区发展公司，认为它提供了一种不同风格的、建立在社区基础上、具有

改革倾向的组织形式，来解决城市问题。

不过，社区发展公司这种方式也有严重的内在局限，显著地限制了它在社会变革方面的作用。首先，资源的稀少、项目规模的有限，使它完全无法应对城市的大量问题，这些广泛存在的问题包括贫困、犯罪、标准住宅、公立学校的失败、卫生保健的不足以及维持一份体面工资的就业机会的缺乏，等等。如果我们希望不再有那么多城市美国人在这些方面受到压迫，那么联邦应该大大增加它的资助，这一点是极为关键的。多数的社区发展公司都是在新保守主义的氛围里起家的，新保守主义感兴趣的只是怎么削减城市问题方面的公共开支，而社区运动的发展却很快就超出了私人的资助能力。这一运动的前两波都高度依赖联邦的资助：第一波靠的是伟大社会项目中的大额资助，第二波也从联邦那里得到了大笔资金，比如在卡特政府任内的最后一年，也就是1980年，联邦政府还为社区发展公司项目拨 227
款近260万美元。但到1987年，联邦拨款减少到了120万美元。

各州和城市虽然财政上没有能力来填补资金的缺口，但出力不少，比私人基金会和企业加起来还多。[51]有些城市很有创造精神，发明了“关联性”政策，用其他一些项目的税收来补贴社区发展的费用，比如在戴德县(Dade County)是通过房地产转让，波士顿则是通过奢侈品或大型商业项目来转移。同时基金会的资助也在不断增加，它对项目的启动起着越来越重要的作用，比如福特基金会从1961年底——此时伟大社会计划还未启动——开始资助灰色地区项目(Gray Areas Projects)，迄今为止的投入已经超过1.7亿美元。福特基金会现在还在继续资助各种在草根层面尝试革新战略的项目(包括技术扶持和社区赋权)，坚持不懈地为推动一个有色人种中产阶级的出现而出钱出力；然而即使如此，这笔费用相比于基金会投入到其他事业的款项也还有不少差距，相比于纳税人在同一时期在各 184

种联邦项目上所做的贡献更是微不足道。事实上，在1989年联邦大幅削减了对社区发展的投入之后，联邦拨款仍然是社区发展公司项目获得的最大的资金来源，根据社会研究新学院（New School for Social Research）的一项研究，它的拨款占到该项目总收入的三分之一。[52]即使是在新保守主义势力达到顶峰的1980年代，企业捐款只占项目资金的15%。[53]

目前多数捐赠的作用只是作为复兴邻里的种子基金，希望能由此刺激出一些发展项目并吸引到更多的资金。根据1987年的数据，总共有196个基金会捐赠了1,402笔款项，总额刚刚超过6,800万美元，中位数是2万美元。[54]事实上，我们不必期望、也不能期望私营部门会自觉地把全面处理各种城市和社会问题所需要的资金全部配齐。1990年在休斯敦，全国和当地的联合劝募会、一家大银行、休斯敦市、私营部门行动（Private Sector Initiatives）组织及受福特基金会资助的地方行动支持公司（Local Initiatives Support Corporation，简称LISC）联合发起成了一个新机构，名叫"新基金：邻里复兴伙伴关系"（New Foundations：A Partnership for Neighborhood Revitalization），它提出了一个三年预算计划，旨在推动社区发展公司项目和邻里的复兴，三年总共投入的现金及实物支持将达到879,000美元。这就是通常说的九牛一毛，这些钱如果只是用于前期试点或者是公共关系，当然还算有用，但要说是"复兴邻里"，就不免捉襟见肘了。

现在很多支持者也承认，由于缺乏联邦的强力主导，社区发展公司不断面临"协调不足、能力短缺的状态"。[55]福特基金会主席富兰克林·A.托马斯（Franklin A. Thomas）曾多年资助社区发展公司项目，他断言"联邦的存在是不可替代的"。[56]当然这并不是说联邦政府应该直接插手社区项目的开发、资助、管理、领导和所有权，但如果是一些通用的项目——比如旨在为民众提供基本收入和服务的医疗卫

生或者收入维持计划——还是可取的。但是迪克·弗莱克斯(Dick
Flacks)也指出,我们需要重新界定公共部门,把它看成社区的一个
资本来源,这在今天“全球化和去中心化”的背景下可能是最适合留
给政府的职能。[57]联邦政府应该重回邻里,而且还要更民主化。不过
迄今尚不清楚克林顿政府是否支持这一方向,但这届政府在最早的
一批法令中就加大了对社区发展公司项目和社区发展银行的支持。185
政府的民主化往往产生于社会运动和社会骚乱的压力,这时掌权者
不得不面对那些无权势者的需求。事实上,如果哪届政府会在没有
草根抗议和压力的情况下,主动去支持旨在推动社会变革的社区组
织运动,那才是令人奇怪的。

其次,社区发展公司一般都会带有商业和发展的考虑,这一点带
来了显著的影响,容易使参与者忘记了自己作为社区组织活动家的
角色和目标。丹尼斯·基廷(Dennis Keating)指出大多数社区发展 229
公司都容易变得非政治化,重视发展胜过了组织方面的考虑,忘记自
己是要为穷人赋权的。政治科学家本杰明·马克斯(Benjamin
Marquez)等人都认为,强调市场需求造成了社区发展公司的营利取
向,从而“使人们忽略了社区控制和赋权的传统目标”。[58]位于波士顿
的社区培训和服务中心(Community Training and Assistance Center)的
比尔·特雷纳(Bill Traynor)是这么表达他的看法的:

> 如果说过去 25 年取得的主要成就体现在一个非营利部门的发展上,它证明自己能够提供和保持住房、就业和经营活动,从而证明了自己有充分的正当性和充分的能力,那么它的主要失败体现在,一个过于狭隘、仅仅专注于技术生产的社区发展模式被广泛传播,而且占据了主导地位,它不再触及邻里的支配和发展方向问题,也不再试图去改变影响到穷人邻里的大量问题。[59]

这些批评都非常正确。大多数的社区发展公司都带有这些特点：避免政治争论，技术取向的职业人士占据支配地位，成员的来源十分狭窄，回避社会行动——当然这些也不一定都是出于主观的有意选择。[60]公共资助的不足，国税局对非营利部门政治活动的限制，从私营部门获得种子基金并与之形成伙伴关系的需要，这种种都把社区发展公司推向了远离政治、远离权力分析的方向。“由于没有财政和政治的支持，社区发展公司不得不让自己适应自由市场的进程，而不是去改变它。”[61]

当然这之中也有例外。例外一般出现在第一波和第二波，当时人们对社区发展公司看得并不那么狭隘，认为它是一个更大的社区工作计划的一部分，其他还包括组织、赋权、倡导和社会行动。[62]而且这些例外都是出自邻里组织运动中的政治行动传统，而非邻里维护传统. 还有一点也很重要的是，在这些例外的背后，都有着对社会正

义、对自由市场资本主义局限性的强烈信念。比如在波士顿的牙买加平原邻里(Jamaica Plain neighborhood)，“城市生活”组织(City
186 Life)强调保证公民对住房的所有权，并把贩毒者驱逐出邻里。它的社区发展工作侧重于推动合作性住房(cooperative housing)，使更多的人能享有合作性产权住房，并把社区建设成无人迁出区(eviction-free zone)。保护民众免受无良房东和投机商的欺压。

全国人民行动组织曾经围绕两个话题进行过游说，一个是1977年的社区再投资法案(Community Reinvestment Act)，一个是把社区经济发展和储蓄及贷款援助建立联系。[63]社区改革组织协会也发现自己深深卷入了社区发展活动，不过它是把这个看成“为实现对财政和资本的民主控制而斗争”的事业的一部分。[64]“社区的生死存亡完全取决于精英在投资上的决策，”社区改革组织协会的活动家和筹款人斯蒂夫·凯斯特(Steve Kest)说，“所以在过去五年的时间里，

我们协会一直站在新兴社区运动的最前线，希望让这些决策变得更加民主。”[65]

社区改革组织协会多方面地参与了社区发展公司项目。它的积极分子曾组织过反对银行救助(bank bailout)的斗争，监督社区再投资法案的落实(它需要储蓄和贷款以向穷人邻里提供借贷)，并组织了占领空宅的行动。不过最近它在把一些废弃住宅移交给“占用者”(homesteader)的处理中，减少了与银行和市政官员打交道时的火药味，而目前该项目已经在五个城市推行。协会还在各地协助一些修缮工作，为新来的占用者成立合作组织，或者是拿到废弃房屋的契约后，推行按劳分配股权(sweat equity)，以便把房子整修好，便于新人居住。[66]社区改革组织协会还和主流的政客和企业资助方建立伙伴关系，比如在芝加哥，它和花旗银行、理查德·戴利(Richard M. Daley)市长以及联邦住宅贷款银行的可负担住房项目(the Federal 231
Home Loan Bank's Affordable Housing Program)合作，共同解决住房和修缮问题。[67]

从某些方面看，社区改革组织协会所做的工作有点类似于传统的社区发展公司，甚至可以说有点像国际仁人家园(Habitat for Humanity)，不同之处仅仅在于，在社区改革组织协会看来，社区发展公司的工作附属于一场更大的政治运动，该运动的目的是要全面挑战和改变资本主义及传统政治的特征。大多数社区发展工作的参与者都已经从抗议转向共识策略，而社区改革组织协会的成员在过去五年里不停地进行游说、游行、集会、住房强占、静坐乃至入狱，有次他们甚至冲击美国储蓄机构联盟(United States League of Savings Institutions)的芝加哥总部，抗议它掩盖银行业的问题，要求联邦支持社区改革组织协会的提议，即仅仅针对富人征税以偿还紧急援助款项。[68]不过像“城市生活”和社区改革组织协会都属于例外，更常见的做法是采取非对抗策略。

多数社区发展公司很可能会辩解说，共识方法在里根布什年代，乃至在今天的政治和经济氛围底下，都是最合适的方法；社区发展要有一个好的前景，就必须让组织者根据资本主义的经济发展进行调整，并且和公共及私营部门的掌权者保持工作联系。社区发展公司的活跃分子常常不得不成为——事实上他们也希望成为——草根企业家；而作为社区的企业，社区发展公司必须把重点放在可量化的项目、技术性的解决方案以及共识性策略上，这是私营部门的传统做法和政治所要求的。[69]在美国所有的城市，企业的议程都在经济结构中占据了支配地位，所以按照有些人的说法，最合理的策略就是“想方设法在企业家进行决策的方程式中插入我们地方性的事务”。[70]

4. 追求共识的社区组织工作

从社区发展公司的工作中，又演化出一种新型的社区组织形式，它是政治活动途径和邻里维护途径的混合：一方面它向穷人和工人阶级赋权，动员社区参与，这说起来像政治活动家的做法；另一方面它又倡导共识性方法，设法与社区中更保守的成分合作，尽力回避冲突对抗的策略，这又像邻里维护。

在这点上，迈克·艾克勒(Mike Eichler)的工作最有代表性。艾克勒是一位受过培训的社会工作者，在组织活动方面他既参与过阿林斯基的活动，也参与过地方行动支持公司的社区发展公司项目——前面介绍过，地方行动支持公司是福特基金会资助的一项社区发展活动，目的是为社区提供技术服务，推动社区组织建设。艾克勒曾进入匹兹堡附近莫农加希拉谷(Monongahela Valley)的一个萧条的钢铁工业区，成功地实施了社区发展公司项目，由此奠定了自己作为社区发展组织者的名声。从那以后，他担任地方行动支持公司的项目经理，先后在休斯敦、新奥尔良、小石城和棕榈滩创办了项目。现在他与他的九个全职伙伴一起，推动成立了19个社区发展公司项目，其中多数都与房地产有关。[71]有段时间艾克勒受雇于休斯敦私营部门行动委员会，这家委员会也是受地方行动支持公司的资助，他的工作是在休斯敦的低收入邻里中组织社区发展公司，这时他应用了自己在莫农加希拉谷实施过的策略。如果私营部门可以发挥更大作用——这是新保守主义的说法，那么组织者应该向它们寻求帮助；在 188
继续保持对穷人赋权的信念的同时，组织者必须学会"把自己的项目作为一个名副其实的保守主义项目兜售出去"。[72]

这意味着传统的政治活动途径发生了改变，减少了对抗而更注重共识，确保把商业利益也纳入考虑之列，并努力和现体制的权力掮客合作。艾克勒所提出的"发展团队"方法("development team" approach)中采用的共识策略，就是联合整个社区以集合资源，而不是一味去寻找问题的根源，然后向各种权力施加压力。邻里居民、银行家、企业家、宗教领袖、政客和政府官员，社区里的所有这些成分都是他建立共识和团结的对象，这正是艾克勒的工作方式和阿林斯基"冲突"方式的差别之处；没有人会遇到难堪，没有人去挑起仇恨。全国社区经济发展会议(National Congress for Community Economic Development)的主席罗伯特·兹德涅克(Robert Zdenek)认为，传统的组织活动形式强调冲突、对抗，过于尖锐，"如果你做发展工作，更需要的是合作。"[73]在组织策略上，注重共识的社区发展公司更接近于社工教育型社区组织的地方发展和社会计划模式，它把根本目标界定为重建社区，争取使各个部分从四分五裂走向统一，并集中资源以完成某些具体的社区任务。[74]

艾克勒及其他社区发展公司组织者的方法也是应时而生，与新保守主义政治——以及新保守主义所由产生的全球经济竞争压力——对地方社区的要求是一致的。随着经济状况的不确定性和竞争性的上升，领袖们开始越来越多地推动企业、政府和公民之间的合作关系；在社区如此，在国家、州和城市也是如此，甚至更加明显。全国和各城市——更不要说各社区——面对如此巨大的竞争，眼前资源却又如此有限，都意识到政治上的分裂或者再分配需求的对立带来的成本太高。这种时候如果艾克勒（及其同行）再去火上浇油挑起冲突，是不可能为时代氛围所支持的，所以他们才用共识的方法来换得掌握资源和权力的企业和政府领袖的支持与长期合作。[75]他们所得到的，也就是当时环境所允许的，这一点他们和多数的组织者没有什么不同。艾克勒认为这种共识方法好处很多，企业对社会问题的意识和积极性都提高了，政府官员看到了社区组织活动的价值而非
189 威胁，而邻里的居民也感觉到自己的权力，对一些社区资源有了更多的支配权。[76]

但这种方法也有内在的矛盾，即民主和全球经济中的企业资本之间的关系。简·曼斯布里奇（Jane Mansbridge）指出，大多数社区工作在意识形态上都以一种二元的民主观作为基础：在社区层面，活动家们实践的是一种"整体式民主"（unitary democracy），这种民主把促进公共利益作为最主要的关怀；而活动家们在寻求改变国家、州和城市的政治时，实践的又是"对抗式民主"（adversarial democracy），把各种利益视为是相互冲突的。[77]多数阿林斯基派组织工作所内在包含的共识和对抗策略，可以说在"对抗式民主"中得到了体现。然而对大多数社区发展公司来说，它们把取消冲突理解成取消了对立，社区里没有冲突，社区以外不管是和地方权力还是和全国性权力也没有冲突。于是问题的根源被抛在一边，差异也轻描淡写，社区内各个部分都应该建立合作关系，唯一剔除在外的就是始终坚持对抗斗争的那些人。这么做的最终结果是忽略了对权力、对冲突之功能——

它可以帮助人们要求权力、掌握权力——的批判性分析。

只要私营部门仍然是社区问题的主要原因，那么在社区以及志愿部门、公共部门和私营部门之间建立的新型合作关系就会问题重重。企业在有利可图的时候也会帮助社区，企业领袖和新保守主义者甚至会考虑把扎根社区作为将来的策略，但是逐利动机和投资需求对低收入社区更多造成的是损害而非帮助。比如，企业对产品往往收费过高，在贫穷地区尤其如此；企业会反对征收过高的企业税或财富税，而这些税本可以用来资助各种社会计划；如果社区的工资上升，或者如果有其他社区提供更好的“甜心”交易，从而降低税收和启动成本，企业就会撤离；再有，企业总是宁愿压低工资而不是限制利润，会借口“重组”来解雇工人；最后，企业支持的城市政策总是会把钱从邻里流出而转入中心商业区的发展，要不就是城市经济增长委员会会用减税优惠的方式，来吸引新企业的加入。[78]

当然，所有资本主义城市里的社区工作都不可避免会陷入困境，而在一个全球高度竞争、新保守主义政策盛行的时代就尤其如此。贫穷社区没有资源完成自身的重建，那些对孩子教育感兴趣的少数
族裔企业或家庭也完全无力带来有意义的改变；现在需要的不仅是 190
能带来实效的计划，还需要有资源。因此社区在1980年代和1990年代转向私营部门寻求帮助，便成了顺理成章的事情，这也是政治力量所推动的私有化策略的一个必然结果。然而，私营部门成为人们不得不求助的对象，不等于说它就是真正解决问题的地方。在压迫和阶级裂痕依然存在的时候，假定利益的和谐一致无疑是一种短视；异议是民主政治中的一项关键要素，冲突则是强大有效的教育工具。从邻里组织运动史来看，牺牲民主话语来迁就地方需求，不承认穷人邻里的问题都有真正的政治经济根源，这对低收入民众来说常常是一种自掘坟墓的做法。邻里维护的做法在中上层阶级的邻里中效果

最佳，这时它的主要作用是保护社区并提升房产价值。有些组织者担心，社区发展公司之类的努力会打击社会运动的士气，转移社会运动的注意力，从而远离社会变革的方向；而这里的观点是，社区发展公司对于穷人和劳动人民来说是可以起到作用的，但前提是它有一个更大视野的政治活动家策略做背景。

5. 新平民主义

> 阿林斯基的遗产一直保留到现在。尽管普遍的政治氛围让多数美国人感到无助、窒息，但是在全国各地的社区里，民众正在走到一起，对他们自己、他们家庭以及他们邻居高度关心的问题采取有力的行动。
>
> ——迈克·米勒，组织培训中心

236

> 要靠组织者来把人们聚到一起，摩擦生出火来，总是很困难的。
>
> ——韦德·拉特克，社区改革组织协会

社区发展公司方法属于和 1980 年代的保守主义政治氛围啮合得比较好的，还有很多社区组织工作就不是那么成功，然而不管是哪种，都无法逃开私有化和共识政治的压力带来的深刻影响。发端于
191 1970 年代的新阿林斯基团体继续在为经济和政治民主而努力，各种组织活动成倍地繁殖[79]，新平民主义事业在继续发展壮大，其中有以邻里为基础、做挨家挨户组织动员的，如社区改革组织协会；有以助选和游说策略为基础而形成的联合，如“公民行动”组织；有以机构为基础、与宗教联系紧密的，如工业区基金会；还有大量围绕特定选民——黑人、西班牙裔、男女同性恋、女性、受虐待妇女以及其他遇到不幸和压迫的人群——的需求而进行的政治性、服务性组织活动。[80]

社会变革型的组织并没有完全消失。前面提过，有些基础较为坚实的组织在 1980 年代末 1990 年代初迎来了自己的十周年或二十周年庆典；不过 1970 年代末所预言的运动风潮，也就是所谓“后院革命”，在 1980 年代的氛围中还是被迫右转了。全球经济压力和保守主义政治氛围产生了越来越大的影响，改变了运动的目标，削弱了它的锋芒，减少了政治活动类组织工作可以得到的资源。

在 1980 年代和 1990 年代初，大多数新平民主义组织者都让自己的策略和政治变得温和，战线就此发生了转移。“事情发生了让人吃惊的变化，草根不再是‘和权力斗争’，而是为分享权力而斗争。有时他们也能瓜分到不小的一块……（有时）则是和他们以前嘲笑、摒弃过的体制精英合作。”[81]甚至“全国人民行动”这个曾被一些组织者批评为对抗色彩过强的组织也认为，“如果有机会可以在会议室协商讨论一个对邻里有利的协议，那么走上街头发表一些纯粹象征性的声明”就是不足取的。[82]

与之相关的一点是，新平民主义在 1980 年代和 1990 年代初越来越面临资源不足的困境，这不仅体现在社会行动得到的现金支持日益减少，更关键的是积极分子、新领导人和社区支持的减少。保守主义的政治环境使得金钱越来越远离了具有对抗色彩的事业，这可以部分解释为什么社区组织转向温和策略；但保守主义氛围还带来了另外的重要影响，它影响到了对社区性社会行动感兴趣的人员的数量和类型。一位常年在马萨诸塞州坎布里奇做组织工作的活动家比尔·卡瓦利尼（Bill Cavellini）总结说：“现在要说服人们相信时势不好是非常容易的事情，比 1970 年代要说服人们相信可以干点什么还要容易。”[83]

192 ## 6. 一种适度策略:工业区基金会的组织工作

所有社区组织工作中,最受追捧的可能要数工业区基金会网络,它可以说是阿林斯基派的直接传人。工业区基金会一共有28个组织项目,遍及纽约、新泽西、马里兰、田纳西、亚利桑那、加利福尼亚和得克萨斯等州,其中在得克萨斯的势力最大,一共有十个项目,分布在圣安东尼奥、休斯敦、厄尔巴索、奥斯丁、沃斯堡和格兰德河流域等地。基金会的组织者和活跃分子工作的方向包括推动公用事业改革、改善公共教育、提高政府责任、保证穷人的医疗条件,以及争取其他一些基本的公共服务(包括墨西哥裔美国人社区的供水和下水道服务)。在他们的工作中,有些是比较容易看得到的,比如搞投票动员来推进工业区基金会所在邻里的债券计划,召开"述职会议"以促
238 使政客们在公开场合与基金会的目标保持一致,鼓励选民登记,通过阻止辍学率上升、禁止吸毒和暴力、鼓励家长参与管理等方式来改善学校状况,等等。但是,日复一日的日常社区组织工作是较为平静的,基金会充当"公共生活的学校",为社区居民"提供机会以便在那些……折磨他们终生的难题面前能够有所作为",从而为他们赋权。[84]

基金会在这些方面做得都很出色,这一点也很快为评论者注意到。彼得·爱泼布姆(Peter Applebome)在《纽约时报》上撰文指出,基金会正在"用或大或小的方式……改变着得克萨斯的政治"。[85]玛丽·贝丝·罗杰斯(Mary Beth Rogers)曾是得克萨斯州长安·理查兹(Ann Richards)的办公室主任,她对得克萨斯的工业区基金会做过专门研究,最后的结论认为该组织是"美国唯一可以真正吸引穷人参与政治的组织"。[86]

工业区基金会一方面仍然遵循阿林斯基的组织路线,另一方面

又在组织方法上做了重要的调整，以适应新的服务对象的需要和保守主义氛围的要求。在社区组织工作中，基金会继续从机构着手，只通过现有的社区机构（通常是教会）进行组织，这一点和社区改革组织协会不同，后者直接上门挨家挨户建立邻里组织；同时它也不同于“公民行动”组织，“公民行动”组织一般通过寄送直接邮件、拉票、游说等方式建立大规模的联盟。工业区基金会通常是在受到当地机构邀请、当地机构愿意为他们的组织技能付费的情况下进入社区的。

不过从1970年代末开始（尤其是在1980年代），工业区基金会在工作中遵循的机构方法在现实中越来越把教会作为社区的基础。193
阿林斯基也会在经济方面依赖宗教团体，但约翰·莫耶（John Moyer）断定：“（工业区基金会）从阿林斯基时代以来在方向上发生了一个根本的变化，简单说来就是把教会视为社会中唯一有可能积极支持民众赋权的机构。”[87]这时宗教机构不再仅仅是资金来源，更重要的是它也成为组织民众的意识形态内核。现今的工业区基金会领袖认为，长远地看，民众的组织不能仅仅围绕自利原则或者物质需求来进行，——这与晚年“非意识形态化”的阿林斯基是明显不一致的。[88]

这一新的工作途径在1978年——阿林斯基去世后的第六年——工业区基金会发起的“为家庭和教会而组织”（Organizing for Family and Congregation）这一运动中得到了体现。这一运动强调，要针对物欲横流、贪婪腐化和被媒体支配的世界发动一场“价值观的战争”，而工业区基金会应该以社区机构，而首要的是以宗教团体为基础进行组织工作。[89]《圣经》成为组织工作所用的文本，是社会正义观的犹太—基督教来源。现在基金会的组织者，像欧尼·科尔特斯、罗伯特·里维拉或者是克里斯汀·斯蒂芬斯（Christine Stephens）——此人以前就是个修女，如果主办培训会的话，会上就会充斥各种圣经故事、隐喻和课程。基金会就是这样把进步的宗教价值融进了草根民主进程，从而提供了一种对推动社会变革来说至关重要的、植根于民众日常生活和传统的“内在的”意识形态。[90]

当然，工业区基金会并不把这一神学粘合剂称为意识形态。按照它的组织者的看法，同时也是工业区基金会的一个标准文本、英国政治学家伯纳德·克里克（Benard Crick）在《保卫政治》（*In Defense of Politics*）一书中的看法，意识形态是组织者强加给民众的教条。[91] 组织者会借用克里克的观点说，工业区基金会实践的是政治的艺术，是妥协和说服的技艺，在这里程式化的分析和批判是没有容身之地的。当然，《圣经》和犹太基督教价值中可以产生各种各样的观念，并不是所有这些观念都可以称为“进步”的，但这里有意义的一点在于，工业区基金会的组织工作现在明确把观念和价值在组织过程中的作用予以了强调。

240 工业区基金会在过去十年里发生的另一个重大变化是从对抗政治转向适度（moderation）策略。我们说过，艾克勒及其他社区发展公司的积极分子采用的是共识策略，与之对应，工业区基金会选择了一种“代表全体”的政治。[92] 当然，在今天的掌权者中仍有人把工业区基金会视为激进抗议团体；与此同时，早在阿林斯基在世的时候，工业区基金会就已经有一些项目（如伍德劳恩组织）开始了“从冲突到
194 共存”的转变，但“代表全体”到今天已经成为基金会组织工作的信条。基金会努力做的是把“社区支撑者”（community sustainers）和“温和的核心”（core moderates），尤其是在传统教会团体及公民社团中的女性，加以动员组织起来。它看中的对象，是那些已经在任劳任怨为家长教师联谊组织（PTO）或者教会团体提供服务的公民志愿者，——工业区基金会认为这些群众已经在为维护社区出力，他们代表了全体。公民工业区基金会的组织者也像多数的温和派一样，刻意与激进派和社会运动保持距离。阿林斯基以作激进派为荣，而在

目前的基金会里，激进派则被看成要加以疏远的局外人。"工业区基金会现在对'温和派'的信念简直到了迷信的地步，"负责培训组织者的迈克·米勒如是说。[93]

在疏远左派的同时，工业区基金会还声称真正的极端分子是那些出于各种原因——个人贪婪、缺乏价值观、物质至上和腐化的政治体系——而破坏传统社区的人。[94]这样的说法就不仅仅是一种策略上的取巧，实际上把行动者变成了保守派，把保守派变成了极端派。"代表全体"在这里意味着，要让草根组织活动在无权者和掌权者眼里都变得正当。工业区基金会(以及社区发展公司的支持者)认为无论无权者还是掌权者在本质上都是温和派，所以"代表全体"就是要在无权者和掌权者之间形成合作的关系，以促进全体的利益。有所选择地和掌权者合作最终会帮助无权者，"代表全体"则是希望通过重新界定政治以恢复公共生活，让公民成为行动者，同时让政治家成为公仆。[95]

从让公民成为行动者来说，公民教育十分重要。对于以教会为基础的组织工作来说，以往的信徒和神职人员之间的关系必须予以改变。"事实是，指望那种依赖于培养消极性的宗教机构来发挥作用，引导个人去完成教会对人类和上帝的责任，这是不可能的。现在需要的是重新致力于一种新的学习，通过行动的学习，使这些基本的伦理价值变成有意义的具体的操作步骤。"[96]

对政治家进行再教育，让其成为公仆，同样也很重要，他们必须学会用"尊重"、"合作"的方式对待公民。工业区基金会认为，在1980年代和1990年代初，与政府官员对抗的方式越来越不能产生什么效果；地方官员会说他们也对这个议题抱着同情态度，只是没有资源帮助他们来处理问题。这时"代表全体"就是要和企业及政界领袖建立合作关系，以实现基金会支持者及更大范围的社区所希望的目标。在巴尔的摩，工业区基金会的组织者建立了一种包容广泛的合作关系，即“巴尔的摩共同事业”(Baltimore Commonwealth)组
195 织，其核心是由工业区基金会成立的“建设团结、独立、自由和尊严”组织，目的是解决公立学校问题。现在，“代表全体”越来越意味着工业区基金会承担了通常所说的“治理”的职责。[97]比如在圣安东尼奥，它开办了一个就业培训项目；它不仅从事组织工作，也推动政策倡议和实施。现在，工业区基金会在圣安东尼奥、纽约和巴尔的摩等大城市的政治中都扮演了重要的角色，它自身是很以这一新角色能促成的变革为荣的。它的一位组织者曾夸耀说，争取公共服务社区联盟现在已经成为“圣安东尼奥权力结构的一个部分”。[98]

“代表全体”这一做法对权力概念做出了新的界定。权力不再是某种别人才拥有，或者个人可以扩充的东西，而是“你教会别人去为
242 自己争取”。[99]得克萨斯工业区基金会的组织者经常会说，权力的含义就像西班牙语里的 *poder* 一词所表示的那样，意思就是你能够，你有能力。在这一点上工业区基金会是个名副其实的阿林斯基派组织，它知道权力是个好东西，没有权力的人应该去追求权力；而组织者为了给民众赋权，就必须“在民众自己能做的时候一定不要越俎代庖”。[100]但这种权力是受到价值约束的权力，是一种对外界敏感的权力，借助的是关系、互惠而非强制。欧尼·科尔特斯曾说：“组织工作就是构建关系的一种漂亮说法而已。”而权力和组织工作一样，是通过那些你和他们共享行动的人的联系而形成的一种政治关系。[101]工业区基金会认为，一旦你是代表全体去组织社区、影响政策、和民众及官员建立联系，那么你就是和非常广泛的人群共享了行动，就会把权力看成一种争论、倾听、修正和妥协的技艺，从而赢得那些“目前掌权者的尊重和寻求妥协的愿望。对我们来说，真正重要的不是共识，而是能够在不断的争吵、决定和改变这一动态过程中有我们的一个

位置”。[102]现在你可以去努力为自己争取；继续和其他民众发展一种信任的工作关系，也继续保持对政治家的尊重；按照汉娜·阿伦特哲学“公共生活就是平等者的舞台”教导的去做，去努力说服各方。

多数评论者对工业区基金会的工作都不吝赞美之辞，一如多年前查尔斯·希尔伯曼对阿林斯基的伍德劳恩组织所做的那样。日常的工作、长远的目标和组织上的创造性，这一切使得它相比于1970年代末和1980年代的新保守主义政治，算是提供了一种明确的、民主的替代选择。不过不是所有的组织者和进步分子都加入这一合唱，引起争议的主要是工业区基金会的适度策略。

适度策略，对温和立场的信守，把工作建立在主流的宗教机构基础上，界定权力时把构建关系作为中心——工业区基金会的这些做 196
法其实是为自己的工作设定了界限，排除了与其他一些运动分子及组织结盟的可能。[103]它诱使基金会只和自己的支持者以及主要盟友进行合作，避免去触碰造成权力不平衡——它的支持者也受着这种不平衡的压迫——的根源。像1980年代和1990年代初的美国属于一个高度分层的社会，这时把权力重新界定——同时也是温和化——为一个关系构建过程可能没有问题，但事实上权力还是主要由少数兴趣仅仅在于维护自己特权利益的特权者掌握。因此，有一个“巴尔的摩共同事业”组织，或者因为有一个内城的孩子被约翰·霍普金斯大学接收就沾沾自喜，[104]这都远远不够。事实上，所谓“代表全体”因为把重心放在适度和谈判上，越来越使工业区基金会走向利益集团政治，从而改变了组织者的角色。

在阿林斯基的观念中，组织者是居于幕后的，他不让自己的工作常规化，强调由社区居民来领导组织，而工业区基金会倡导的“代表全体”使自己背离了这一理念。每次它越是卷入和政府官员及企业高层的谈判，它的组织者也就越多地居于中心舞台，成为组织的经纪人和代言人。在基金会内部出现的分工给了组织者越来越多的公共角色和可见权力，这对于利益集团的讨价还价是有意义的，然而如果社区组织工作的目的如果是给社区民众赋权，是像阿林斯基所说的那样让自己不要成为常规性的存在，那就没有什么意义。[105]

这种经纪人/倡导模式随时间演化的结果是，邻里居民越来越成为你服务的顾客，而不是合作的盟友和行动者。工业区基金会对自己的工作的看法显然不限于此，在一个议题或项目上做经纪人仅仅是达到某种目的的手段，他们是这么理解自己的工作的：它是“寻求公共生活的一种途径，它关注的不仅仅是要处理某项问题，而是理解生命和意义”。[106]所以中西部学院的斯蒂夫·麦克斯才说：“不存在所谓正确的组织工作方式。”[107]然而，疑问仍然存在：工业区基金会的适度策略和经纪人政治最后会走向何方？

244

7. 激进组织工作

新平民主义组织多数都是阿林斯基直接或间接的传人，它们并
197 没有都遵循工业区基金会的模式，激进组织路线依然存在。比如，社区改革组织协会走的还是社会正义运动道路，忠实于激进意识形态和对抗策略；它有明确的政治规划，它的“人民政纲”虽然脱胎于邻里政治却超越了邻里政治，把一种建立在社区支持和阶级基础上的组织模式与对美国政治经济的批判结合在了一起。其他的途径还包括，受到第三世界组织活动中心（the Center for Third World Organizing）影响的许多组织活动，它们追求跨种族的组织，并对种族歧视和种族中心主义的系统的、制度的基础，提出了内在的批判；社区-劳工联盟则把社区基础的组织和阶级基础的组织结合了起来；[108]艾滋病解放力量联盟（ACT-UP）①则是把围绕同性恋议题的组织动员与对美国

① 中文里也有把这个组织的名称译成“行动起来”的。——中译注

权力的激进批判放在了一起。[109]

美国草根力量对城市急剧衰落作出的反应是无所不在的，这一点也在其他成千上万个组织身上体现了出来，这些组织并未直接参与全国性的协调项目，而是继续实践着1960年代末1970年代初开始的社会行动类型的组织活动。所以在当代城市邻里，一种常见的现象是它同时容纳着一批形态各异的草根组织，既有社区发展型和服务传递型组织，也有社会行动型组织。以马萨诸塞州的坎布里奇波特为例，麻省理工学院和邻里之间围绕新普利斯(Simplex)地产的斗争并未结束(参见“引言”的讨论)，目前麻省理工学院占了上风，它在1988年得到坎布里奇市议会的支持，可以把那片27英亩的土地重新规划用于高科技发展，即所谓的“大学园区”。[110]然而，为了这点利益，麻省理工学院也经历了严重的挑战、付出了沉重的代价。在市议会作出决定的一年前，有一个叫新普利斯指导委员会(Simplex

Steering Committee)的团体——当地的很多活跃分子这些年来一直在里面活动——举行了一个“帐篷城”(Tent City)的周末庆典，以庆祝全城联合反对麻省理工学院。这本来只是一个普通的邻里周末活动，结果却升级了。那些无家可归的人也受邀参加庆祝活动，然后决定留在那里不走，一直待了一个月。这对于邻里的居民，对无家可归者，还有那些与他们一起抗议大学所作的回应的麻省理工学院学生来说，都是一次异乎寻常的挑战和赋权行动。最后，怒气冲冲、深感威胁的学校当局派出校园警察，夷平了帐篷城，以擅自闯入的罪名逮捕了10人，——这些人都受到了指控，但随后或者指控被撤销，或者被裁定无罪。[111]市议会的土地重新规划决定通过一个月后，坎布里奇的一位负责租金控制的特派调查员发现，麻省理工学院在这片27英亩的土地上还有几幢无人居住的旧公寓，这恶劣地违反了城市法 198
律。[112]两天后，在一次大学行政楼门前的静坐抗议中，几位无住家的行动者被逮捕。

有人说再做什么都是徒劳，新的工程已经在建，麻省理工学院在按照自己的计划推进。不过邻里的行动者虽然不是大获全胜，但是他们的坚持不懈和持续抗争也为他们赢得了巨大的让步。麻省理工学院现在保证，新建的住房至少有四分之一会保留给中低收入阶层。此外，这场持续二十多年的斗争的遗产也会给未来的开发商敲响警钟：邻里项目必须考虑劳动人民的切身需要，否则会付出沉重的代价。

在坎布里奇市的另一个地区，本书引言介绍过的斯蒂夫·米查姆在继续推进他的激进社区组织工作。米查姆是坎布里奇波特业主租客协会的创建者，曾在前述反麻省理工学院扩张的斗争中与比尔·卡瓦利尼等人并肩战斗。他与1970年代末的许多行动者一样，后来转向劳工的组织，去了波士顿城外造船厂工作并在那里从事组织活动。他在这里待了很多年，参与了工会组织以及把工业转换为非军事用途的工作，总的说来成败参半，最后又回到了坎布里奇，成为坎布里奇经济机会委员会(Cambridge Economic Opportunity Committee)的一名组织活动家，投入到阻止坎布里奇发展成为一个“白种有钱人的城市”的斗争中。[113]他作为独立活动家参与完成的一件非常漂亮的事情，是在坎布里奇形成了一个无人迁出区。而在相隔不远的牙买加平原邻里，“城市生活”组织也在做同样的无人迁出区工作，它走了一条类似的激进组织路线，围绕租客权利和住房问题进行社区导向的、跨种族的和以阶级为中心的组织活动。在波士顿的这两项无人迁出区的活动在印发传单、举行会议和进行其他组织活动时，都使用多种语言，除英语外还有西班牙语、克里奥耳语和海地语。这些活动挑战了私人企业的特权，使居民对社区拥有了更多的支配权，并且培养出了本地的组织者和领袖。总之，对这些组织来说，社区组织工作的方向应该是围绕阶级和种族不平等展开更多斗争，而不是追求适度。

这几个波士顿地区的例子中所体现的斗争精神和激进政治，虽然不是绝无仅有，也是较为少见的。在整个1980年代，社区组织策略减少了公开对抗的色彩，也很少公然把矛头对准资本主义，批评资 199
本主义破坏了社区生活，这在保守氛围较为浓重的城市和社区尤其如此。在1980年代这个贴上"自由派"标签就意味着你被列入极左翼的时代，工业区基金会代表的适度的政治，是更典型的新平民主义表现形态。新平民主义组织最有可能的结局就是变成芝加哥的南奥斯丁联盟社区议会(South Austin Coalition Community Council)，这个组织是另一个阿林斯基派组织"为了更好的奥斯丁"的继承者，本来它想投入更多的时间从事"压力运动"，却发现自己完全陷身于为居民提供社会服务和社区发展项目之类的事务中。[114]

8. 资源的匮乏问题：资金和人力

索尔·阿林斯基曾提醒说，你如果顺着钱的方向，就能发现决定我们生活的那些机构。不仅如此，顺着钱的方向，我们还能看到社区组织工作所受的限制。工业区基金会的28个分支机构一年总资金是8500万美元，"按照企业、教会、工会或政党的标准看是小菜一碟"。工业区基金会的全职组织者和支持人员一共是75人，一个地方项目的平均年度预算是12万美元，这笔钱基本都花在人员开销上。[115]社区改革组织协会的情况也并不更好，每年总预算差不多是400万美元，"相当于三个正常运营的西夫韦超市"。[116]这笔钱会用于25个城市的75个组织者，15位全国性职员以及15位行政管理人员的开销。相比起来，工业区基金会人员更少，工资更高，两者一个是中产阶级的工资，一个是工人阶级的工资，但不管怎样两个都是仅够维持基本运转。至于资金的来源，主要来自成员缴费，工业区基金会尤其如此，它会向成员机构收取费用；社区改革组织协会也是一样，在它的资金中来自各种捐赠的只占23%。[117]

如果把各种类型的草根项目都考虑在内，也许不能说资助在减少，毕竟草根组织的数目太多，谁也无法完全确定。至于参与的人数则是在增加的，这一方面是由于妇女、同性恋、有色人种和环境等新社会运动团体的出现带来了志愿行动的传播，另一方面则要归因于围绕反对邻里犯罪、反对有毒废品倾倒、反对公立学校的低效等议题而进行的组织活动。尽管如此，有一点却毫无疑问，对社会行动类组织活动而言，可以获得的金钱和人力越来越少，那些关注穷人和工人阶级组织的活动尤其如此。

200 以工业区基金会为例，由于受到资源的约束，很多事情都不能做
248 好：它无法代表全体，无法进行政治教育，无法改造社区居民，无法在反对地方官员的斗争中或者在与他们的合作中赢得胜利。这部分可以解释为什么工业区基金会最后会走上利益集团中介政治的道路，在没有什么资源的情况下，做讨价还价的经纪人交易是在短时间内产生最大效果的一种办法。社区发展公司的工作也同样如此，它专注于特定事务，要求产生可见的效果，这时如果它足够幸运，这样的方式是可以保证资金的供应的。

另一个资源问题涉及领导层的生产。社区组织工作需要的资源不仅包括来自成员会费的资金、基金会资助等等，成员的技能和精力也很重要。[118]在整个1980年代，大多数人都对激进社会行动议程失去了兴趣，没什么人愿意投入金钱或者时间、精力，更没有谁会把这套激进议程作为日常政治话语的一部分。比尔·卡瓦利尼就有过这样的抱怨。资金极为有限，考虑到组织面临的问题如此之多，这就更是个问题。在一种保守主义的氛围里，没有了过去在华盛顿可以看

到的社会民主倾向，没有了左翼群众运动提供的热情、态度和一般纲领，领导阶层的培养现在也成了问题。这就是社会改革组织协会的韦德·拉特克所说的，从事组织工作的人太少太少了，而罗伯特·里维拉也表达了同样的观点。像工业区基金会——虽然它也吸引了不少人加入——遇到的“缺少组织人才”的问题，就始终都存在，而这又是因为整个国家缺乏运动政治所造成的。[119]

商业价值和个人主义的霸权使人们远离了进步的社会行动，而走向了——如果说它还有个方向的话——新右派的反动立场，敌视女性、同性恋和黑人已经获得的成果。拉特克曾说：“年轻人成为雅皮士后，寻找组织者就更难了。”[120]不过看来在受过大学教育的中产阶级中还是有后备队的，尤其涉及某种特殊身份的新社会运动时更是如此。只是这些人在关注城市或邻里问题时，更关心的是社区发展和公立学校改革，更多会从一种职业化的、改良派的视角出发、而 249
不是以工人阶级社会运动的取向去看问题。所以毫不奇怪的是，1980 年代和 1990 年代的一项艰巨任务就是招募和培养有阶级意识和社会正义感的组织者。正如一位社区健康诊所的协调员所说的：“如果我们在经历了和右派的所有斗争之后，却因为不能引起人们的关注而最终失败，那可太丢人了。你看到了，不管右派用了什么可怕 201
的阴谋和攻击都没有让我们屈服，可是我们如果不能给运动补充新鲜血液，那就没法坚持下去了。所以说新右派不是我们的心腹大患，这个问题才是。”[121]

新平民主义组织的强大与否，取决于其组织者的技能和数量。虽然毅力和决心在组织工作中占了很大的比例，但你还是需要有能干的人才，需要他热爱这份工作，感受到它的挑战，对不正义的事情会充满义愤，并意识到工作将像马拉松一样漫长，而不是一次短跑冲刺。[122]基于这样的考虑，在 1970 年代和 1980 年代，各种组织者培训学校在全国迅速兴起,其中较为出名的有工业区基金会、中西部学院、组织培训中心、第三世界组织中心(the center for Third World Organizing)、草根领导(Grassroots Leadership)、直接行动和研究培训(Direct Aciton and Research Training,简称 DART)、加马利尔基金会(Gamaliel Foundation)和太平洋社区组织研究所(the Pacific Institute for Community Organizing,简称 PICO)等几家。

在 1980 年代和 1990 年代初,还出现了一个问题。从前在 1960 年代和 1970 年代初,社会运动和带有自由主义色彩的国家政治话语强化了这样一种观念,即做一个活动分子是人的一生所可能从事的最有收获、最有价值的工作,在这种氛围下倾向左派的人为数众多,而现在却很难找到这样的人了。在 1970 年代,社区改革组织协会能招到刚刚毕业的、主修社会组织的社会工作专业硕士,而到了 1980 年代,社工硕士对心理治疗和个人主义方法、对高工资更感兴趣。总体上看,在 1980 年代,在受过专门培训的社会工作者中也只有很少的人愿意以社区组织作为终身职业。

所以像工业区基金会、社区改革组织协会或者公民行动等组织,出现这样一种情况也就不奇怪了:组织者不是避免自己的工作成为常规性的存在,而是越来越多地走到前台,成为政治领袖和权力掮客。如果人们一直留在某个社区或者某个组织,上述情形随时间推移就会自然而然地出现;认为阿林斯基或其门徒只是简单地在幕后工作,是十分天真的想法。事实上,他们拥有力量和知识的优势,往往扮演着举足轻重的角色。尼古拉斯·莱曼(Nicholas Lemann)曾研究过芝加哥的黑人移民,他向我们讲述了在伍德劳恩组织的会议上,人们是如何全体求助于阿林斯基派的组织者尼克·冯·霍夫曼(Nick Von Hoffmann),希望听到他的主意和回答。当然组织者会说自己希望让人民来决定,但人民更想知道组织者是什么想法,而且通常都会接受他们的想法；人民总是更习惯于被领导而不是去领导。所以，如果时代变得招募新人越来越困难，资源不断减少，社会运动
死气沉沉，大规模抗议受人嘲笑，政治机会结构越来越成为阻力，而 202
民主也越来越受到质疑，遇到这种时候，社区组织者就会越来越依靠自己的技能和知识，让自己成为主导角色。

从某个角度来说，考虑到现在问题是如此之多，对各种社会行动型组织工作的支持却在不断减少，这是非常让人泄气的。情况对进步分子如此地不利，还怎么可能去促成进步的变革呢？面对后现代的、碎片化的文化和复杂的、高度竞争的全球经济，置身在这样的环境中，那些社会行动看起来毫无成功的希望了。然而，如果换一个角度看看这些政治活动团体已经取得的成就，那又多么地不同寻常。所以加州奥克兰市应用研究中心的加里·德尔加多(Gary Delgado)才提出，社会行动型的组织工作仍然是一个有价值的投资，肯定比社区发展公司要有价值。不然可以比较一下，从各种公共和私人资源里划拨过来用于经济发展项目的资金一共4亿美元，而收效却甚微；而由国家投资不到100万美元，然后根据《社区再投资法》筹集到的贷款和捐赠是3亿美元，最终得到的却是4万套房子的兴建。[123]

政治活动型组织工作在缺乏资源、环境也极其恶劣的情况下，还能够组织居民、为个人和社区赋权并影响政策，这让我们看到了巨大的希望。正如“全国人民行动”的盖尔·钦科塔所说的，“城市离开了社区组织就看不到希望。现在问题这么突出、这么严重，你必须去争取邻里居民的支持，不然没有别的办法。”[124]毫无疑问，其他办法还是存在的。社区组织活动的局限当然是存在的，然而，如果有更多的资源——表现为更多的人力物力支持，那么产生更大影响的可能性也是存在的。

9. 社区工作，碎片化和对邻里组织工作的挑战

> 我们想建立这样一个传统，它既可以追溯到人们今天处境的根源，同时又能鼓励人们用公开行动的方式来表达。现在政党的情况一片混乱，社会运动也奄奄一息……所以我们不得不按我们自己的方式来干。
>
> ——欧尼·科尔特斯，工业区基金会

> 203 低收入邻里现在被分割成一堆堆相互隔绝、孤立无援的居民，在每一个街角都有挑战等待着那些有经验的行动者，他们已经累得喘不过气，要被压垮了。
>
> ——比尔·特雷纳，社区培训和服务中心

> 1980 年代的一个特征是对人类和自然世界的严重破坏，而这之所以可能，是因为受到伤害的那些人陷入了四分五裂、相互隔绝之中。至于 1990 年代会是继续破坏的时代，抑或是出现创造性复兴的时代，这在很大程度上取决于分裂状态能否得到克服。
>
> ——杰里米·布雷彻和蒂姆·科斯特罗，政治评论家

在过去十年里，涌现出了成千上万个以社区为基础的社会服务和倡导性的组织，新的志愿精神在它们身上得到了最好的体现。这些属于社会工作型社区组织传统的组织，既不同于基本上属于经济取向的大多数社区发展项目，也不同于认为自己具有政治色彩的新平民主义组织，它们认为自己的工作主要体现为一种社会的意义，或者说兼具社会和文化的意义。这里包括向穷人提供服务的食品分发处、教会背景的社会事工、流浪汉收容所，等等，这些机构会提供餐

点，或者捐钱替穷人付房租或电费，或者是提供让他们过一晚或几晚的地方。像艾滋病收容所、家庭暴力庇护所、黑人社区的社区活动中心和难民服务联盟都向服务对象提供服务，介入了以文化为基础的身份政治。这类团体的迅速扩散，一方面是由于不断恶化的状况以及联邦政府"丢开包袱"、放弃承担责任的做法，另一方面也是因为大量涌现了各种具有明确身份意识的运动和以专门议题为导向的选民，他们希望实现自己的需求，提高社区能力并为自己赋权。

社会工作型的社区组织并不限于某一种类型，但这一时期的这类组织又都包含两个要素：赋权和社会服务。赋权要求的是把私人需要和公共生活变为一个完整的整体，它的根源出自女权主义运动（所谓"个人的就是政治的"）以及在1980年代和1990年代初在社会工作型社区组织工作领域出现的女权主义实践。根据社工人员罗琳·古 204
铁雷斯（Lorraine Gutierrez）和伊迪丝·路易斯（Edith Lewis）的说法，女权主义组织工作的目标是"把一切人之间存在的永久性的权力等级结构都消除掉，这种结构使人们无法实现自己的人性潜能"。[125]这一实践的核心是对个人和集体的赋权过程：提高对压迫及其根源的意识，把权力重新界定为人的能动性而不仅仅是结构的支配，敢于对一切否定人类需要、破坏人类尊严的个人与制度都提出挑战，给予人们技能和知识以帮助他们"创造历史"。[126]

不过，社会工作型组织活动的核心要素还是在提供服务和社会行动之间建立联系。在社会工作者谢丽尔·海德（Cheryl Hyde）所称的"社会运动机构"（social movement agencies）那里——这也是社会工作型组织活动传统中最出色的那个部分——提供社会服务和参与社会行动是携手并进的：只有社会行动还不够，因为"各种服务才使得组织对其成员来说显得真实而重要"；[127]但光有服务不足以揭示社会问题的根源，社会工作型社区组织活动还需要通过服务提供来对民众进行动员和赋权。在提供服务和社会行动之间存在着内在的张力，对此很多人看得很清楚，不过两位激进的社会服务学者安·韦松（An Withorn）和谢丽尔·海德却坚持认为，不应该用错误的两分法来处理这两者的关系；[128]虽然服务工作经常被看作政治的替代品，但好的服务工作也包含了具有进步色彩的政治活动。[129]社区工作既可以改善社会状况，重新分配权力和影响力，加强社区参与，推进受压迫群体的利益，同时也可以提供所需要的社会服务。[130]

这可不是容易实现的目标。社工赫伯特·鲁宾（Herbert Rubin）和艾琳·鲁宾（Erene Rubin）指出，组织者会面临三个基本困境。第一个是大众参与和组织效能之间的矛盾，社区发展公司遇到的困境就反映了这一矛盾，它希望通过具体而实际的项目来改善社区的物质层面，但又不想放弃社区参与的目标。第二个困境是权力和依附

之间的矛盾，组织可以靠增加成员、与权力经纪人建立联系或者参加联合而赢得更多的权力，然而就像工业区基金会的例子所表明的，组织或者由于资源的匮乏或者想追求更大的影响力，于是谋求和有权力者建立联系，但这带来了新的限制和义务。第三个困境是赋权和提供服务之间的矛盾。很多的进步社会工作都会面临这一难题：你
205 既要提高民众解决自身问题的能力，又要为他们提供服务——不管服务是提供给无家可归者、性侵犯或艾滋病的受害者，还是为了满足日托、资源回收、卫生保健等公共需求，这该如何做到？[131]在根本上，这涉及一个资源如何分配、策略如何选择的问题。当然这只是一个困境，而非对立的二元。社会服务的提供并不是在政治之外的另一个选择，它是政治的一部分。

韦松还有进一步的论述，比如她说："做一个女权主义者就意味着，不仅要去做那些通常被认为属于政治的事情，还要参与到服务工作中，两者具有同样的分量。"[132]社会服务工作有助于实现居民的需

求，解决社区的难题，与此同时又会触及到背后宏观的结构性原因，所以社会工作型社区组织活动中的女权主义者非常理解，有效的社区工作不是出自什么高扬的理想、崇高的政治目标，而是要看你能否兼顾一些议题和人们的具体需要，和社区民众建立起联系。这包括建立以社区为基础的服务方式，并同时能应对经济不稳定问题以及民众对衣食住行的基本需求；既提供工作培训，也提供和消除性骚扰及性别歧视有关的服务内容；既提供精神卫生和一般卫生的服务，也提供暴力受害者需要的服务以及戒除各种瘾的服务。总之是要掌握“服务的需要和政治行动的需要是紧密联系的”。[133]

这里以全国城市里与艾滋病相关的组织工作为例来说明。针对艾滋病，有些团体是通过地方的医院和研究机构来提供传统的医疗服务，而致力于社区组织工作的团体则会同时提供服务和进行倡导：一方面是对艾滋病人给予指导、治疗和收容，并提供对其家庭的支
持，与此同时也围绕艾滋病问题，围绕消除人们对同性恋的恐惧，进行游说、倡导、赋权和教育。他们在同性恋社群中展开多种多样的工作，这些草根努力最后获得了成功，艾滋病感染率大幅下降。

再以无家可归者问题为例。围绕都市里的无家可归者，也出现了各种各样的方案。主流的服务项目一般都是通过政府和慈善机构，提供所需要的住处和食物，工作人员给那些需要帮助的人士送来各种豆类和金枪鱼罐头，或者为收容所捐助资金。而带有进步倾向的救助行动，就像乔尔·布劳（Joel Blau）在《看得见的贫穷》（*The Visible Poor*）一书里所记录的，既有服务又有倡导：不仅提供基本需求，并且代表无家可归者的利益来进行游说和倡导，与相关的机构进 206
行联合以努力争取更多的公共资金和公众关注，对无家可归者进行组织动员以利于和压迫者的斗争，等等。[134]

在休斯敦第三区（the Third Ward）的一个黑人为主的贫困社

区，有一个非裔教育自助社区中心（SHAPE Community Center，其中 SHAPE 是 Self-Help For African People through Education 的缩写），它的全部愿望就是通过自助努力建设社区，同时挑战经济贫困的根源，为此它提供了广泛的服务，其中有针对青少年和成年人的文化项目，目的是培养个人和社区的自豪感；有针对预防毒品滥用、青少年心理咨询、社区安全、亲子教育、学校改革和卫生医疗的各种社会项目，可以满足社区的急迫需求。中心的创始人和一些主要工作者，如德洛伊德·帕克（Deloyd Parker）和社工西奥拉·佩蒂维（Theola Petteway），都曾参与民权运动和黑人权力运动，所以中心的很多项目带有政治色彩。比如帕克有一项针对社区毒品问题的工作在全国都很知名，他以社区为基础，强调在社区养成正确的态度而非诉诸更多的警察干预，并为毒品使用者增加社会服务资源的投入，同时对社区居民赋权以帮助他们来处理社区问题。中心的接待室里都是各种政治照片、报纸和宣传册。在 1992 年纳尔逊·曼德拉访问休斯敦期间，还专程在中心发表演讲。所以，虽然休斯敦对社会行动充满了敌意，这一点比很多城市都严重，但中心的服务和社会行动还是并行不悖的。

在第四区有一个好邻里卫生保健中心（Good Neighbor Health Care Center），负责人是珍妮·西克曼（Jeanne Sickman），这里提供的各种各样的预防性保健和初级卫生保健服务，给人留下深刻印象，其中有全职的全科医生服务、健康儿童门诊和产前计划，此外还有一个与休斯敦大学合作建立的验光中心、一个婴儿喂养计划和一个扫盲中心。不过社工西克曼着重指出："如果我只是提供服务，而不去了解导致这些需求的根源原因，我会发疯的。"[135] 所以她选择在这些服务中心所在的内城低收入邻里居住，一方面为社区机构引入各种服务（比如当地的小学），同时也努力在中心及其他社区组织之间建立联合。

所有这些组织都在机构和社会所允许的限制范围内从事着社会行动。这些限制包括资源的多少，由谁支付账单和工资，结构的官僚化程度以及机构（或社区组织）在意识形态上的保守程度，组织者因 207
此在自主性、接近权力的能力、与社区的整合程度以及居民支持程度上表现出差异，他们也因此必须进行权衡，在个人服务和集体倡导之间如何取舍。但另一方面，尽管有这样那样的限制，那种将社会服务和社会行动集于一身的社会工作型邻里组织活动还是得到了广泛的扩散，因为社区工作者清楚，只选择其中一种是不够的。

奇怪的是，这样的扩散同时也使问题变得更复杂了。前文提到过，在民权运动和反战运动退潮后，组织活动越来越碎片化，通常是围绕一些文化群体（主要是种族、性别和性取向等等身份）以及一些特殊问题（性侵犯、暴力、酗酒、艾滋病、有毒废物倾倒、空气和水污染、酒驾及无家可归等等）而展开。现在的政治斗争越来越去中心化，它摆脱了以阶级斗争为核心的老式的社会运动套路，而接受了一套千差万别的新公民行动的多元化话语，这为目前的草根工作既带来活力，也造成了它的问题。正是因为对差异性的信奉，不同的民众、身份和议题群体也纷纷受到鼓励去参与自身的斗争，发出自己的声音，投入到自己的赋权行动中去。所以才有那么多以前从来不发声的群体开始寻求意义和权力。

差异化带来的一个挑战就是各种反对行动的碎片化，每一个都成为排他性的、狭隘的、常常相互敌对的存在。“个人政治化的结果是，”批评家考夫曼（L. A. Kauffman）写道，“女权分子、酷儿和有色人种都把差异看得高于共性，从而造成了反对运动的分裂。”[136] 不过全国男女同性恋工作小组（National Gay and Lesbian Task Force）的执行理事乌尔瓦希·怀德（UrvashiVaid）①对此表达了不同的看

① 原文此处（及索引）人名拼写有误，经与作者核对后改。——中译注

法："同性恋者参与劳工运动、和平运动或者女权运动的时候，经常会听到人们这么说：'好的，我们支持同性恋者的平等权利，但这不是我们这里要谈论的事情——这里要讨论的是住房，是和平。'但是，同性恋者对这些问题有自己的视角。我们在这些论坛上都遇到过特别的歧视，必须把它公开出来。"[137]

正是因为这种分裂，他们难以形成合力去挑战全国性的，乃至跨国性的问题。上述的运动越来越兴盛，形态越来越分化，斗争越来越去中心化，本来已经稀缺的资源也就越来越不够分配了。约翰·戴维斯在辛辛那提西区注意到，那里组织者发现自己陷入了相互竞争的
208 困境，"潜在的志愿者资源是有限的，大家都为了得到他们的服务时间和忠诚而竞争，而与此同时所有西区的领导人和行动者则发现自己被这些力量牵拉得什么也做不了了"。[138]

社会学家阿兰·图海纳(Alain Touraine)曾进一步提醒人们，如果完全听任这些趋势发展，那么这些运动就会为一种狭隘的文化、自助和身份政治大开方便之门。[139] 在传统的社会运动中，阶级起到了聚合的作用，用一个共同的计划和意识形态把分离的文化因素团结到一起；而在今天，各种地理的和利益的社群(比如邻里组织和身份群体)成为了各种自我保护和反叛行为的主要舞台，也就是社会行动的主要舞台。社区组织工作虽然在目前得到了广泛的传播，有了持续的存在，但如果希望产生更重大的影响，也就是说真正从根源上去触及社区的问题，那么就必须超越文化政治和单一议题政治的狭隘的关注点。真正的挑战在于既要鼓励草根的多样性，又要在千差万别的行动中发现统一性，把文化政治和政治经济联系在一起。提供服务、建设社区，并在民众超出自身有限的世界，向城市、州及国家要求权力时对民众和社区赋权。

那些最接近社会工作传统的社区组织者，对文化群体和单一议

题群体的需求一直以来都非常敏感,会迅速做出回应。文化上的适应能力是社会工作型社区组织工作非常强调的内容,无论是出席一次会议或者参加一个讨论,如果来的是一群背景不同的社会工作行动者,那么每个人都会从自己的身份角度来切近议题,讨论会非常活跃、热烈、忙碌而富有挑战性。你可能会听到一位残障妇女挑战住房专家忽视了残障人士的需要,或者一位身染艾滋病的同性恋者批评无家可归者联盟对同性恋的敌意,这样的场景不禁会让人回想起早期社会运动所做的抗议。社会工作型的社区组织活动对这些诉求的正当性和重要性十分清楚,但是问题依然没有解决:在这样一种文化分裂的前提下,组织者如何去推动更宏观的结构和政治变革?对文化的敏感有助于对民众赋权,改善服务质量,但随之而来的碎片化却进一步加深了本已存在的深刻裂痕。

越来越恶化的城市状况要求我们采取更加统一的政治行动,问 *259*
题的严重程度已经超出了单一邻里组织的能力范围。路德·琼斯(Luther Jones)曾与厄尔巴索跨宗教发起组织委员会(简称 EPISO,这是工业区基金会在得克萨斯州厄尔巴索市的一个团体)有过广泛的合作,他曾直率地表达过自己的观点:“沿着边界线有大量的问题 209
都不是厄尔巴索造成的,它也无力控制。比如我们可以给民众供水,但没法解决他们的贫困。”[140]社区组织的扩散无法阻止总体状况的恶化,尤其是穷人和有色人种状况的恶化,而人们无法做出一致的政治反应,其原因不仅在于新保守主义的环境,还在于抵抗行动本身的碎片化。多样性既是抵抗运动碎片化的症状,也是把社会推向一种更人道的组织方式的力量,所以 1990 年代及其后年代带来的挑战,是要求各个团体既要懂得保持自己的身份、关注焦点和民众基础,同时又要能在进步组织中合作共事,以推动社会的正义。

第七章　结论:邻里组织运动的
210 性质、潜力和前景

我们做的事情包括在社区里建立诊所,在内城重建邻里,在全国挑战政客,阻止露天采矿者和搞红线歧视的人,争取到了交通指示牌和公交线路,甚至还制止过战争。我们需要正视的,不仅是我们做错的地方以及没有做到的地方,还有我们做对的地方。

260 ——希·卡恩,组织活动家和音乐家

本书第一版曾指出,邻里组织运动研究仍处于婴儿期,才刚刚开始发展出一些案例研究和理论材料,这种时候在结论部分提出一个一般性理论不免过于草率。有位评论家还专门提醒道,“要想对各种类型社区的邻里组织项目归纳出一些普遍适用的假定是做不到的”。[1] 而鉴于本书把邻里组织活动的三种主要途径(社会工作型、政治活动型和邻里维护型)都包含在内,所以这样的任务尤其难以完成,——事实上通常的研究都会将自己的范围局限在某一途径上。
211 这三种途径虽然有不少共同点,但不同点也很多,所以很难进行概括,更不要说提出一般性理论了。[2]

社会工作途径在本质上把社区看成一个社会有机体,它关注的焦点问题是建立共同体感,聚合社会服务组织,游说并提供各种社会资源。它认为社区的问题在根本上是社会的去组织化,它的组织对

象一般来说是工人阶级和低收入阶级。组织者在功能上是作为“推动者”,帮助社区聚集到一起,或者是作为“倡导者”,以便为社区争取额外的服务。在行动策略上,它追求渐进主义和共识,也就是说组织者认为在统治集团和邻里之间存在共同利益,掌权者中至少也有部分人士愿意实现社区的需求。在这一传统中,组织往往有较为正式的结构,常常由在专门的社工学校受过训练的职业人士领导;同样地,虽然这一传统中的各个组织在实现本地参与和草根领导方面程度有别,但职业社区工作者基本上构成了项目的核心,他们至少是提供了最初的动力,并常常赋予组织以宗旨和个性。走社会工作道路的邻里组织把自己看成一个社会机构,而它的日常运作也符合社工行业的总体倾向。

此外,从社会福利途径身上很可以看出它的自由主义来源,即慈善事业和社会工程。从积极的方面说,社会福利项目对穷人和工人阶级是有贡献的,它协调并提供了他们所需要的服务,在服务之外还辅之以社会行动;而从消极的方面说,这些项目都带有明显的精英操控色彩,试图通过缓和社会矛盾、吸纳社会无序力量来维持已有的阶级安排。无论是哪种情况,社会福利型的邻里组织项目往往都要去迎合那些带有自由主义倾向的官员和基金会;社区工作者或许有心在邻里组织方面多做一些事情,为劳动人民争取一些权力,甚至是对造成服务对象贫困和无权的原因进行追根问底,但总体来说,改良的远景、自由主义的目标、追求共识的策略、稀少的资源和权力以及专业化的取向等等这些社会福利途径的独有特征,是不利于发展出民主的草根事业的,后者要求从有利于草根的角度去改变阶级和权力安排,这样才能真正服务于邻里居民的利益和需求。

选择政治活动途径的邻里组织把社区看成政治单位和潜在的权 212
力基础,专注于对权力的争夺、维持和重构;或者,如果它没有走上对社区居民赋权的道路，它的目标也是发展替代性的制度，就此而论它仍是政治性的。在组织者眼里，社区的问题主要在于缺乏必要的权力以保护邻里的利益，使民众可以更好地支配自己的生活。它的对象群体一般是工人阶级和低收入阶级，组织者的作用首先是帮助社区理解自己面临的问题以及自己潜在的力量，然后据此进行民众动员。政治行动者选择的策略，从共识到对抗各种都有，而所有的选择无一例外都是来自同一个假设：在掌权者和社区之间存在利益的冲突。相比于社会工作型的组织来说，政治活动型的组织职业化色彩较淡，组织化程度较低，领导者（如果不说组织者）也更多出自邻里。由于组织者专注于自己的组织建设目标，而不是考虑如何满足社区的需求，实现名副其实的民主参与，所以这类组织也和社会工作型组织一样，会处于外部的领导下，带有专制的色彩。但政治活动型组织和社会工作型组织有一个最大的不同，就是它的阶级视角：社会工作型组织希望的是在上层阶级支持者、社会福利职业人士、工人阶级和低收入阶级邻里居民之间建立合作关系，基于此它们希望实现阶级的和谐共处；而政治活动型组织要做的是——大多数时候是在基层，但也经常在国家层次上——挑战掌权者，以此来推动（有时也是抵御）社会变革。

保罗·威尔斯通（Paul Wellstone）曾提到过他与一家阿林斯基风格的组织——赖斯县改善组织（the Organization for a Better Rice County）的合作经历："如果让我挑选一件赖斯县改善组织成立以来发生的最重要的事情，那就是穷人的政治意识发生了翻天覆地的变化。"[3] 威尔斯通提到的这种政治意识的觉醒，不是通过和掌权者寻求共识，也不是通过限制和管理冲突来实现的。冲突对从事邻里组织工作的人来说，无论在个人角度还是政治角度都是有益的，当然短期来看也会带来不愉快不和谐的事情。凯瑟琳·麦考特曾在她的工

人阶级女性组织者研究中强调指出，抛开女性处理的具体议题不论，213
自信的、冲突导向的社区组织本身就是一次政治化的经历，参与这样的组织可以帮助其成员理解自身诉求的意义，并为她们提供全新的信息、更加充分的自信以及自尊。简而言之，冲突带来赋权，哪怕与之冲突的是一个多数女性都认为“无所不能的”权力结构而导致了失败，它也往往意味着一次心灵的胜利，帮助她们走向更多的行动和更加积极的参与。[4]

但是冲突的意义不止于发掘个人的潜能，它还能够避免组织发展停滞而沦为单纯的形式。冲突可以使组织成为一个充满活力的民主和政治教育的训练场，对穷人社区里常见的各种关于贫困和权力的假设提出挑战，从而为打破阶级力量的平衡做好准备。人们在冲突中会被迫去审视和对抗政治体制，去试验各种抵抗和民主反叛的
策略。总之，这些具有对抗性的邻里组织活动，凭借它们对进步目标 263
的追求，它们和现有权力的冲突，以及毫不畏惧组织内部的原则性斗争，成为了真正民主和变革能力的训练场，

第三种传统通常不被人们归入邻里组织活动的范围，邻里的维护是它的中心内容。它把社区看成一片居住区域，而社区的难题是在防备各种内部外部力量破坏它的持续存在和商业价值的同时，维护和改善邻里。它的对象群体往往是中上层阶级，组织者出自邻里内部，他的身份是被推举的代表或者公民社团的领导人，而邻里居民的角色主要是组织的缴费成员。它采取的策略是寻求共识，在社团内部它首先借助邻居压力来解决问题，然后如果必要再求助于政治和法律渠道。与政治活动型组织往往公开挑战地方官员不同，邻里维护型组织发挥的是传统的利益团体的作用，它最经常的工作是不声不响地在幕后与地方官员合作。这类组织的目标是改善邻里的状况，以维护——如果不说增加的话——房地产价值为优先选择，这一

点是与另两种途径的显著不同，因此这类组织最常见于外城和郊区的邻里，居民都拥有单门独户的住宅，保护邻里会关系到他们财产的
214 价值。以一项对印第安纳波利斯的研究为例，它调查了 197 个邻里业主社团，但没有一个是处于社会经济地位较次的地区。[5] 相比于另两类组织活跃的邻里来说，富裕邻里在争取公共服务或者向地方权力掮客申诉要求时难度不大，所以它的邻里维护团体通常没有什么重大的问题或者紧迫的事务，唯一的例外就是商业开发或者社会变革力量的侵入。在阶级关系上，社会福利型组织寻求阶级和谐，政治活动型组织挑战掌权阶级，而邻里维护型组织则捍卫自己的阶级利益，尽力维持现状。

富裕社区的邻里改善团体往往是作为邻里利益集团而不是社区导向的组织来行动的。它的领导人都是邻里的常住居民，公民参与较为有限，往往通过现有的官方渠道来追求政治和经济利益，对创造或维系一种社区生活总体上看并无多少贡献。它也许能使邻里在市政府决策中获得更大的发言权，也许能提供或协调某些必要的服务，从而保持或改善邻里的品质，但它最重要的目标无非是使财产增值，所以它所主导的人们的联合只是一种有限的物质利益基础上的结合。而一旦它的目标偏离了这一点，不再关注财产保值，而开始考虑推动社区生活或者是保护社区免遭商业力量或城市改造势力的威胁，它的参与程度、与邻里生活的关联程度也就会相应上升。（以上三种途径可以参见“引言”部分的表 1。）

不过，把这三种传统描述成截然不同的样子也是不对的。综合的研究虽然有难度，但毕竟不是毫不相干的苹果和橘子之间的比较。在第一次世界大战前的那个年代，部分由于当时社会工作的职业化程度还不高，在一些进步主义的服务站里偶尔也出现了社会工作传统和政治活动传统的重叠。服务站工作者可以说是未来社会工作型

社区组织的先驱,但他们也经常动员邻里居民进行政治斗争,反对地方上的政治大佬和血汗工厂。玛丽·弗里特(Mary Follett)是社区中心运动中的一名服务站工作者,同时也是一位政治活动家,她曾在 215
1918 年宣布:"对美国人民来说,政治不应该是一种额外的活动,而应该成为满足需要的常规手段……我们建议,人民应该组织起各种邻里团体,表达他们的日常生活,把生活中的各种需求和愿望都公开展示出来,我们还建议,这些需求应该成为政治的实质内容,邻里团体应该作为一个政治单位得到承认。"[6]

到了 1960 年代,在时代的政治热情的驱使下,这两种邻里组织工作途径再度交织在一起。政治行动取向的组织者及其所在的组织——比如学生非暴力协调委员会和学生争取民主社会组织,以及由黑人斗争和新左派抗议所产生的其他很多活动——对社会工作型邻里组织造成了压力,后者不得不重新审视自己那套以共识和社会

服务为导向的社区组织工作。与此同时,伟大社会计划的出台带来了一种新的横跨两种传统的社区组织工作,它也吸纳了不少政治行动者,而这一新型组织工作(比如社区行动计划)的根源正在于社会工作的传统中。[7] 两大传统相互交织的现象,还可见于第六章讨论的当代社会运动机构中。

总体而言,政治上保守的邻里维护传统较少与其他两种传统发生联系。但阿林斯基主义及新平民主义所展示的很多方面,尤其是像后院邻里、伍德劳恩组织、东南巴尔的摩社区组织等等机构所采用的邻里发展方法,与富裕邻里的改善协会所做的工作已经有很多相似之处:在观念上都是地方色彩的,都注重共识,都努力改善和保护邻里的品质,争取各种服务。事实上,1980 年代的保守主义带来的一个主要后果,就是拉近了社会工作方法和政治活动方法与邻里维护模式之间的距离。

1. 新社会运动理论

从本书第一版写作以来，社区组织活动作为一种主导的公民政治形式，它的多样性、在全球的扩散性以及持续性在社会理论家那里得到了更好的解释。今天提醒人们注意避免一种单一的、通用的邻里组织理论仍有它的价值，但新社会运动理论家的出现还是为我们
216 提供了一个更好的理论范式，可以帮助我们理解美国及全球的当代社区组织活动的起源、性质、发展和潜能。很显然，任何一种社会理论，尤其是像新社会运动理论这种二元化的理论，在面对历史的复杂性和社会运动的复杂性时，都显得过于简化，时效性的局限太大，不能奢望它把握得不偏不倚。然而，这样一种具有共同形式的公民行动能够在全球范围得到传播，这一事实本身就表明，应该有一种对不
266 同地方的草根行动都适用的理论解释了。

先让我们回顾一下"老式"的社会运动。正如本书第一和第二章所描述的，在二十世纪初社会民主运动在美国和西欧兴起，它是对工业资本主义带来的种种恶果的回应。这些老式的社会运动在一些关键点上是共同的：[8] 它的组织活动都发生在工厂，活动分子围绕阶级议题建立起工会；在意识形态上，无论是社会民主主义还是共产主义，通常都包含了对资本主义的批判以及一幅立足工人阶级的未来蓝图；斗争的矛头对准雇主，也就是生产资料的占有者，不过同时也参与政治活动，希望赢得国家政权；它在美国和西欧获得的成果成为第二次世界大战后西方政治生活的基石。正如第三章所述，从 1946 年到 1960 年代末，组织者们在经济增长、福利国家开支和美国的帝国支配地位等一系列问题上形成了共识，公平施政、新边疆和伟大社会计划都是这一时代的化身，而美国产业工会联合会则可以说是老式的社会运动发展史的典范。[9]

很多因素导致了老式的社会运动的衰落。首先，世界经济日益走向全球化，政治领袖的行动因此受到限制，无法随意向选民进行资源的再分配。在这种全球经济中，资本的流动越来越超出国家的控制，福利国家因此面临越来越严重的财政危机，于是走社会民主道路的国家开始失去民意的支持，与之相关的一切也变得不得人心。其次，在后工业时代的新型全球经济的压力下，老式社会运动的两个内在弱点暴露了出来：一个是社会运动领袖提出的议程日益显得狭隘和自私，再一个是这些运动也许为处于弱势的工人争得了权力，但对另一些群体（比如少数族裔、妇女以及无技能者）却意味着他们无权势地位的延续。于是，黑人、学生、妇女等等以前从未发出过声音的群体开始组织起来，挑战那些把他们排除在外的走社会民主道路的领袖和政党。结果，从这些关注民主参与、个人自由、公民权利和生 217
活品质的草根反抗团体中，产生了与老式社会运动不同的新社会运 *267*
动；相比之下，那些老式社会运动的传人，西方的那些自由主义和社会民主派政治家，一方面因为全球经济的发展而失去了用武之地，另一方面又两面受敌，不仅右翼攻击它，左翼的新社会运动也批判它的集权政治，于是在 1960 年到 1990 年这段时间退化成为了一种无政府主义。[10]

新社会运动作为战后政治经济的对立面，在不同时期的不同地方都曾出现，与老式的社会运动相比，它有五个突出特征：

第一，它以社区为基地，换言之，它兴起于以利益或地理为纽带的社区，而不一定是在生产场所，也不是反对资本所有人。[11]

第二，它是一些跨越阶级的共同利益或文化身份的聚合，比如黑人、少数民族、妇女、同性恋、学生、生态主义者和和平人士等等。劳工只是其中一个而非唯一的团体，阶级也仅仅是其中一种而不是唯一的身份。[12]

第三,它的意识形态黏合剂是一种新平民主义的民主观。新社会运动在各个领域,无论是政府、领导、政党、组织和相互关系中,[13]都拒绝威权。它在组织形式上要求松散、开放和小规模,以便能够"利用地方性的知识和资源,快速而有创造性地对问题作出回应,维持由于环境变动所需要的弹性"。[14]第五章曾提到,有些人认为新社会运动是"非意识形态"的,因为它驱逐了资本主义、共产主义或者民族主义之类的传统意识形态,而且它本身也努力避免对支配体制做明确的批判。另有一些人则认为它在本质上还是具有意识形态的一致性的,它所谓的新就新在新平民主义的原则和信仰上。[15]

第四,当代社区运动和以往发生在工厂的运动相比,文化和社会身份的斗争发挥了越来越显著的作用。"随着冷战的到来,那些主要的工人阶级政党抛弃了他们仅剩的一点激进政治意向,"政治科学家斯蒂芬·布朗纳(Steven Bronner)写道,"这时新社会运动用更宽泛的文化术语,重新阐述了抵抗的精神。"[16]当然,对于社会运动的形成来说,根植于历史经验、价值、社会网络和集体团结的文化和身份在过去也常常起了关键的作用,[17]但是随着后工业城市里的阶级越来
218 越走向分裂,随着工作场所不再像以前那样在组织工作中扮演重要的角色,现在的抵抗行动越来越多地以某种明确的文化和身份为基础而出现。[18]

第五,在策略上,新社会运动着重于社区的自助和赋权,——当然其中部分较有成效的运动往往超出了社区建设的范围,而直指公共部门。大多数建立在社区基础上的组织活动希望寻求相对于国家的独立,而不是追求国家权力,其根据是一种社区内部的整体性的民主观,而忽视对抗性的民主观,后者要求去挑战国家、州以及地方的政治,预设了相互利益的冲突。[19]一位社会工作学者詹姆斯·米奇利(James Midgley)曾指出,在社区参与的理论基础中非常关键的一点

是，它是“对国家的集权、官僚、僵硬和疏远的一种反动。倡导社区参与的意识形态背后都有这样一种信念，国家权力的触角已经伸得太远，削弱了普通民众的自由和权利，使他们无法支配自己的事务。”[20]于是新社会运动自然地就把它的关注点放在了社区建设上，这本身也反映出后工业时代政治经济的反集权和地方化趋势。但是，那些较为成功的新社会运动却都看到了地方化的弱点，所以把目标对准公共部门。它们至少是隐约地意识到，新社会运动无法像老式的社会运动那样轻而易举而且非常有效地利用生产场所，而国家是最应该对新社会运动的诉求和参与者负责、也最容易被攻击的实体。[21]

这一趋势在其他国家的表现方式略有不同。一个关键的不同是，老式社会运动在第三和第二世界分别走上了民族主义和共产主义的道路，而不是西方式的社会民主道路。[22]以第三世界为例，考虑到它在全球经济中居于从属的地位，老式社会运动无力提供物质上的保障或者政治上的自由，常常沦为西方帝国主义支配的工具。

于是，作为对西方帝国主义、对本国精英的失败的一种回应，社区运动迅速成长起来。它与西方的社区运动有相似之处，都是以社区为基础，服务区（constituency）导向或者身份导向，意识形态上信奉新平民主义，策略上注重自助。但比较而言，第三世界的社区运动更加强调物质的需要。[23]对老式的社会运动来说，它只是为少数人带
来分配上的成果（比如在南半球就是这样），或者这些成果没有惠及 219
一些重要的少数族裔（如美国），而新社会运动要争取的一个目标是提供最低限度的生活标准，以及诸如住房和医疗之类的基本服务。在已经取得这些物质成果的地方——主要是美国和西欧的那些富裕阶层，新社会运动的基础是受过教育的中产阶级；[24]而如果是在这些物质要求仍然没有得到满足的地方，比如在第三世界或者西方受到压迫、被剥夺公民权的阶层中，新社会运动主要包括了穷人和无权

者，斗争中物质性的目标和“后物质主义的价值”交织在一起。[25]

本书既是对新社会运动理论的反驳，也是它的一个具体展现。本书的一个主要观点就是，邻里组织活动并不是第二次世界大战后才有的新现象。在美国，尤其在工业化到来之前，人们就在工厂之外、在阶级运动之外反抗着各种支配和压迫，在很长的时间里美国的社会变革运动和政治一直围绕着种族、性别、族裔和文化议题在进行。而新社会运动理论对这一问题的看法是，随着工业革命的到来，工厂的组织活动成为主导的抵抗形式；而到了以信息和服务职能为核心的全球政治经济时代——这个时代始于第二次世界大战后，到1960 年代后期加快了步伐——抵抗和公民回应会采用一种不同的主导形式。

从这个角度来说，第一和第二章讨论的社会服务站、辛辛那提社
270 会单位计划以及美国共产党所做的工作，有助于打破人们的一种观念，以为所有旧式的社会运动仅仅出现在工厂里，或者是以为所有的社区工作都是在 1945 年之后才出现。不过我们并没有否认，第二次世界大战前的这些邻里组织活动带有很强的阶级色彩，和社会民主主义或者共产主义的意识形态有密切联系。而第二章讨论的索尔·阿林斯基，在美国的社区组织运动史上可以视为新旧社会运动之间的一个转折性人物，他坚持了 1930 年代工会风格的政治和组织活动，但把重心放在了公民而非阶级、社区而非工厂上，后来更强调了“非意识形态”的组织信条。[26]像第四章讨论的学生非暴力协调委员会和学生争取民主社会组织，还有第五、第六章讨论的新阿林斯基派组织，不管结果是好是坏，都带着我们远离了从前的那些组织活动方式。

220 本书关注的焦点是 1890 年代以来，各个历史时期所展现的三种主要邻里组织活动形式：社会工作型、政治活动型和邻里维护型。而新社会运动理论认为，从第二次世界大战以来尤其在 1960 年代以

后,社区组织活动本身成为民主政治的一种主要形式,这一观点使本书第二版受益匪浅。

2. 历史的经验

邻里组织运动的未来会如何?对此既有乐观的预计,也有十分悲观的看法。[27]所有人都明白,以社区为基础的解决方案有其局限性;有的人对此持较为严厉的批判态度,比如社区复兴协会(Community Renewal Society)的爱德华·卡马乔(Edward Camacho)就认为:"各种社区运动的影响被高估了。你会看到在很多事例中,它们始终是失败者。当然这不是说它们不重要,它们还是做了一点贡献的……但是它们的力量非常边缘化。"[28]另外也有人,比如哈里·博伊特,对社区组织活动评价很高,认为它是"后院民主"的基础,是创造一种新公民身份的"自由空间"。在这场论争中,历史可以带来非常有价值的视角:它提供了强大的集体记忆,从而为当前的工作提供正当性和支持;此外,它还是知识的宝库,当代的抵抗行动即使不能从中获得直接的指导,也可以汲取洞察力。

比如,如果说从1920年代末的"新时代"中可以产生1930年代的工人阶级反抗运动,在1950年代初的保守背景下可以孕育出民权革命,那么当然可以认为1990年代也蕴含着社会行动的潜能。不过用历史来类比的话,我们今天的状况更接近于1890年代而不是1930年代或者1960年代。[29]属于19世纪末期的1890年代,是紧随一个疯狂攫取的时代之后到来的,是所谓镀金时代的核心时期,也是工业资本主义在美国开始起步的时期。在这一时期,金融家积聚了大量的财富,他们热烈称颂社会达尔文主义和自由放任式资本主义的价值,并借助政府的力量来约束工人,为企业的议程撑腰。但这个时代同时也是充斥激烈冲突、形成新政党(平民党),对自由市场资本

主义发动意识形态挑战的时代，后来的有限度改革议程以及进步党人和新政时期的进步主义政治也都在这一时期打下了基础。今天同
221 样有那么多被忽略的、日益恶化的社会经济问题，看来在未来几年是很可能会有一场意识形态和政治的斗争了，而最早的邻里组织运动正是在这种状况下产生的。

不管新平民主义在实际行动上走上了什么轨道，它给我们的告诫有一点是正确的：运动必须根植于人们的日常生活经验，而不论这种生活发生在邻里还是工场；这些“自由空间”可以成为民主反抗的真正策源地。[30]乔·克林(Joe Kling)和我则更进一步提出，支配和抵抗的历史辩证法，必须用阶级、社区和对新文化取向的寻求这三者之间的互动来加以理解和打造。[31]没有这样的视角，以服务区为基础的努力就会变得狭隘，影响也会很有限，面对全球化的资本主义经济——它所希望的是用一套更加不负责任责任的、高度地方化的私有化机器来代替集权化的福利国家——它毫无挑战能力而只会听任它的摆布。[32]所以，以下得自历史的一些经验教训，对我们未来进行更有进步意义、更加有成效的组织实践，会有策略上的启发意义：

第一，邻里组织活动跨越了政治光谱。邻里组织活动具有政治性质，但它并不是在本质上就属于反动派、保守派、自由派或者激进派，也不能说它内在就是民主的、包容的，或者威权的、狭隘的。它首先是一种不同人群都会广泛使用的政治方法，以便实现某些特定目的、服务特定利益，推动某种明确或尚不明确的政治前景。这些组织所做的可以是具有创新精神的创造性工作，支持进步斗争，也可以是对外部压力的防御性反应。

用传统政治标签来讨论邻里组织运动，在某些方面完全不能让人满意，尤其是这些标签都具有相对的性质，而民众的政治又都是高度流动的，难以清晰地归类。比如说，一个保卫传统价值、维护邻里

的组织未必就一定反动甚至保守，克莱格·杰克逊·卡尔霍恩(Craig Jackson Calhoun)在一篇重要的有关平民党人斗争的理论文章中曾写道:“传统文化价值和当下的社群关系对很多激进运动都具有重要的意义，原因在于，第一，这些联系可以为人们提供一个内部的社会组织，而这对于一场需要协同的、激进的集体行动是十分必要的；第二，这些运动追求的高度防御性的目标，与受现代资本主义支配的社会形态的引入，必定是极端不相容的。”[33]

换一种说法就是，如果一些“保守”社区面对的社会变革威胁了 222
社群关系，威胁了人们对家庭、朋友和传统生活方式的依恋，从而使他们再没有什么可失去，那么从这些社区中也是可以产生激进组织的。当然，多数的传统社区更容易出现保守的邻里组织，但这不排除在某些历史条件下，这些地方会为了保卫自己的所有物而趋于激进。同样地，成功的“激进”组织——我们首先想到的是伍德劳恩组织——一旦实现或者追求实现更大的成功时，也有可能转向保守。民主的进程并非静止不动的，对邻里组织活动的政治来说也一样。

第二，邻里组织运动是在这样一种历史情境下发展起来的，这些情境既涵盖了地方社区边界，又超越了它的边界。地方的具体状况直接产生和哺育了邻里组织运动，包括组织者、居民和当地的具体状况在内，草根层面的种种因素共同作用，塑造了自始至终独一无二的邻里组织经历。然而，虽然地方因素对邻里组织运动的起源、性质和存在有重要的影响，但这些运动同样也是全国性乃至国际性政治和经济进程的产物。就此而论，宏观政治经济背景的作用毫不逊色，同样决定了地方活动的一般进程和成就。

国家的政治经济对邻里组织活动的影响常常出乎人们的意料。比如许多人都有一个不正确的看法，认为只有全国经济陷于萧条时，激进组织活动才会出现、繁盛，或者国家经济繁荣时，才会有保守的邻里维护团体的形成和成功,这种观点放在 1930 年代或者 1950 年代是成立的,但不适用于二十世纪初或者 1960 年代。1960 年代和 1970 年代初是全国经济的繁荣发展期,但是面对丰裕社会的矛盾和伪善,却出现了深刻的、激进的挑战浪潮;而到了 1970 年代末和 1980 年代,经济衰退催生的却是保守主义的回应。

不过,全国和地方的某些特殊状况还是会决定人们有没有机会去争取自己的利益。比如,邻里改善团体从 1890 年代起一直比较活跃,这证明不管什么时代拥有财富和权力的群体都有能力维护和改
223 善自己的地位,但尽管如此,遇到国家繁荣、全国都呈现出反对社会变革的保守主义政治热情的时候,这些改善团体就会显得更加突出、声势更大一些。1920 年代和 1950 年代的情况正是这样,这两个时期都是改善团体的活动高峰期。

同样地,工人阶级和穷人的组织的最佳发展时机是社会出现深刻的错位的时候,这时社会机构的管制权力全面崩溃,出现了重大的经济调整,它或者使境况变糟,从而刺激人们起来保卫自己,或者改善了境况,从而抬高了人们的预期。所以激进邻里组织运动能否出现,不在于国家和地方的繁荣或萧条,更多地在于外部力量对传统社区的压力,人们日常生活的轨迹被打破,这时他们会更乐于接受行动主张和替代性组织。但是,要使无权者起来发动大规模的政治反抗,宏观政治经济的紊乱还是必要的。[34]

第三,邻里组织活动、国家政治及全国性社会运动之间存在重要的互动关系。国家层面的反应既可能鼓励、也可能压制草根运动。比如,1920 年代和 1950 年代的保守主义氛围和政策就为郊区保护性团体的创立提供了支持,而二十世纪初及 1960 年代的自由派领导阶层则推动了社会福利型组织项目的扩张。自由派所做的吸纳社会运动的努力,有时也会强化而非缓和激进行动;如果像 1940 年代及

1960 年代末，自由派领导人未能吸纳反叛力量，政府最终就会采用高压手段。[35]当然这不等于说全国政府就是美国统治集团手里一个无所不能的工具，一方面它固然主要是为上层阶级的利益服务，但同时它也是冲突的背景和舞台，草根团体可以在这里对统治集团施加压力，要求变革。今天的国家政府已经不是过去它在草根群众眼里的那个样子，不再那么方向明确、令人害怕和铁板一块。

在邻里组织项目和全国性社会运动之间，也存在重要的互动。通常说来，邻里组织活动以及其他形式的草根活动可以成为宏观社会运动的建筑材料，它们提供了空间、组织机能和草根遗产，而这些都可以在政治斗争中不断自我更新。[36]与此同时，全国性的社会运动一旦形成，也会对地方活动提供方向和支持。这方面的事例，一个是 224
进步主义时代，当时的全国运动领袖都是出自草根改革运动，而他们登上权力舞台后又会直接间接地支持地方上的自由主义改革努力；再一个例子是民权运动，这一运动发端于草根，后来发展到全国规模，而且孵化出了——常常是不自觉地——学生非暴力协调委员会、学生争取民主社会组织、反战运动和黑人权力运动。在有些情况下，全国性运动也会脱离地方的机构，主要在全国或者州的层次上发展起来，比如 1960 年代和 1970 年代的反战运动就是这样，它们有可能会分散和损害地方行动的力量。但通常情况下，政治立场一致的社区运动和全国运动是会互相加强的，一方受到损害会马上导致另一方的削弱。1980 年代新右派运动的出现就是一例，它对左翼和右翼的社区活动都造成了引人注目的影响。

第四，邻里所遇到的问题需要有超越邻里层面的政治组织。从民主参与的角度来说，小的可能是美好的，它更便于管理，也更为可行，但是邻里的问题往往根源并不在邻里，解决这些问题的权力也不属于邻里。1890 年代以来邻里组织活动所取得的有限成就，证明在地方层次以外存在强大的反对邻里的力量。第一部邻里组织运动史的作者西德尼·狄里克(Sidney Dillick)曾指出,在一代人之前“一直存在一种危险,即人们过于把注意力集中于邻里的需求,却忽视了那些潜在的社会势力未必都出自邻里”。[37]

与之相关的一点是,新左派以及之后许多项目的历史都一再证明,邻里组织运动的推进离不开全国性政治组织的持续存在,这些全国性组织为地方活动提供了连续性、指导和动机,反过来,地方社区和工场里的斗争又可以为全国性组织提供先导,重新注入活力。离开了全国性组织提供的连续性,邻里组织活动每次都需要从头开始,它处在历史的真空中,无法从历史的经验或远景中获得任何益处;进而,它往往不得不依靠自己的力量来生存,在没有任何经历和支援的情况下对抗强大的外部势力。

276 225 邻里组织需要更大规模的、更强有力的组织的配合,这一点看起来那么明显,但从历史上看,邻里组织运动又往往是单打独斗,不加入其他团体的,至今仍然如此。大多数社区活动家都从内心认为,民主参与和大规模组织形式是相互对立的。[38]寻找盟友建立联合听起来很简单很合乎逻辑,可是多数的新平民主义和身份团体(比如工业区基金会)与其他同类组织几乎不发生什么关系。对稀缺资源的竞争,以及政治、文化和策略上的差异,继续在它们中间制造着分化。

这是组织工作的一个关键问题。如何发展各种组织形式——联合、同盟、网络和政党——使民众团结在一起,应该成为组织战略的核心。社会工作领域的女权实践提出,第一步首先是意识形态工作,既然以团结为中心,就要教导大家,受压迫的人民必须和其他受压迫的民众团结在一起。在这一过程中,组织者一方面“超越差异性进行综合,促进团结”,一方面承认多样性和差异性。[39]

人们正越来越多地建立进步主义的联盟。格利高里·皮尔斯

(Gregory Pierce)认为,社区组织为居民和教会成员提供了进行邻里大联合的机会;[40]而单单某一种类型的邻里组织是不够的。事实上,各种进步的努力总是越多越好,但这些努力必须要能联合起来,以组成更有力量更大规模的社区组织,从而可以直面问题的种种根源。尼尔·皮尔斯和卡罗尔·斯坦贝克在研究社区发展公司时得出了相同的看法:“鉴于宏观经济力量在继续侵蚀社会上最贫困者的地位,而联邦投入的不足又阻止了全国性补救方案的产生,今天地方上的联合可能是唯一的变革推动力。”[41]政治评论家芭芭拉·埃伦赖希(Barbara Ehrenreich)呼吁建立中产阶级和工人阶级的大联合,以推动重大的社会变革。组织培训中心的迈克·米勒认为,“中产阶级应该讲述、也应该被讲述他们自己的受压迫故事:它的个人主义常常是以一种平静绝望的私人生活为特征”。[42]只有这样中产阶级才会和其他阶级联合,把自己也看成共同困境的一个组成部分,而不是保持距离、置身事外的雅皮士或者慈善工作者。

当然,规模更大的组织并不那么容易建立。这是社区组织工作最困难的一个环节,几乎人人都希望保持最少的投入,而获得超出投 226
入的产出。[43]然而,今天在全国各地的社区,人民已经组织起了各种联合、同盟和网络,以提升他们的力量和潜能;在这里面,既有涉及无家可归、住房、贫困、安全、学校、流产、生态、和平等邻里问题的联合,也有对男女同性恋、老年人、残障人士、黑人、拉丁裔、亚裔及劳工等身份群体的联合。[44]组织活动家都看到,建立跨文化的联合和同盟是未来的一项主要任务。[45]

第五,邻里组织活动必须在组织、领导和教育这三项工作之间保持温和的平衡。最好的组织者更多是一个催化剂,而非直接的领导者。“草根组织一定得有组织者,”麻省公平共享组织的迈克尔·安萨拉(Michael Ansara)指出,“同样地,组织最后也还得由当地的民众来领导和控制。”[46]组织者多一天担任发号施令的领导者角色，邻里民众对自己无力领导自己的想法和忧虑就多一天不会消失，反而会加强；组织工作多延续一天职业组织者如何了不起、如何天赋秉异、自我牺牲的神话，民众就会多一天远离本该他们承担的使命，而把一切寄希望于组织者。这样的组织者可能做成了很多事情，但他不会培养出本土的领导人，不会在民主的过程中完成使民众受到教育的任务，邻里组织活动的利益团体路线会得到延续，同时任何一个项目都难以保持长期的影响力。所以，最好的组织者不是在技能、精力、说服力上最出色的组织者，而是既有宏大的远景又有清醒的现实感，而且还能把地方民众的知识、能力和技能一并结合起来的人。

但是组织者也确实需要提供领导作用。凡是完全否认组织者的领导角色，一味强调让人民来决定的组织项目，大多是言不由衷、存在实际的操控的，要不就是非常狭隘、毫无方向感。一位学生非暴力协调委员会的领导人詹姆斯·福曼(James Forman)对此有正确的批评，他称这一表现是“染上了一种地方民众癖(local-people-itis)，……它认为地方民众不可能犯错误，认为其他人尤其是社区外部的人不应该发起任何行动，担任任何领导职务”。[47]组织者为他们的工作带去了意识形态、技能、经验和远景，他们把这一切都呈现给邻里民众，与他们进行公开而真诚的分享。如果不这么做，长远地看只会增加人
227 们的疑心。需要掌握的是怎么做得民主一些，组织者要看到自己不仅是催化剂和向导，在地方民众(及其传统)的知识、经验和力量面前同时也是学生，从而在一种动态的民主过程中实现真正的分享。

所有正式组织都会趋向于寡头支配，会把组织维持的目标凌驾于其他的目标，同时越来越降低公民的参与；这是因为正式组织往往给人这样的感觉，既然组织已经存在，那就可以由组织来承担斗争任务，不再需要个人来为事业做出牺牲。虽然这些问题确实存在，对于

推进邻里居民的利益来说，能否创建一个强大的组织仍是关键的一步，即使它仅仅存活几年。对于正式组织染上的那些顽症，可能没有什么有效的药方，不过邻里组织却有一些重要的优势可以减缓或者避免它的发作，这是因为它无论在意识形态还是在组织实践上，都是把成员教育、民主过程和长期目标作为自己的事业。

第六，政治教育应该成为邻里组织活动的一个完整组成部分。很显然，不是所有的组织者都能从事政治教育工作，或者能一边从事其他工作一边进行政治教育。对那些埋头于日常组织活动的人，尤其是邻里组织项目的领导者来说，再要求他们提出一个清晰的、长期的远景，把阶级间的不平衡关系给挑明，有点勉为其难。真正必须考虑的是在可能的情况下组织者之间的微妙分工，让有的人更多专注组织建设问题，其他人则可以有时间去处理政治教育事务。政治教育的作用是帮助民众培养出自力更生所必需的自信心，赢得构成参 *279*
与行动之基础的尊严和自尊，并在必要时挑战现有权力机构。它不是简单教授一些组织技能，而是要向民众揭示，他们遇到的问题的根源存在于经济和政治体制的运作中。

政治教育必须持之以恒，而且要有阶级的视角。否则的话，参加邻里组织项目的多数民众还会抱着幻想，相信掌权者一旦知道了实际的问题所在和自身的错误——不管是通过冲突策略还是共识策略知道的——他们就会同意这些必要的补救办法。民众即使面对大量的问题和冲突，还是愿意相信体制虽然问题重重，但内核还是好的，不足之处可以得到矫正，相信种族主义、性别主义、贫困、收入不平等 228
和民众的无权力都是由于个人过错或历史条件所限，而不是根源于社会、政治、经济结构中的内在因素。这种时候，政治教育作为从人们直接的政治经历中发展出来的一种分析工具，它的作用就是拓宽人们的视野，提供更多的信息，以帮助人们对自己面对的各种状况、问题和解决方案作出更理性的评估。[48]

第七,邻里组织活动必须创造出一种更明确的意识形态实践。多数邻里组织项目都重视报酬和激励的作用,以此来鼓舞成员的士气,保持组织稳步前进。阿林斯基组织思想的一个基本前提,就是人们只是为了自己的经济利益才会组织起来;同样地,邻里改善团体的基本考虑也是维护财产的价值,自由主义社会福利项目的目的也是提供各种以社会服务形式体现的报酬和激励。诸如此类的物质激励显然有它的价值,但它们并不能真正成为邻里组织工作的黏合剂。争取斗争胜利固然非常关键,有了一两次成功之后,人们对自己、对自身力量的看法都会不同;但是邻里组织活动(尤其在低收入邻里)由于资源匮乏,因此无法长期提供足够的报酬,因此它要取得成功需要的就不仅仅物质激励。对邻里组织工作,尤其是政治活动型的邻里组织工作来说,为了维持自身的存在,实现长期的目标,它必须考虑个人发展问题,必须有一种超出个人利益、能给人以目标感的意识形态;[49]它还必须致力于提高社区居民的知识、尊严和自信,让这些民众逐渐意识到自己属于一项更大的事业。过去的利益集团取向的邻里组织研究都认为,地方民众更喜欢那些提供社会服务、马上产生回报的组织,对投身社会变革或革命目标的组织并不热衷,然而那些经历很多时间之后证明最为成功的政治活动型组织,无论是 1930 年代的失业工人联合会还是 1960 年代的学生非暴力协调委员会,恰恰是属于更宏观的社会运动的一部分,它们在工作和组织活动中都包含了一种从阶级或种族出发的远景,认为有比成员自身利益更为博大、更加重要的事业值得去争取。[50]

229 多数的社会福利型和邻里改善型团体从不声称自己要发展什么大众动员的意识形态,而二十世纪的平民主义邻里组织活动所看到的社会远景,也从没有超出过企业自由主义和新政的范围。马克思主义和政治上激进的邻里组织运动，从早期的失业工人联合会到后来的黑豹党之类的组织，比较接近于提出一种触及贫困和无权力现象的根本原因的意识形态，但是任何一种向非资本主义制度转化的设想都不能不考虑美国人民的一些传统价值理想，比如平等、自助、本地的自力更生、参与民主、群体团结、文化多元论和草根反叛。当然，有一个清晰的长远理想并不能保证运动的成功，这方面的例子如十九世纪末的平民党农民运动，1930 年代产业工会联合会的成立以及 1960 年代末的黑人权力运动，这些运动多多少少多阐述了一种激进的参与理想，但也因为这种理想而引来了外部的压力和政府的镇压，最终都被摧毁。从下层阶级和工人阶级的邻里组织运动的角度来说，必须要提出一些针对这一阶级社会中存在的种种不平衡关系的长远目标，必须要有一个说明人们斗争方向的替代远景，必须把当前的活动——无论是要求设立停车标志还是阻挠强拆——置于一个 281
更大的背景中，否则就会一再重复已经发生过的事情：每一次的成功斗争，每一次争取到所需的服务或者报酬，却都是对组织的一次削弱，因为这些成功“证明”了现行体制会对穷人和劳动人民的要求做出回应，所以不需要激进的变革。

所以，组织者的一项关键任务是，创造出一种和民众日常生活相关的、和明确的要求和政策联系在一起的新意识，一种具有进步倾向的反对意识。在许多社区组织活动中，带有意识形态色彩的组织工作往往引来质疑；到了今天，连批判的社会理论家也开始质疑意识形态建构的有效性，后现代理论宣布像马克思主义这样的普适性意识形态已经死了。[51]尽管如此，我们还是必须为进步的社会变革找到新的统一叙事，或者至少是能被广泛接受的方案，以便把我们时代已经极度分散的政治汇聚到一个焦点上。那些接受了民主方案引导的组织，那些能够熟练地阐述问题、让人们对自己所处的政治经济世界的性质有更深层次理解的行动者，是我们今天唯一能够使用的手段，他们帮助我们把反抗根植于人们的日常生活，使它发展出更大规模的组织形式和更有包容性的意识形态框架。历史学家乔治·鲁德
230 (George Rude)就曾指出，就所有成功地实现社会改造目的的社会运动来说，它的意识形态都包含两个部分：一个是流行的、指向内在的意识形态，它扎根于民众的各种传统中，另一个是派生的、主要指向外部的意识形态，以使运动所关注的问题能和超出个人经验的那些力量和事件联系起来。[52]两者一起为抵抗和反叛的意识形态提供了基础，而正是这样的意识形态为人们的不满提供了正当性，并起到了动员并维系民众参与的作用。虽然此外还有一些因素也很关键，但是离开了这种有明确意识形态的领导层和组织，没有强烈的介入意识形态冲突的意愿，支配阶级的话语就会不断再生产出来。所以，要想人们在观念上进行更新，让人们去批判现体制，理解阶级和社区的重要意义，把工作和场所、公共领域和私人领域联系在一起，同时敢于承担风险，不再囿于自己过去对自身及周围世界未来前途的想象，这一切除了提出一种新的意识形态，没有别的路可走。

所有的组织工作都会遇到这个困境。社会的民主变革有赖于人们对自身不幸的感知和理解，但是如果真的要触及问题的根源，人们必须去思考那些超出自己当下经验的客观事物，从那里找到自身不幸的更根本原因。在今天的政治中，这样一种明确而集中的意识形态裂痕是不存在的，而组织者有责任去制造这种裂痕；没有了意识形态的冲突，社会动员的努力不可能走得太远。

意识形态冲突在很多斗争中都是必需的，不论斗争的对象是企业的支配地位、服务的削减、种族和性别歧视，还是强加的高档住宅开发或者工业掠夺的行径。随着人们起来开始为支配自己的状况而斗争，很多过去的信念并不会自动消失，比如种族间的紧张关系，认

为女性会威胁男性就业的看法，对同性恋权利的敌视，对平权行动的怀疑，用邻避方法来解决环境污染问题的念头，相信只有建设更多的监狱、培训更多的警察、放宽持枪的限制才能遏制美国暴力行为上升的势头，认为人们只有切身物质利益相关时才会联合起来的想法，都是如此。这时候，组织者如果希望引入进步的新观念，就必须直面和挑战那些旧观念。没有挑战，统治者就可以继续操控议程，而行动者则处于被动回应的地位。所以，真正的危险在于，“你成了新来的小伙伴，只能在别人已经设定好的框架里讨价还价”。[53]这样的对抗行动也许有利于某些事情的改善，但也可能让一些事情慢慢地变得更糟。[54]

以私有化来说，在我们生活的世界里，公共生活和公共部门在逐 231
渐消失，私人生活和私营部门越来越占据了主导。现在，组织仅仅关注自己的社区，关注怎么营造社区、赋权居民和提供服务是不够的，它们的视野里还应该包括地方和全球政治经济中在种种问题、政策、方案和政治上表现出来的私有化趋势，在工作中对之加以明确的批判。新组织、新团体当然会增强社区动员的力量，但是如果社区运动不想受制于个人化的和地方化的狭隘意识的束缚，如果它要对当代问题的结构性根源提出挑战，那么就必须要有一个明确的对抗性意识形态，一种进步的远景和对私有化现实的批判。

所以对组织者来说，最珍贵的能力就是挑战大家已经接受的远景的能力。这种能力要求一种特别的理解力，理解是什么促成了人们抛开以往的观念，而接受了一种关于他和其他文化或身份群体的关系的新看法；它还要求一种敏锐的感受力，正是借助这样的感受力人们才意识到，如果要坚持对“人类团结、相互责任和社会正义”的真诚的、深刻的信奉，就需要人们对自身社会、对自身生活方式所赖以持续的那些基本价值做深入的反思。要想使人们的思想发生诸如此类的变化，没有外部的干预和介入是不可能实现的。

那么，这种新意识形态大概会从哪里去寻找它的知识和理论基础？在本书初版中，由于没有提出一种明确的意识形态，曾受到一些人的批判。显而易见，我们时代还看不到这样一种突出的意识形态，它还在形成过程中。今天已经提出的一些图景，有绿色的，有黑色的，也还有红色的，——当然这不是共产主义的红，而是社会民主主义的红。任何的对现状的新批判，对未来的新构想，以及如何实现这种跨越的新策略，都必须承认一点：社会经历既和争取身份的斗争存在重要的关联，也和更宏观的阶级和制度结构存在重要关联。芭芭拉·爱泼斯坦(Barbara Epstein)指出：

> (要建设)一个多数派运动，仅仅依靠现有的那些反对右翼权力的支持者和思想观点是不够的，需要一个霸权工程(Hegemonic Project)……1930 年代的自由派和劳工的同盟主要是围绕经济正义和资源分配而成立的，到了 20 世纪末，要成
> 232 立同样的历史集团就必须围绕文化和经济事务来进行，才可以争夺霸权。……经济重构的需要当然仍然存在，但是 20 世纪末的问题还需要有一个深刻的价值转变。[55]

因此我们时代新组织工作的意识形态，需要的是把对自治及身份的新需求与社会正义的旧需求结合起来，需要强调为了人类需要而非为了利益的生产，需要一种相互联系和团结的精神而非竞争的精神。

从 1950 年代末以来，在各种社区组织和社会运动陆续提出的一些主题中，可以发现这种新意识形态的基础已经具备。在上一代人的新社会运动——包括民权运动、黑人权力运动、反战运动、妇女运动、奇卡诺运动和邻里组织运动——中已经提出了对社会正义的关注以及相关的实现策略；近年来新马克思主义政治经济学提出的一些洞见，东欧异议分子对极权社会的解剖，以及第三世界左翼活动家和知识分子对全球帝国主义的批判，使得对全球资本主义和自由企

业的批判更加锋利和精致；女权主义理论家则提醒我们重视营造关系、建立联系和担负责任的需要，即把公共与私人领域联系起来，挑战各种家长制等级制支配方式，意识到跨越阶级、族裔、种族和性取向的差异而建立新的团结的重要意义。最后，阿兰·图海纳和 1960 年代的学生运动也告诉我们，我们有摆脱技术官僚统治而寻求自我治理的需求，而在这种需求的背后是我们相信，人们有能力和权力去支配自己的日常生活，并作为私人和公民被赋权。

所以，日常的组织工作如果要超越各种传统价值和文化的已有智慧的局限，就必须从我们时代的这些核心社会运动和知识话语所培育的挑战性政治中获得启发。某一个群体的社会正义和自治需求，不可能在其他群体的社会正义和自治需求没有实现的情况下得到实现，而个人的自由也不可能在没有和一个更大的整体——无论是人类、自然还是星球——建立并维持联系的情况下得到实现。地方组织工作需要的不仅仅是对全球企业资本主义的批判，它还负有特殊的使命，要从草根层次一直到国家层次培养一个负责任的公众。而如何让行动者和支持者接受这样广阔的观念，并让他们接受各种新的联合和同盟，是 1990 年代组织者面临的主要挑战。

但讽刺的是，全球资本主义一边摧毁社区，一边又强迫人们退回 233
到社区中，把社区作为主要的防御源泉。这种结构的矛盾为反对派提供了动员，并在短期内在广泛的问题领域导致了社会无序、自发叛乱和草根组织活动。现在组织者要做的，就是要让人们在理解自己不幸的同时也学会分析，看到自己所属的问题、人群和社区，并能拓展它的边界。“全球化思考，本土化行动”，这句绿色和平的口号说的是对的，但对于我们日益萎缩的世界来说还不够。我们必须开始思考，怎么通过国际组织、联合、同盟和网络进行“全球化行动”。未来的挑战十分艰巨，而一个有着意识形态自觉的、以反对生活的私人化和建立更大规模的组织为己任的草根领导阶层将是至关重要的。

注释和参考文献

引言

1. Karen Paget, "Citizen Organizing: Many Movements, No Majority," *American Prospect* 7 (Summer 1990):115-16.

2. Richard C. Harwood, *Citizen and Politics: A View from Mainstreet America* (Dayton, Ohio: Kettering Foundation, 1991), 5.

3. Alain Touraine, "An Introduction to the Study of Social Movements," *Social Research* 52 (Winter 1985:749-87); Immanuel Wallerstein, "Antisystemic Movements: History and Dilemmas," in *Transforming the Revolution: Social Movements and the World-System* ed. S. Amin et al. (New York: Monthly Review Press, 1990); Alberto Melucci, *Nomads of the Present: Social Movements and Individual Needs in Contemporary Society* (Philadelphia: Temple University Press, 1989); Joan Cocks, *The Oppositional Imagination* (London: Routledge, 1989); Manuel Castells, *The City and the Grassroots* (Berkeley: University of California Press, 1983).

4. Jeff Drumtra, "Power to the People," *World View* 4 (Winter 1991-92): 8-13.

5. Alan Durning, "Action at the Grassroots: Fighting Poverty and Environmental Decline," *Worldwatch Paper* 88 (January 1989):5.

6. Paget, "Citizen Organizing," 116.

7. Stuart Lowe, *Urban Social Movements: The City After Castells* (London: Macmillan, 1986).

8. Durning, "Action at the Grassroots," 6-7.

9. A. G. Frank and M. Fuentes, "Civil Democracy: Social Movements in

Recent World History," in *Transforming the Revolution*, ed. Amin et al., 163.

10. Robert F. Berkhofer, Jr., "Comment on James A. Henretta, 'Social History as Lived and Written'," *American Historical Review* 84 (December 1979): 1328.

11. Rachelle B. Warren and DonaldI. Warren, *The Neighborhood Organizer's Handbook* (Notre Dame: University of Notre Dame Press, 1977), 96; Suzanne Keller, *The Urban Neighborhood* (New York: Random House, 1968), 128.

12. Sandra Perlman Schoenberg and Patricia L. Rosenbaum, *Neighborhoods That Work: Sources for Viability inthe Inner City* (New Brunswick: Rutgers University Press, 1980), p. 2.

13. Scott Green and Ann Lennarson, eds., *The Neighborhood and Ghetto: The Local Area in Large-Scale Society* (New York: BasicBooks, 1974), 309.

14. Richard Clay Rich, "The Political Economy of Neighborhood Organization" (Ph. D. diss., Indiana University, 1977), 9.

15. 集体记忆中抵抗运动中的重要性问题，参见 George Lipsitz, *A Life in the Struggle: Ivory Perry and the Culture of Opposition* (Philadelphia: Temple University Press, 1988).

第一章

1. 更多的资料参见 Douglass Dowd, *The Twisted Dream: Capitalist Development in the United States* (Cambridge: Winthrop Publishers, 1974).

2. James Weinstein, *The Corporate Ideal in the Liberal State: 1900—1918* (Boston: Beacon Press, 1968), and Gabriel Kolko, *The Triumph of Conservatism: AReinterpretation of American History, 1900-1916* (New York: Free Press, 1963)，可以算是最早的一批提出与进步主义有关的企业自由主义问题的作品。

3. Anthony M. Platt, *The Child Savers: The Invention of Delinquency* (Chicago: University of Chicago Press, 1969), xxii.

4. Thomas Lee Philpott, *The Slum and the Ghetto: Neighborhood Deterioration and Middle-Class Reform*, Chicago, 1880—1930 (NewYork: Oxford University Press, 1978)，是对服务站运动的一个重要批评。

5. Robert A. Woods, *The Neighborhood in Nation-Building* (New York:

Arno Press,1970),148-49. See also Roy Lubove, *TheProfessional Altruist: The Emergence of Social Work as a Career*, 1880-1930 (New York: Atheneum, 1969).

6. Woods, *Neighborhood*, 112, 287; Jesse Steiner, "An Appraisal of the Community Movement," *Journal of Social Forces* 7 (March 1929): 334-35; AllenDavis, *Spearheads for Reform: The Social Settlements and the Progressive Movement, 1890-1914* (New York: Oxford University Press, 1967).

7. Woods, *Neighborhood*, 53.

8. Philpott, *Slum and Ghetto*, 76-95.

9. John Daniels, *America via the Neighborhood* (New York: Harper, 1920), 218.

10. Philpott, *Slum and Ghetto*, 80-81.

11. Daniels, *America via the Neighborhood*, 220-21

12. Ibid., 222.

13. Ibid., 223.

14. 因为这些自助性社团基本上不属于邻里组织,换言之居住范围不是组织的主要基础,所以这里只是一笔带过。相关材料可以参考后面的"书目指南"。

15. Philpott, *Slum and Ghetto*, 79, 285.

16. Jeffrey Gurock, *When Harlem Was Jewish, 1870-1930* (NewYork: Columbia University Press, 1979), 94-98.

17. Clinton Childs, *A Year's Experiment in Social Center Organization* (New York: Social Center Committee, 1912), 21.

18. John Collier, "The Dynamics of the Community Movement," *Community Center*, 13 February 1917; John Collier, "Democracy Every Day, III," *Survey* 40 (28 September 1918): 710.

19. From People's Institute MSS, New York Public Library, reprinted in the *New York Times*, 13 October 1918, sec. 4, p. 8.

20. Leroy Bowman, "Community Organization," *American Journal of Sociology* 35 (May 1930): 1008. See also Lubove, *The Professional Altruist*; and Jesse Steiner, *Community Organization: A Study of Its Theory and Current Practice* (Chicago: University of Chicago Press, 1930).

21. Wilbur Phillips, *Adventuring for Democracy* (New York: Social Unit

Press,1940),59.

22. Anatole Shaffer,"The Cincinnati Social Unit Experiment:1917-1919," *Social Service Reviews* 45 (June 1971): 161; Patricia Mooney Melvin, "A Cluster of Interlacing Communities: The Cincinnati Social Unit Plan and Neighborhood Organization, 1900-1920," in *Community Organization for Urban Social Change: A Historical Perspective*, ed. Robert Fisher and Peter Romanofsky (Westport,Conn. :Greenwood Press,1981),58-88.

23. Robert A. Woods and Albert J. Kennedy,*The Zone of Emergence*,cited in Melvin,"Cluster of Interlacing Communities,"102-3.

24. Melvin,"Cluster of Interlacing Communities," 103-8.

25. Ibid. ,105-11.

26. Ibid. ,110-15.

27. Phillips,*Adventuring*,280-307.

28. Shaffer,"Cincinnati Social Unit Experiment," 169.

29. Phillips,*Adventuring*,112.

第二章

1. 当然,社会福利型的更加保守的邻里组织活动也仍然是存在的,——虽然它不一定都以社会服务站或者其他邻里的社会福利机构的形式表现出来。但从整个邻里组织运动史来看,服务站的工作远不是什么重要的新进展,而是一种停滞不前。

2. 对大萧条和新政的这一综述是建立在很多著作之上的,这些作品中最容易想到的有 Frances Fox Piven and Richard Cloward, *Poor People's Movements:Why They Succeed, How They Fail* (New York: Vintage,1979), especially 44-48, 107-20; Barton Bernstein, "The New Deal: The Conservative Achievements of Liberal Reform," in *Towards a New Past: Dissenting Essays in American History*, ed. Barton Bernstein (New York: Random House,1967) 263-88; and William Leuchtenberg, *Franklin D. Roosevelt and the New Deal* (New York: Harper Torchbook,1963).

3. Piven and Cloward,*Poor People's Movements*,48-49.

4. 关于社会党的"传统的"和"非想象的"社会组织工作,更多资料参见 Roy Rosenzweig, "Organizing the Unemployed: The Early Years of the Great Depression,1929-1933,"*Radical America* 10 July-August 1976):38-39.

5. Ibid. ,39.

6. Piven and Cloward, *Poor People's Movements*, 51.

7. Charles Trout, Boston, *The Great Depression, and the New Deal* (New York: Oxford University Press, 1977), 55-57.

8. Rosenzweig, "Organizing the Unemployed," 41.

9. Steve Nelson, James Barrett, and Rob Ruck, Steve Nelson, *American Radical* (Pittsburgh: University of Pittsburgh Press, 1981), 77-78, 176, 414.

10. See Mark Naison, "Harlem Communists and the Politics of Black Protest," in *Community Organization*, ed. Fisher and Romanofsky, 89-126,对哈莱姆黑人社区的政党组织活动,做了简短但令人难忘的讨论。

11. Ibid. ,114-16; Mark Naison to author, 8 April 1982.

12. Mark Naison, "The Communist Party in Harlem, 1928-1936" (Ph. D. diss., Columbia University, 1976), 137. This thesis has since been published under the title Communists in Harlem during the Depression (Urbana: University of Illinois Press, 1983).

13. St. Clair Drake and Horace R. Cayton, *Black Metropolis* (1945; reprint, New York: Harper, 1962), 735.

14. Naison, "Harlem Communists," 88-98.

15. Naison, "The Communist Party in Harlem," 383.

16. Naison, "Harlem Communists," 112; Piven and Cloward, *Poor People's Movements*, 76-79.

17. Rosenzweig, "Organizing the Unemployed," 46.

18. Naison, "Harlem Communists," 109-12.

19. Paul Wellstone, "Notes on Community Organizing," *Journal of Ethnic Studies* 4 (1976): 78; Marion K Sanders, "The Professional Radical: Conversations with Saul Alinsky," Harper's Magazine 230 (June 1965): 45especially; and Harry Boyte, *The Backyard Revolution: Understanding the New Citizen Movement* (Philadelphia: Temple University Press, 1980), 49-54.

20. Playboy, March 1972, 72, quoted in Charles F. Levine, "Understanding Alinsky," *American Behavioral Scientist* 17 (November-December, 1973): 280; Harry C. Boyte, "Community Organizing in the 1970s: Seeds of Democratic Revolt," in *Community Organization*, ed. Fisher and Romanofsky, 217-38.

21. Sanders, "Professional Radical" 45; Saul Alinsky interviewed in Studs

Terkel, *Hard Times* (New York: Avon, 1970), 358-61; Gurney Breckenfield, "Chicago: Back of the Yards," in *The Human Side of Urban Renewal: A Study of the Attitude Changes Produced by Neighborhood Revitalization*, ed. Martin Millspaugh, Gurney Breckenfield, and Miles Colean (New York: Ives Washburn, 1960), 182-84.

22. Sanders, "Professional Radical," p. 45. 阿林斯基过于夸大了后院的法西斯势力，目的是为了突出自己的成就。比如阿林斯基在另一处曾夸耀过，有一位在邻里领导了库格林运动(Coughlinite movement，美国三十年代末四十年代初的一个法西斯运动——译者注)的本笃会修士曾因为他的运动"没有人关注"而深受打击，然后阿林斯基把他改造成了邻里反法西斯委员会的主席。

23. Michael P. Connolly, "An Historical Study of Change in Saul D. Alinsky's Community Organization Practice and Theory, 1939-1972" (Ph. D. diss., University of Minnesota, 1976), 91-92.

24. Saul Alinsky, *Reveille for Radicals* (Chicago: University of Chicago Press, 1946), 132-33.

25. Breckenfield, "Chicago: Back of the Yards," 7.

26. Alinsky quoted in Terkel, *Hard Times*, 360.

27. Ibid.

28. Breckenfield, "Chicago: Back of the Yards," 186.

29. Connolly, "Historical Study," 114-24.

30. Alinsky, *Reveille*, 138-46.

31. Connolly, "Historical Study," 122.

32. Breckenfield, "Chicago: Back of the Yards," 210.

33. 这里引用的(以及更多的)对阿林斯基主义"维护体系"这一面向的批评，参见 Joan E. Lancourt, *Confront or Concede: The Alinsky Citizen Action Organizations* (Lexington, Mass.: Lexington Books, 1979).

34. Stanley Aronowitz, "Poverty, Politics, and Community Organization," *Studies on the Left* 4 (Summer 1964): 104; Wellstone, "Notes on Community Organizing," 78.

第三章

1. Gabriel Kolko, *Main Currents in Modern American History* (New York: Harper and Row, 1976), 318.

2. Rosenstein quoted in the *New York Times*, 31January 1953.

3. Stuart Queen, Alfred Carpenter, and David Bailey, *The American City* (Westport, Conn. : Greenwood Press, 1955), 168.

4. See Elmore B. McKee, *The People Act: Stories of How Americans Are Coming together to Deal with Their Community Problems* (New York: Harper, 1955).

5. American Council for the Community MSS, Social Welfare History Archive, Minneapolis, Minn.

6. Phillip Ryan, "Social Welfare in a Changing World," address to New Hampshire Social Welfare Council, 11 September 1953, National Social Welfare Assembly MSS, Social Welfare History Archive.

7. 这些机构包括: the American Hygiene Association, the Child Welfare League of America, the Committee on Careers in Nursing, the Family Service Association of America, the National Board of the YWCA the National Catholic Community Service, the National Committee on Social Work in Defense Mobilization, the National Federation of Settlements and Neighborhood Centers, the National League for Nursing, the National Probation and ParoleAssociation, the National Recreation Association, the National Traveler's Aid Association, the National Urban League, and the American Federation of Labor and Congress of Industrial Organizations' Community Services Committees.

8. Louis B. Seltzer, *The Nation's Strength* (United Community Defense Services Pamphlet, 1953?). 关于联合社区国防服务和国防核心区域, 更多资料见 Marvin A Palacek, *Battle of the Bureaucracies* (New York: Vantage Press, 1972), and Reginald Robinson, *Serving the Small Community: The Story of United Community Defense Services* (New York: Association Press, 1959).

9. National Association for Social Welfare MSS, Social Welfare History Archive.

10. United Community Defense Services Minutes, Meeting on Paducah, Kentucky, 31 October 1951, American Social Health Association MSS, SocialWelfare History Archive.

11. Elizabeth Wickenden, "Military Defense and Social Welfare," August 1955, National Association of Social Welfare MSS, Social Welfare History Archive.

12. Elizabeth Wickenden, "The Social Factor of National Defense," September 1954, 38, National Federation of Settlements MSS, Social Welfare History Archive.

13. American Social Health Association MSS, Social Welfare History Archive.

14. Ibid.

15. 关于邻里改善协会的历史,有一本很好的入门书:Joseph Arnold,"The Neighborhood and City Hall: The Origin of Neighborhood Associations in Baltimore;1880-1911,"*Journal of Urban History* 6 (November 1979):3-30.

16. Zane Miller, "The Role and Concept of Neighborhood in American Cities," in *Community Organization*, ed. Fisher and Romanofsky, 8-10.

17. Roderick D. McKenzie, *The Neighborhood: A Study of Local Life in Columbus, Ohio* (Chicago: University of Chicago Press, 1923), 361-62.

18. Amalie Hofer, *Neighborhood Improvement in and about Chicago, 1909* (Chicago: Newell E. Stiles, 1909), 20.

19. Woodland Heights promotion brochure, 1909, Houston Metropolitan Research Center, Subdivision File.

20. Philpott, *Slum and Ghetto*, 148.

21. Drake and Cayton, *Black Metropolis*, 70, 178-79.

22. Philpott, *Slum and Ghetto*, 181-200; Drake and Cayton, Black Metropolis. 178-87.

23. 杜鲁门 1946 年任命民权委员会(the Committee on Civil Rights)时的演说,引自 Howard Zinn, *A People's History of the United States* (New York: Harper and Row, 1980), 440。

24. Clement E. Vose, *Caucasians Only: The Supreme Court, the NAACP, and the Restrictive Covenant Cases* (Berkeley: University of California Press, 1959), 251.

25. Gunther cited in Don Carleton, "McCarthyism in Houston: The George Ebey Affair," *Southwestern Historical Quarterly* 80(October 1976): 167.

26. 1965 年,休斯敦市得到州议会授权,可以执行地契限制。但是城市立法部门缺乏足够资金来处理这方面的事务,所以最后的执行都变成了"私人"事务。

27. Woodland Heights promotional brochure.

28. Southwest Civic Club MSS，Houston Metropolitan Research Center. 我还使用了在 1981 年春季我的城市史课程上 Kathy Sexton，和 Cindy Herbert 等人所写的关于西南公民俱乐部的论文。

29. Robert Bailey, *Radical in Urban Politics*: *The Alinsky Approach* (Chicago: University of Chicago Press, 1972), 30, 提出所谓准政治是指“一些正式的志愿组织，本身不是为政治目的而成立的，但他们关注的事务一旦被决策者纳入考虑的范围，就可能带上政治色彩”。

30. *Houston Chronicle*, 18 April 1971, sec. 4, p. 1; Jack E. Dodson, “Minority Group Housing in Texas,” in *Studies in Housing and Minority Groups*: *Special Research Reports to the Commission on Raceand Housing*, ed. Nathan Glazer and Davis McEntire (Berkeley: University of California Press, 1960), 106. 对河畔地区的转型，有一项重要的研究是 Barry J. Kaplan, “Race, Income, and Ethnicity: Residential Change in a Houston Community, 1920-1970,” *Houston Review* 3 (Winter 1981): 178-203.

31. 曾经担任过公民俱乐部联盟主席的 Bertram Mann 非常友善，向我提到并分享了他保存的一些有关公民俱乐部联盟历史的材料。

32. President, Southwest Civic Club, 1970, Southwest Civic Club MSS, Houston Metropolitan Research Center.

第四章

1. 这里说的准乌托邦是指，这些组织在原则上并不拒绝政府或法律，但作为左翼它们的主要目标是，拒绝那些在他们看来使现状永固并将穷人置于无权者地位的组织形式。

2. See Seymour Melman, *The Permanent War Economy*: *American Capitalism in Decline* (New York: Touchstone, 1974).

3. See Dowd, *The Twisted Dream*, especially 123 for BusinessWeek quote.

4. Michael Harrington, *The Other America*: *Poverty in the United States* (Baltimore: Penguin, 1963), 9.

5. Piven and Cloward, *Poor People's Movements*, 190-94; Frances Fox Piven and Richard Cloward, *Regulating the Poor*: *The Functions of Public Welfare* (New York: Vintage, 1971), 200-205.

6. Bayrd Still, *Urban America* (Boston: Little Brown, 1974), 406-7.

7. Ben B. Seligman, *Permanent Poverty*: *An American Syndrome* (Chicago:

Quadrangle 1968), 41-61.

8. Richard Dalfiume, *Desegregation and the Armed Forces: Fighting on Two Fronts*, 1939-53 (Columbia: University of Missouri Press, 1969), 138.

9. Clayborne Carson, Jr., "Toward Freedom and Community: The Evolution of Ideas in the Student Nonviolent Coordinating Committee, 1960-66" (Ph. D. diss., University of California at LosAngeles, 1975), 140, and Winifred Breines, "Community and Organization: The New Left as a Social Movement, 1962-1968" (Ph. D. diss., Brandeis University, 1979), 35. 两篇出色的博士论文后来都已出版，详情参见"书目指南"。经济研究与行动计划下属的项目分布在克利夫兰、纽黑文、阿巴拉契亚、巴尔的摩、奥克兰(加利福尼亚)、波士顿、凯罗(伊利诺伊)、哈泽德(肯塔基)、纽瓦克和芝加哥。

10. Davis quoted in Breines, "Community and Organization," 51.

11. Bruce Payne, "SNCC: An Overview Two Years Later," in *TheNew Student Left: An Anthology*, ed. Mitchell Cohen and Dennis Hale (Boston: Beacon Press, 1966), 87.

12. 更多资料请参考这部出色的文集 Massimo Teodori, *The New Left: A Documentary History* (New York: Bobbs-Merril1, 1969); and Carson, "Toward Freedom," 302-3.

13. Kenniston quoted in Breines, "Community and Organization," 159-60.

14. Garrett quoted in Carson, "Toward Freedom," 320; ERAP staffer quoted in Sara Evans, *Personal Politics: The Roots of Women's Liberation in the Civil Rights Movement and the New Left* (New York: Vintage, 1980), 136.

15. Breines, "Community and Organization," 66.

16. Richard Rothstein, "A Short History of ERAP," *SDS Bulletin*, 1964, quoted in Breines, "Community and Organization," 54.

17. Garrett quoted in Carson, "Toward Freedom," 320.

18. Charles McLaurin, "Notes on Organizing," in Arthur Dunham MSS, Social Welfare History Archive.

19. Charles McLaurin, "To Overcome Fear," in Arthur Dunham MSS, Social Welfare History Archive.

20. Davis quoted in Breines, "Community and Organization," 55.

21. Teodori, *The New Left*, 130-31.

22. James Weinstein, *Ambiguous Legacy: The Left in American Politics*

(New York: New Viewpoints, 1975), especially 132, is harshlycritical of the ERAP projects. So are Milton Kotler, *Neighborhood Government: The Local Foundations of Political Life* (New York: Bobbs-Merrill, 1969), and Paul Bullock, "Morality and Tactics in Community Organizing," in *Poverty: Views from the Left*, ed. JeremyLamer and Irving Howe (New York: William Morrow, 1968), 137-48.

23. Clayborne Carson, Jr., *In Struggle: SNCC and the Black Awakening of the 1960s* (Cambridge: Harvard University Press, 1982), 154.

24. 在学生争取民主社会组织中,卡尔·魏特曼和汤姆·海登是最强烈地支持这一立场的人。他们曾发表过如下声明:"我们应该认真地思考一下组织的地域基础问题。因为在不同地区、州和城市,经济状况是各不相同的,而在另一方面,在这些地方,也像在选区或者邻里一样,是可以有政治组织的。很显然,在上述范围里的问题只有在全国层面上才能找到解决途径,而且我们始终必须牢记,严格说来这些组织本身不是目的而只是手段,是为了在全国范围施加压力、为运动争取力量的手段。"见 Carl Wittman and Tom Hayden, "An Interracial Movement of the Poor," in The New Student Left, ed. Cohen and Hale, 201。

25. Moody quoted in Breines, "Community and Organization," 68.

26. Bruce Palmer to author, August 1982.

27. Bennett quoted in Carson, *In Struggle*, 182; Evans, Personal Politics, 137.

28. Richard Flacks, "Organizing the Unemployed: The Chicago Project," in The New Student Left, ed. Cohen and Hale, 144. 该文对芝加哥的 JOIN 项目做了极好的评论。

29. Rothstein quoted in Breines, "Community and Organization," 67.

30. Anne Moody, *Coming of Age in Mississippi: An Autobiography* (New York: Dell, 1968),一书对她的童年、她在运动中的参与以及随后的消耗殆尽,做了非常有趣、让人激动的叙述。

31. Ann Neel, "Experimenting with the Black Community: A Case Study in the Sociology of Applied Knowledge" (Ph. D. diss., University of California at Berkeley, 1978), 162.

32. David Austin, "Organizing for Neighborhood Improvement or Social Change? A Descriptive Study of the Action Methods and Action Issues of Black Residents" (Ph. D. diss., Brandeis University, 1969), 48-53; Miller, "Role and

Concept of Neighborhood," in *Community Organization*, ed. Fisher and Romanofsky, 22.

33. 该法律催生了一系列项目,包括 the Office of Economic Opportunity, Job Corps, Head Start, Volunteers in Service to America (VISTA), and Legal Aid. 每个项目都从不同的角度,触及了贫困问题的某一方面,但又都符合国立精神卫生研究所和福特基金会确定的草根和公民行动的原则。

34. Boone quoted in Piven and Cloward, Regulating the Poor, 270; Economic Opportunity Act, 1964, Title II-A, Section 202 (a); Austin, "Organizing," 48-60. 该法律宣布,社区行动机构的发展、指导和管理都应该保证地区居民和服务对象的"最大限度的可能参与"。

35. 之后的分析大大得益于以下几个因素:1973—1976 年间我以邻里代表的身份在坎布里奇(马萨诸塞)经济机会委员会任职的经历;我与社区行动计划的管理者、邻里代表及社区组织活动家的非正式讨论;以及与前两者相比毫不逊色的一点,即 Frances Fox Piven and Richard Cloward 的作品,尤其是 *Regulating the Poor*, 248-84.

36. Piven and Cloward, *Regulating the Poor*, 236-39.

37. Ibid., 250-56.

38. Paul E. Peterson and J. David Greenstone, "The Mobilization of Low-Income Communities through Community Action," in *A Decade of Federal Antipoverty Programs: Achievements, Failures, and Lessons*, ed. Robert H. Haveman (New York: Academic Press, 1977), 262.

39. Sar Levitan, *The Great Society's Poor Law* (Baltimore: Johns Hopkins University Press, 1969), 113.

40. Shelley quoted in Ralph M. Kramer, *Participation of the Poor: Comparative Community Case Studies in the War on Poverty* (Englewood Cliffs, NJ.: Prentice-Hall, 1969), 25.

41. Austin, "Organizing," 222-23.

42. Kramer, *Participation of the Poor*, 215-38.

43. Peterson and Greenstone, "The Mobilization of Low-Income Communities,"强调项目的目标是要把黑人吸纳到政治体制中,引用材料见第 264-65 页。

44. 关于青年动员项目的历史,有一本不错的入门读物:Piven and Cloward, *Regulating the Poor*, 290-95, and Daniel Moynihan, *Maximum Feasible*

Misunderstanding:*Community Actionin the War on Poverty* (New York:Free Press,1969),38-60.

45. Shriver quoted in Kramer,*Participation of the Poor*,10.

46. Levitan,*Great Society's Poor Law*,115.

47. For information on the Green Amendment begin with Levitan,*Great Society's Poor Law*,especially 66-67,103-4,and Piven and Cloward,*Regulating the Poor*,268.

48. Levitan,Great Society's Poor Law,124.

49. James Leiby,*The History of Social Welfare and Social Work in the United States* (New York:Columbia University Press,1978),338.

50. Austin,"Organizing," 237.

第五章

1. Robert L. Heilbroner, *Beyond Boom and Crash* (New York: Norton, 1978),12;Matthew Edel,"The New York Crisis as Economic History," in*The Fiscal Crisis of American Cities*:*Essays on the Political Economy of Urban America with Special Reference to New York*, ed. Roger E. Alcaly and David Mermelstein (New York:Vintage Books,1977),231.

2. Editorial,*Business Week*,12 October 1974,cited in Boyte,*The Backyard Revolution*,15.

3. John Mollenkopf,"Postwar Politics of Urban Development,"in *Marxism and the Metropolis*, ed. WilliamK. Tabb and Larry Sawers (New York:Oxford University Press,1978),123.

4. Manuel Castells, *The Urban Question*:*A Marxist Approach* (London: Edward Arnold, 1977), 422, and William Tabb, "The New York City Fiscal Crisis," in *Marxism and the Metropolis*,ed. Tabb and Sawers,261.

5. Beame quoted in John Mollenkopt, "The Crisis of the Public Sector in America's Cities," in *Fiscal Crisis of American Cities*, ed. Alcaly and Mermelstein,113.

6. Cincotta quoted in Boyte,*Backyard Revolution*,33.

7. Walter Guzzardi, Jr. , "To Win in Washington," Fortune, 27 March 1978,quoted in Boyte,*Backyard Revolution*,17.

8. McBride,"A Nation of Neighborhoods."

9. 新平民主义的最早也是最坚定的倡导者是《后院革命》(*Backyard Revolution*)一书的作者哈里·博伊特。对60个新平民主义组织的一个有用的分类研究,见 Janice Perlman,"Grassrooting the System," *Social Policy*, September-October 1976,4-20.

10. Mike Miller,"The 'Ideology' of the Community Organization Movement," 1979,22-23,working-paper distributed by the Organize Training Center.

11. Boyte,*Backyard Revolution*,xii.

12. Charles Silberman,*Crisis in Black and White* (New York: Random House,1964),318,346-47,356.

13. Alinsky quoted in Sanders,"Professional Radical,1970," 38.

14. See John Hall Fish,*Black Power/White Control*: *The Struggle of The Woodlawn Organization in Chicago* (Princeton: Princeton University Press, 1973).

15. 这方面的成功例子有:以社区为基础的全国性组织,如 Massachusetts Fair Share and the Ohio Public Interest Campaign;州一级的但有全国性联盟的组织,如 Association of Community Organizations for Reform Now (ACORN);跨州项目的联合,如 Citizen Action;以及一些组织较为松散的全国性邻里团体的联合,如 National People's Action and the National Association of Neighborhoods.

16. Castells,*Urban Question*,421-27.

17. Meg Campbell, North Country Institute, Community Organizing Workshop,February 1982;Boyte,*Backyard Revolution*,64.

18. Rathke quoted in Andrew Kopkind,"ACORN Calling," *Working Papers for a New Society* 3 (Summer 1975):14.

19. North Country Institute Workshop,"Models of Organizing" discussion. 它只是对社区改革组织协会所用的方法提供了一个非常概括的模型,那些更加倾向于罗斯的方法而非阿林斯基方法的人士更喜欢运用、传授这个模型。

20. Kopkind,"ACORN Calling," 15.

21. John Judis,"Playing for Keeps," *In These Times*, 16-29 June 1982, 12-13.

22. Cortes quoted in Boyte,*Backyard Revolution*,63.

23. Jim Green and Allen Hunter,"Racism and Busing in Boston,"*Radical America* 8 (November-December 1974):1-32.

24. Linda Gordon and Allen Hunter, "Sex, Family, and the New Right: Antifeminism as a Political Force, *Radical America* 11 (November 1977-February 1978): 9-26. For other criticisms of thenew populism that question its left orientation, see Frank Ackerman," The Melting Snowball: Limits of the 'New Populism' in Practice, *Socialist Revolution* 35 (September-October 1977): 113-28, and Mike Davis, "Socialist Renaissance or Populist Mirage? A Reply to Harry Boyte," *Socialist Review* 40-41 (1978): 53-63.

25. Paul Levy, Unloading the Neighborhood Bandwagon, manuscript in author's possession, 6. Another version was published in *Social Policy* 10 (September 1979): 28-32. 文章把 1970 年代的邻里"运动"分为三支，分别把邻里看成产生权力的基础、社会共同体或者政治共同体。

26. 关于东南巴尔的摩社区组织的历史，有三个不错的资料来源：Bob Kuttner, "Ethnic Renewal," *New York Times*, 9 May 1976, reprinted in *Neighborhoods in Urban America*, ed. Ronald Bayor (PortWashington, N. Y.: Kennikat Press, 1982), 209-19; Cassidy, *Livable Cities*, pp. 15-20, 98-99; and McBride, "A Nation of Neighborhoods," 3-5.

27. McBride, "A Nation of Neighborhoods," 3.

28. Ibid.

29. Gleason quoted in Cassidy, *Livable Cities*, 98.

30. McBride, "A Nation of Neighborhoods," 3-5; Cassidy, *Livable Cities*, 15-20.

31. 关于匹兹堡的经验，更多材料可见 Roy Lubove, *Twentieth Century Pittsburgh* (New York: Wiley, 1969)，该书讨论了企业、城市和邻里复兴之间相互关系。

32. Philip L Clay, *Neighborhood Renewal: Middle-Class Settlement and Incumbent upgrading in American Neighborhoods* (Lexington, Mass.: Lexington Books, 1979)是对士绅化话题的一个虽然可能有某些局限、但还是很不错的入门读物。

33. Robert Rosenbloom, "The Politics of the Neighborhood Movement," *South Atlantic Urban Studies* 4 (1979): 116.

34. Friedland quoted in Castells, *Urban Question*, 425.

35. Si Kahn, *How People Get Power: Organizing oppressed Communities for Action* (New York: McGraw-Hill, 1970), 59, andLawrence Goodwyn, *The*

Populist Moment: *A Short History of Agrarian Revolt in America* (New York: Oxford University Press, 1978), xix.

36. Quoted in Kathleen McCourt, *Working-Class Women and Grass-Roots Politics* (Bloomington: University of Indiana Press, 1977), 182.

37. Heather Booth interviewed in *Social Policy*, May-June 1981, 31.

38. See Evans, *Personal Politics*.

39. Ronald Lawson and Stephen G. Barton, "Women in the Tenants Movement: A Case History in New York City," *Shelterforce* 7 (1982): 13.

40. McCourt, *Working-Class Women*, 17.

41. Quoted in ibid., 135.

42. Ibid., 183.

第六章

1. Kevin Phillips, *The Politics of Rich and Poor*: *Wealth and the American Electorate in the Reagan Aftermath* (New York: HarperCollins, 1990), 4.

2. Samuel Bowles, David Gordon, Thomas Weiskopff, *After the Wasteland*: *A Democratic Economics for the Year 2000* (Armonk, N. Y.: M. E. Sharpe, 1990), 4-5.

3. Bob Kuttner, "The Splitting of America," Boston Globe 18 May 1992, reprinted in *Organizer Mailing* 6 (July 1992): 1.

4. Walter Russell Mead, "Recession Obsession Blurs Economic Decay," *Houston Chronicle*, 21 April 1991, 1E.

5. Phillips, *Politics of Rich and Poor*, 76-79.

6. Robert Reich, *The Next American Frontier*: *A Provocative Program for Economic Renewal* (New York: Penguin, 1983), 157; Bowles, Gordon, and Weiskopf, After the Wasteland, 5.

7. See Phillips, *Politics of Rich and Poor*; Center on Budget and Policy Priorities, as quoted in "Study of Income Gap Finds Rich Get Richer," *Chicago Tribune*, 24 July 1990, 5.

8. Center on Budget and Policy Priorities, in *Chicago Tribune*, 5.

9. Kuttner, "Splitting of America," in *Organizer Mailing*, 1.

10. Bennett Roth, "Number of Poor Texans Increases by 281, 000 in 1991," *Houston Chronicle*, 4 September 1992, 14.

11. Terry Rosenberg, *Poverty in New York City*, 1985-1988: *The Crisis Continues* (Community Service Society of New York, 1989); James S. Mickelson, ed., Houston's Children 1992 (Houston: Childrenat Risk, 1992); Ruth Sidel, *Women and Children Last: The Plight of Poor Women in Affluent America* (New York: Penguin, 1986).

12. George Gilder, *Wealth and Poverty* (New York: Bantam Books, 1982), 87-88.

13. Editorial, *New York Times*, 6 May 1992, A18; Charles Tilly, "Down and Out in the City: Examining the Roots of Urban Poverty," *Dollars and Sense*, no. 155 (April 1990): 6.

14. Tom Morganthau, John McCormick, and Marc Levinson, "Are Cities Obsolete?" *Newsweek*, 8 September 1991, 42-44.

15. Bowles, Gordon, and Weisskopf, *After the Wasteland* 提出新保守主义战略可以称为"右翼"战略，因为新保守主义分子并不认为他们所要保有的东西有多少价值。我同意这种看法，不过鉴于本书第一版采用了新保守主义的概念，所以这里仍加以沿用。

16. 比如可以参考 Cheryl Hyde, "The Ideational System of Social Movement Agencies: An Examination of Feminist Health Centers," in *Human Service as Complex Organizations*, ed. Yeheskel Hasenfeld, (Newbury Park, Calif.: Sage Publishers, 1992).

17. See Edward Banfield. *The Unheavenly City* (Boston: Little Brown, 1968); Charles Murray, *Losing Ground: American SocialPolicy, 1950-1980* (New York Basic Books, 1984).

18. Cockburn quoted in Keith Matis, "Panelists Accuse Journalists of Strangling the Truth," *Daily Cougar* (22 March 1991), 8.

19. Sam Bass Warner, Jr., *The Private City: Philadelphia in Three Periods of Growth* (Philadelphia: University of Pennsylvania Press, 1968), x-xi.

20. 这些材料的一个更早的版本可见 Robert Fisher, "Organizing in the Private City: The Case of Houston, Texas," in *Black Dixie*, ed. Howard Beeth and Cary Wintz, (College Station: Texas A&M University Press, 1992), 253-77.

21. William Schambra, "Conservatives, Liberals, and the Principles of 'Public Life,'" *Public Life* 2 (March 1991): 6. Also see Stuart M. Butler, "The Enterprise Zone: Capitalism in the Inner City," Special Report #21 (Grove City,

Pa.: Public Policy Education Fund, 1982), 4. Randall Fitzgerald, *When Government Goes Private: Successful Alternatives to Public Services* (New York: Universe Books, 1988)一书的第一章题目就是“把权力还给人民”。

22. Gale Cincotta, "The Next Move," *Disclosure*, no. 127 (March-April 1992): 2.

23. Paul Starr, *The Limits of Privatization* (Washington, D. C.: Economic Policy Institute, 1987), 11.

24. Norman Fainstein and Susan Fainstein, "Regime Strategies, Communal Resistance, and Economic Forces," in *Restructuring the City*, ed. Susan Fainstein et al., (New York: Longman, 1983), 241.

25. Jeffrey R Henig, "Collective Reponses to the Urban Crisis: Ideology and Mobilization," in ed. M. Gottdiener, *Cities in Stress* (Beverly Hills, Calif.: Sage, 1986), 233.

26. C. Wright Mills, *The Sociological Imagination* (New York: Oxford University Press, 1959).

27. R. Emmett Tyrell, Jr. quoted in Barbara Ehrenreich, "The New Right Attack on Social Welfare," in *The Mean Season: The Attackon the Welfare State*, ed. Fred Block et al. (New York: Pantheon, 1987), 167.

28. 更充分的论证，见 Fisher, "Organizing in the Private City."

29. Jennifer Wolch, *The Shadow State: Government andVoluntary Sector in Transition* (New York: Foundation Center, 1990), 209.

30. Gary Delgado et. al., "An Examination and Assessment of Organizational Activity," report commissioned by the Levi Strauss Foundation, Project Change, 1993.

31. William Schambra, "Progressive Liberalism and American Community," *Public Interest 80* (Summer 1985): 31-48.

32. Stuart Butler, "The Enterprise Zone: Capitalism in the Inner City," *Special Report #21* (Grove City, Pa: Public Policy Education Fund, 1982), 4.

33. Craig Calhoun, *The Question of Class Struggle* (Chicago: University of Chicago Press, 1982).

34. Wolch, *Shadow State*, 4.

35. Ibid., 7-8.

36. Trapp quoted in Jeffrey L. Katz, "Neighborhood Politics: A Changing

World,"*Governing*.4 (November 1990):49.

37. Robert Rivera,phone interview with author,10 May 1993.

38. John R. Logan and Todd Swanstrom, eds. ,*Beyond the City Limits*: *Urban Policy and Economic Restructuring in Comparative Perspective* (Philadelphia:Temple University Press,1990),37.

39. John Emmeus Davis, *Contested Ground*: *Collective Action and the Urban Neighborhood*, (Ithaca, N. Y. : Cornell University Press,1991),4-5. A similar argument is made in John Logan and HarveyMolotch,*Urban Fortunes*: *The Political Economy ofPlace* (Berkeley:University of California,1987).

40. Davis,*Contested Ground*,7.

41. Renee Berger, *Against All Odds*: *The Achievements of Community-Based Development Organizations* (Washington, D. C. : National Congress for Community Economic Development,1989),4.

42. Neal R. Pierce and Carol F. Steinbach, *Enterprising Communities*: *Community-Based Development in America*, 1990 (Washington, D. C. : Council for Community-Based Development,1990),15-16.

43. Mott quoted in Neil R. Pierce and Carol F. Steinbach. *Corrective Capitalism*: *The Rise of America's Community Development Corporation* (New York:Ford Foundation,1987),26.

44. Pierce and Steinbach,*Corrective Capitalism*,30.

45. Benjamin Marquez, "Mexican American Community Development Corporation and the Limits of Directed Capitalism," *Economic Development Quarterly* 7 (August l993):287-95.

46. SECO,"Twentieth Anniversary Report,"*Southeast Review* Baltimore, 1991.2.

47. Ibid.,4—7.

48. Christopher Gunn and Hazel Dayton Gunn, *Reclaiming Capital*: *Democratic Initiatives and Community Development* (Ithaca, N. Y. : Cornell University Press,1990),92-94.

49. Krumholz quoted in Katz,"Neighborhood Politics," 49.

50. Berger, *Against All Odds*, 5-8; Pierce and Steinbach, *Enterprising Communities*,8.

51. Avis Vidal, *Rebuilding Communities*: *A National Study of Urban*

Community Development Corporations (New York: Community Development Research Center, 1992).

52. Ibid., 53.

53. Ibid.; New School for Social Research study cited in Pierceand Steinbach, *Enterprising Communities*, 49.

54. *Expanding Horizons: Foundation Grant Support of Community-Based Development*, A Research Report of the Council for Community-Based Development, Washington, D. C., April 1989, 11.

55. Pierce and Steinbach, *Enterprising Communities*, 11.

56. Franklin A. Thomas, foreword to Pierce and Steinbach, *Corrective Capitalism*, 5.

57. Dick Flacks, "The Revolution of Citizenship," *Social Policy* 21 (1990): 48-49.

58. Marquez, "Mexican American Community Development," 11.

59. Bill Traynor, "Community Development and Community Organizing," *Shelterforce*, March/April 1993, 4.

60. W. Dennis Keating, "The Emergence of Community Development Corporations," *Shelterforce*, February/March/April 1989, 11.

61. Marquez, "Mexican American Community Development," 8-9.

62. Ronald Shiffman and Susan Motley, "Comprehensive and Integrative Planning for Community Development," New School for Social Research, New York, March 1990.

63. Schiffman and Motley, "Comprehensive and Integrative Planning," 16.

64. Steven Kest, "Proposal for General Support of the ACORN Organizing Project," grant proposal, 1991, 4.

65. Ibid.

66. Ibid., 8.

67. "Chicago Warms to Acorn Housing," *Homesteader: A Publication of the Acorn Community Land Association*, Winter 1991, 1.

68. Wade Rathke, lecture at University of Houston GraduateSchool of Social Work, 8 April 1991.

69. Schiffman and Motley, "Comprehensive and Integrative Planning," 4, 11.

70. John McKnight and John Kreutzman,"Community Organizing in the 80's:Toward a Post-Alinsky Agenda,"*Social Policy*14 (Winter 1984):17.

71. Letter from Mike Eichler to author,30 March 1993.

72. Mike Eichler,lecture at the University of Houston Graduate School of Social Work,15 November 1990.

73. Katz,"Neighborhood Politics",49.

74. Jack Rothman,*Three Models of Community Organization Practice*, National Conference on Social Welfare,Social Work Practice,1968 (New York: Columbia University Press,1968).

75. Vidal,*Rebuilding Communities* 记录了社区发展公司在五年时间里经历的从"对抗"到"合作"的迅猛变化。

76. Letter from Mike Eichler to author,30 March 1993.

77. Jane Mansbridge,*Beyond Adversary Democracy* (New York:Basic Books,1980),3. Also see Hannah Pitkin and S. Shumer,"On Participation," *Democracy* 2 (Fall 1982):46.

78. See, for example, John T. Cumbler, *A Social History of Economic Decline:Business Politics, and Work in Trenton* (New Brunswick: Rutgers University Press,1989).

79. Paget, "Citizen Organizing"; Herbert Rubin and Irene Rubin, *Community Organizing and Development*, 2d ed. (New York: Macmillan, 1992).

80. Robert Fisher and Joseph King,eds. ,*Mobilizing the Community:Local Politics in a Global Era* (Newbury Park,Calif. :Sage,1993).

81. M. W. Newman and Lillian Williams,"People Power:Chicago's Real Clout,"*Chicago Sun-Times*,6 April 1990,12.

82. Shel Trapp ,"Dynamics of Organizing,"*Disclosure*,March-April 1992,2.

83. Interview with Bill Cavellini,Cambridge,Massachusetts,6August 1991.

84. Ernie Cortes quoted in Harry Boyte, *Commonwealth: A Return to Citizen Politics* (New York:Free Press,1989),191,21.

85. Peter Applebome,"Changing Texas Politics at Its Roots,"*New York Times*,31 May 1988,A16.

86. Mary Beth Rogers,*Cold Anger:A Story of Faith and Power Politics* (Denton:North Texas State University Press,1990),2.

87. John Moyer memo cited in Boyte, *Commonwealth*, 189, 7.

88. See Robert Fisher and Joseph Kling, "leading the People: Two Approaches to the Role of Ideology in Community Organizing," *Radical America* 21(1987):31-45.

89. Gregory Pierce, *Activism that Makes Sense: Congregation and Community Organization* (New York: Paulist Press, 1984), 37-38; Boyte, Commonwealth, 90-95.

90. 关于"内在"和"派生"的意识形态，参见 George Rude, *Ideology and Popular Protest* (New York: Pantheon, 1980). 至于它与阿林斯基组织活动的联系，参见 Fisher and Kling, "Leading the People"。

91. Bernard Crick, *In Defense of Politics* (Chicago: University of Chicago Press, 1972).

92. Carl Boggs, *Social Movements and Political Power: EmergingForms of Radicalism in the West* (Philadelphia: Temple University Press, 1986), especially 26-27，把两者都看成法团主义战略的表现形式，这一战略的特征是缺乏政治冲突，在国家、企业、劳工及其他组织之间存在制度化的谈判框架，以及在一种宽泛的意义上说的对温和意识形态的共识。

93. Mike Miller, "Saul Alinsky and the Democratic Spirit," *Christianity and Crisis* 52 (25 May 1992), copy sent to author, no page numbers. 米勒充满讽刺地提问道，是否"下一本书的题目将是《温和派的号角》(*Reveille for Moderates*)?"以区别于阿林斯基之前的两部著作，《激进派的号角》(*Reveillefor Radicals*) 和《激进派守则》(*Rules for Radicals*)。

94. "Standing for the Whole," Industrial Areas Foundation Statement, 1990.

95. Boyte, *Commonwealth*, 131.

96. From *Organizing for Texas Families and Congregations*, quoted in "Texas IAF Network: Vision, Values, and Action," ed. Pearl Ceasar, a brochure published by the Texas IAF Network, 1990, 13.

97. Boyte, *Commonwealth*, especially chapters 6 and 7, offers athoughtful, if uncritical, analysis of IAF organizing.

98. Robert Rivera lecture, University of Houston Graduate Schoolof Social Work, 18 April 1991. On IAF in New York, see SamuelFreedman, *Upon This Rock* (New York: HarperCollins, 1994).

99. Bill Moyers, introduction to Rogers, *Cold Anger*, i.

100. "Standing for the Whole."

101. Rogers, *Cold Anger*, 194-95.

102. "Standing for the Whole."

103. Miller, "Saul Alinsky and the Democratic Spirit."

104. See Boyte, *Commonwealth*, 122.

105. Miller, "Saul Alinsky and the Democratic Spirit."

106. Ernie Cortes quoted in Rogers, *Cold Anger*, 198.

107. Steve Max, "The Politics of Majorities," *Social Policy* 21 (Summer 1990): 52.

108. Jeremy Brecher and Tim Costello, *Building Bridges: The Emerging Grassroots Coalition of Labor and Community* (New York: Monthly Review Press, 1990).

109. See, for example, Valerie Lehr, "The Difficulty of Leaving "Home": Gay and Lesbian Organizing to Confront AIDS," in *Mobilizing the Community*, ed. Fisher and Kling.

110. J. Barry Mothhes, "Council Approves Major Rezoning of Simplex Site," *Cambridge Chronicle*, 14 January 1988.

111. Thomas Huang and Harold Stern, "Four in Tent City Trial Are Not Guilty," *Tech*, 20 January 1988.

112. Diego Ribadeneira and Alexander Reid, "Homeless Activists Arrested at MIT," *Boston Globe*, 26 February 1988, 18.

113. [Cambridge] Eviction-freeZone Committeeleaflet.

114. Katz, "Neighborhood Politics," 51-52.

115. Boyte, *Commonwealth*, 141.

116. Wade Rathke interview with author, New Orleans, 16 March 1991.

117. Steven Kest, "Proposal for General Support of the ACORN Organizing Project," grant proposal, 1991, 11-12.

118. Abraham Wandersman, Richard C. Rich, and John Prestby, "Keeping Community Organizations Alive," *Citizen Participation*, Fall1985, 16.

119. Robert Rivera lecture at the University of Houston, Graduate School of Social Work, 18 April 1991.

120. Dan Russell, "Roots of a Social Justice Movement," in *Twenty for the*

Many, ACORN Twentieth Anniversary Convention Pamphlet, 1990, 15.

121. Cheryl Hyde, "Commitment to Social Change: Voices from the Feminist Movement," 1, draft in possession of author, to be published in *Advances in Community Organization and Social Administration*, ed. Ray MacNair and William Buffum (Binghamton, N. Y.: Haworth, forthcoming).

122. Wade Rathke interview with author, New Orleans, 16 March1991.

123. Gary Delgado, "Activism in Communities of Color," unpublished paper, March 1992.

124. Gale Cincotta, quoted in Lillian Williams, "Cincotta' s Grass Roots Blossom," Chicago *Sun-Times*, (8 April 1990), 13.

125. Lorraine Guitierrez and Edith Lewis, "A Feminist Perspective on Organizing with Women of Color," in *Community Organizing in a Diverse Society*, ed. Felix Rivera and John L Erlich (Boston: Allyn and Bacon, 1992), 116.

126. Gutierrez and Lewis, "Feminist Perspective," 116; Stephen Rose lecture, University of Houston, Graduate School of Social Work, Future' s Conference, May 1993.

127. Cheryl Hyde, "The Ideational System of Social Movement Agencies: An Examination of Feminist Health Centers," in *Human Services as Complex Organizations*, ed. Yeheskel Hasenfeld (Newbury Park, Calif.: Sage Publishers, 1992), 122; Herbert J. Rubin and Irene Rubin, *Community Organizing and Development* (Columbus, Ohio: Merrill Publishing, 1986), 56.

128. Ann Withorn, *Serving the People: Social Services and Social Change* (New York Columbia University Press, 1984); Cheryl Hyde, "A Feminist Model for Macro-Practice: Promises and Problems," *Administration in Social Work* 13 (1989), especially p. 173. See alsoBurghardt, *The Other Side of Organizing*, and Stuart Rees, *Achieving Power: Practice and Policy in Social Welfare* (Sydney: Allen andUnwin, 1991).

129. Harry Boyte, "Populist Politics," *American Prospect*, June 1991; draft in author's possession.

130. Ecklein, *Community Organizers*, 4.

131. Rubin and Rubin, *Community Organizing and Development*, 50-59.

132. Withorn, *Serving the People*, cited in Gutierrez and Lewis, "Feminist

Perspective," 117.

133. Marie Weil, "Women, Community, and Organizing," in *Feminist Visions for Social Work*, ed. Nan Van Den Bergh and Lynn B. Cooper (Silver Springs, Md.: NASW, 1986), 205.

134. Joel Blau, *The Visible Poor: Homelessness in the United States* (New York: Oxford University Press, 1992).

135. Jean Sickman lecture, University of Houston, GraduateSchool of Social Work, 23 April 1992.

136. L. A Kauffman, "The Left Attacks Identity Politics," *Village Voice*, 30 June 1992, 20.

137. Urvashi Vaid, "An Interview with Urvashi Vaid," Democratic Left 19 (1991), cited in Valerie Lehr, "The Difficulty of Leaving 'Home': Gay and Lesbian Organizing to Confront Aids," in Fisher and Kling, *Mobilizing the Community*, 256.

138. Davis, *Contested Ground*, 164.

139. Alain Touraine, "An Introduction to the Study of Social Movements," *Social Research* 52 (Winter 1985): 780.

140. Jones, quoted in Benjamin Marquez, "Organizing the Mexican-American Community in Texas: The Legacy of SaulAlinsky," *Policy Studies Review* 9 (Winter 1990): 355-73.

第七章

1. Austin, "Organizing," 320.

2. 这一类型学分析的一个更早的版本，最早见于 Robert Fisher, "Community Organizing in Historical Perspective: A Typology," *Houston Review* 4 (Summer 1982): 75-89. 另一个类型学分析可见 Jack Rothman, "Three Models of Community Organization Practice," in *Strategies of Community Organization: ABook of Readings*, ed. Fred Cox et al. (Itasca, Ⅲ: F. E. Peacock, 1979), 25-45.

3. Paul Wellstone, *How the Rural Poor Got Power* (Amherst: University of Massachusetts Press, 1978), 204.

4. McCourt, *Working-Class Women*, 100.

5. Rich, "Political Economy of Neighborhood Organization."

6. Mary P. Follett, *The New State: Group Organization the Solution of Popular Government* (New York: Longmans, Green and Company, 1918), 189-92.

7. Charles Grosser, *New Direction in Community Organization: From Enabling to Advocacy* (New York: Praeger, 1972), and JeffreyGalper, *The Politics of Social Services* (Englewood Cliffs, N. J.: Prentice-Hall, 1975), reflect changes in the social work profession during the late 1960s and early 1970s.

8. Barbara Epstein, "Rethinking Social Movement Theory," *Socialist Review* 90 (January-March 1990), 35-66; Anthony Scott, *Ideology and the New Social Movements* (London: Unwin Hyman, 1990); Robert Fisher, "Organizing in the Modern Metropolis," *Journal of Urban History* 18 (1992): 222-37.

9. Claus Offe. "Challenging the Boundaries of Institutional Politics: Social Movements since the 1960s," in *Changing Boundaries of Political: Essays on the Evolving Balance between the State and Society, Public and Private in Europe*, ed. C. Maier, (Cambridge: Cambridge University Press, 1987).

10. Richard Flacks, "The Revolution of Citizenship," *Social Policy* 21 (1990): 37-50.

11. Offe, "Challenging the Boundaries."

12. Jeremy Brecher and Tim Costello, *Building Bridges: The Emerging Grassroots Coalition of Labor and Community* (New York: Monthly Review Press, 1990); Fisher, "Organizing in the Modern Metropolis."

13. Samir Amin, "The Social Movements in the Periphery," in *Transforming the Revolution*, ed. S. Amin et al.

14. Durning, "Action at the Grassroots," 6-7.

15. R. Dalton and M. Kuechler, eds., *Challenging the Political Order: New Social and Political Movements in Western Democracies* (New York: Oxford University Press, 1990); Offe, *Challenging the Boundaries*; Harry Boyte and Frank Riessman, *The New Populism* (Philadephia: Temple University Press, 1986); Robert Fisher and Joseph Kling, "Leading the People: Two Approaches to the Role of Ideology in Community Organizing," *Radical America* 21 (1988): 31-46; Harry Boyte, Heather Booth, and Steve Max, *Citizen Actionand the New American Populism* (Philadelphia: Temple University

Press,1986).

16. S. E. Bronner, *Socialism Unbound* (New York: Routledge, 1990), 161.

17. Herbert Gutman, *Work, Culture, and Society in Industrializing America* (New York: Vintage, 1977); E. P. Thompson, *The Making ofthe English Working Class* (New York: Vintage, 1963).

18. Touraine, "Introduction to the Study of Social Movements"; Robert Fisher and Joseph Iqing, "Popular Mobilization in the 1990s: Prospects for the New Social Movements," *New Politics* 3(1991): 71-84.

19. Mansbridge, *Beyond Adversary Democracy*, 3.

20. James Midgley, *Community Participation, Social Development, and the State* (London: Methuen, 1986), 4.

21. Fisher, "Organizing in the Metropolis." For a related argument see Frances Fox Piven and Richard Cloward, *The New ClassWar: Reagan's Attack on the Welfare State and Its Consequences* (NewYork: Pantheon, 1982).

22. Wallerstein, "Antisystemic Movements."

23. Frank and Fuentes, "Civic Democracy."

24. Peter Merkl, "How New the Brave New World: New Social Movements in West Germany," *German Studies Review* 10 (February1987): 125-47.

25. 我过去几年中多篇文章的多种版本里,都对旧的和新的社会运动做了分析。这里的材料主要来自 Robert Fisher, "Grassroots Organizing Worldwide," in Fisher and Kling, Mobilizing the Community, and Robert Fisher, "Organizing in the Modern Metropolis," *Journal of Urban History* 18 (February1992): 222-37.

26. Chapter 3 discusses reactionary, nonprogrssiveuses of the neighborhood, an important element but one that new social movement theory, tied to a leftist "oppositional" imagination, does notaddress.

27. Mark Gottdeiner, *The Decline of Urban Politics* (Newbury Park, Calif.: Sage Publications, 1987); Boyte, *Backyard Revolution*.

28. Camacho quoted in Newman and Williams, "People Power," 14.

29. 这一结论建立在一系列文章的基础上,尤其可见 Fisher and Kling, "Popular Mobilization in the 1990s: Prospects for the New Social Movements," *New Politics* 3(1991): 71-84. and an edited book, *Moblizing the Community*, that Joe Kling and I have worked on together since 1988.

30. Boyte, *Backyard Revolution*; Sara Evans and Harry Boyte, *Free Spaces: The Sources of Democratic Change in American*(New York: Harper and Row, 1986); Wellstone, *How the Poor Got Power*, Craig Callloun, "The Radicalism of Tradition: Community Strength or Venerable Disguise and Borrowed Language?" *American Journal of Sociology*88 (March 1983): 886-914.

31. See Fisher and Kling, *Mobilizing the Community*.

32. 社区工作既有复制也有挑战权力关系的潜力，参见 Margit Mayer, "Restructuring and Opposition in West German Cities," in *Global Cities*, ed. M. P. Smith and J. Feagin, (New York: Basil Blackwell, 1987), and Margit Mayer, "The Career of Urban Social Movements in West Germany," in Fisher and Kling, eds. , *Mobilizing the Community*.

33. Craig Jackson Calhoun. "The Radicalism of Tradition," *American Journal of Sociology* 88 (March 1983): 886-914.

34. Piven and Cloward, *Poor People's Movements*, 7.

35. Carson, *In Struggle*，详实记录了 1965 年之后政府如何纠缠和镇压黑人权力运动。

36. Wenstone, *How the Rural Poor Got Power*, 218.

37. Sidney Dillick, *Community Organization for Neighborhood Development: Past and Present*(New York: William Morrow, 1953), 69.

38. See. For example, *Community Participation*; Fisher, "Organizing in the Private City"; Susan Fainstein and NormanFainstein, "Participation in New York and London: Community andMarket under Capitalism," in Fisher and Kling, *Mobilizing the Community*.

39. Marie Weil, "Women, Community, and Organizing," 202-3. 她为女权主义实践增加了几项要素：第一，意识提升和实践使人们有机会"反思、再体验、辨识和分析那些组织她们发展的社会成规和环境力量，帮助建构个人和集体的力量"；第二，个人的是政治的，这意味着要对"系统因素如何造成了个人的难题"保持敏感，承认人们在日常生活中如何选择也是政治；第三，凡是有助于消除种族主义、性别主义、反同性恋、阶级偏见以及其他压迫形式的结构变革，不管是组织上的、制度上的，还是整个社会的，都应该成为组织活动家的思考重点和努力方向。

40. Pierce, *Activism that Makes Sense*, 57.

41. Pierce and Steinbach, *Enterprising Communities*, 61.

42. Mike Miller, "*Questions for Community Organizing*," unpublished paper, (May 1991), 20. 这篇论文有一个简略的版本，见 Miller, "SaulAlinsky and the Democratic Spirit."

43. Burghardt, *The Other Side of Organizing*.

44. Jeremy Brecher and Tim Costello, "Community Labor Coalitions," Z Magazine, April 1990, 79; Ann Withorn, "A Future Worth Campaigning For," Radical America 23 (Summer 1991): 1-13.

45. Gary Delgado, "Activism in Communities of Color," unpublished paper, March 1992.

46. Michael Ansara, "The People's First: An Organizer's Notebook," *Working Papers for a New Society* 2 (Winter 1975): 36.

47. Forman quoted in Carson, *In Struggle*, 156.

48. See Chafe, Civilities and Civil Order, 350, 描述了这种意识中北卡罗来纳格林斯博罗市的民权运动中是如何发展起来并受到挑战的。

49. Wellstone, *How the Rural Poor Got Power*, pp. 200-215.

50. Arthur Hillman and Frank Seever, "Elements of Neighborhood Organization," in *Strategies*, ed. Cox et al., 284.

51. See, for example, J. F. Lyotard, *The Postmodern Condition: A Report on Knowledge* (Minneapolis: University of Minnesota Press, 1979).

52. Rude, *Ideology and Popular Protest*, 28-29.

53. Miller, "Saul Alinsky and the Democratic Spirit."

54. Bruce Palmer, personal comment to author, 15 May 1993.

55. Epstein, "Rethinking Social Movement Theory," 61.

书目指南

以下是一份精选的书单，列出了我认为在邻里组织运动史上最有价值的文献。我有意让书单显得不是太长，多数情况下只列入那些最容易找到的公开出版的材料。如果希望得到本研究所采用的更多的与邻里组织、国家政治经济和城市史相关的资料，可以查询“注释和参考文献”部分。

历史概述及邻里组织运动的理论

大多数从历史视角审视邻里组织运动的材料都出自社工学术圈。关于邻里组织运动史，仅有的达到一本书的篇幅的研究是 Sidney Dillick, *Community Organization for Neighborhood Development: Past and Present* (New York: William Morrow, 1953)，它从 19 世纪后期开始追溯社会福利型的邻里组织的历史，一直延伸到 1950 年代。还有 *Community Organization for Urban Social Change: A Historical Perspective*, edited by Robert Fisher and Peter Romanofsky (Westport, Conn.: Greenwood Press, 1981); and, most recently, *American Community Organizations: A Historical Dictionary* edited by Patricia Mooney Melvin (Westport, Conn.: Greenwood Press, 1986). Monna Heath and Arthur Dunham, *Trends in Community Organization: A Study of Papers on Community Organization Published by the National Conference on Social Welfare*, 1874-1960 (Chicago: University of Chicago Social Service Monographs, 1963)，这是一部出色的概述和分析，文章都是出自社工实践者和学者。关于社区组织的历史，有一个篇幅不大的出色的研究，Meyer Schwartz, “Community Organization,” in *Encyclopedia of Social Work* (New York: National Association of Social Workers, 1965), 179-89; Howard W. Hallman, “The Neighborhood as an Organizational Unit a Historical Perspective,” in *Neighborhood Control in the 1970s*, edited by George Frederickson (New York:

Chandler Publishing Co., 1973), 7-16; Fred Cox and Charles Garvin, "Community Organization Practice: 1865 1973," in *Strategies of Community Organization*, edited by Fred Cox et al. (Itasca, Ⅲ.: F. E. Peacock, 1974), 39-58; Arthur Dunham, *The New Community Organization* (New York: Thomas Y. Crowell, 1970), chapter 4; and Steve Burghardt, "Community-Based Social Action," in *Encyclopedia of Social Work Eighteenth Edition* edited by Anne Minahan *et. al.* (Silver Spring, Mass.: National Association of Social Workers, 1987), 292-99. Robert Fisher, "Community Organizing in Historical Perspective: A Typology": *Houston Review* 4 (Summer 1982): 75-88, 详述了本书结论部分所提到的类型学分析。Milton Kotler, *Neighborhood Government: The Local Foundations of Political Life* (New York: Bobbs-Merrill, 1969), 提供了一些关于邻里的历史起源及邻里组织运动的不同途径的材料。Jeffrey H. Galper, *The Politics of Social Services* (Englewood Cliffs, N. J.: PrenticeHall, 1975), 是一部左翼立场的批判作品，其中包含了对社工职业人士所运作的社区组织的有趣批评。令人吃惊的是，对社会福利史感兴趣的历史学家居然没有写出什么社区组织方面的作品。即使是一些社会福利史的概述类作品，如 James Leiby, *The History of Social Welfare and Social Work in the United States* (New York: Columbia University Press, 1978), 也仅有几页触及这个话题。

从其他角度对邻里组织运动的一般性研究有 David J. O'Brien, *Neighborhood Organization and Interest-Group Processes* (Princeton: Princeton University Press, 1975); Rachelle B. Warren and Donald I. Warren, *Neighborhood Organizers Handbook* (Notre Dame: University of Notre Dame Press, 1977); Steve Burghardt, *The Other Side of Organizing* (Cambridge: Schenkman, 1982); and Jeffrey R. Henig, *Neighborhood Mobilization: Redevelopment and Response* (New Brunswick: Rutgers, 1982). 晚近有一些重要的批评认为社区组织运动作为城市再生的策略是有局限的，如 Karen Paget, "Citizen Organizing: Many Movements, No Majority," *American Prospect* 7 (Summer 1990); Mark Gottdiener, *The Decline of Urban Politics* (Newbury Park, Calif.: Sage Publications, 1987); *The Dilemmas of Activism: Class, Community, and the Politics of Local Mobilization*, edited by Joseph Kling and Prudence Posner (Philadelphia: Temple University Press, 1990).

1929 年以前的社会福利型邻里组织活动

1890—1920 年间的自由主义改革派不仅乐观，而且高产。这一流派中最早的叙述见 Stanton Coit, *Neighborhood Guild: An Instrument of Social Reform* (London: Sonnenshein, 1891). 此外还有一些出色的作品，如 Jane Addams *Twenty Years at Hull House with Autobiographical Notes* (New York: Macmillan, 1910); Lillian Wald, *The House on Henry Street* (New York: Henry Holt and Co., 1915); and Robert A. Woods, *The Neighborhood in Nation-Building* (New York: Arno Press, 1970). 在第一次世界大战期间及其后，对于邻里组织活动的必要性，出现了一些更强烈的表达，最好的例子如 Mary Parker Follett, *The New State: Group Organization the Solution of Popular Government* (New York: Longmans, Green, 1918), and John Daniels, *America Via the Neighborhood* (New York Harper and Bros., 1920)。

晚近的文献中涉及邻里组织活动早期历史的有，Neil Betten and Michael Austin, *The Roots of Community Organizing 1917-1939* (Philadelphia: Temple University Press, 1990); and Patricia Mooney Melvin, *The Organic City: Urban Definition and Neighborhood Organization, 1880-1920* (Lexington: University of Kentucky Press, 1987).

美国史学家有大量关于服务站工作者的活动的作品，不过一直到最近，他们写作的视角都不是把这些改革家当成社区组织活动家。关于社会服务站，可见 Thomas Lee Philpott, *The Slum and the Ghetto: Neighborhood Deterioration and Middle-Class Reform in Chicago, 1880-1930* (New York: Oxford University Press, 1978); Mina Carson, *Settlement Folk* (Chicago: University of Chicago Press, 1990); Elisabeth Lasch-Quinn, *Black Neighbors: Race and the Limits of Reform in the American Settlement House Movement, 1890-1945* (Chapel Hill: University of North Carolina Press, 1993); Rivlen Shpak Lissak, *Pluralism and Progressives: Hull House and the New Immigrants, 1890-1919* (Chicago: University of Chicago, 1989); and Judith Trolander, *Professionalism and Social Change: From the Settlement House Movement to Neighborhood Centers, 1886 to the Present* (New York: Columbia University Press, 1987). 关于社区活动中心，最早的作品是 Robert Fisher, "Community Organizing and Citizen Participation: The Efforts of the People's Institute, 1910-1920," *Social Service Review* 51 (September 1977): 474-90。

1920 年代出现了持续的努力，倡导邻里单位，倡导社区组织的职业化，将之作为社会工作领域的一个分支。关于社区组织，最早的作品有 Edward Lindeman, *The Community* (New York: Association Press, 1921), and Jesse

Steiner, *Community Organization: A Study of its Theory and Current Practice* (Chicago: University of Chicago Press, 1925). 这一时期最好的一部社区研究作品，它把重点放在了邻里组织工作的角色上，这是 Harvey W. Zorbaugh, *The Gold Coast and the Slum: A Sociological Study of Chicago's Near North Side* (Chicago: University of Chicago Press, 1929). Wilbur Phillips, *Adventuring for Democracy* (New York: Social Unit Press, 1940)，是街区组织社会单位机会的奠基人的自传；二手的材料可见 Patricia Mooney Melvin, "A Cluster of Interlacing Communities: The Cincinnati Social Unit Plan and Neighborhood Organization, 1900-1920," in *Community Organization*, edited by Fisher and Romanofsky, 59-88, and Anatole Shaffer, "The Cincinnati Social Unit Experiment, 1917-1919," *Social Service Review* 45 (June 1971): 159-72. Roy Lubove, *The Professional Altruist: The Emergence of Social Work as a Career* (New York: Atheneum, 1965)，其中有些材料设计到社区组织领域的起源和职业化。分析 1920 年代和 1930 年代社区组织意识形态的作品，Michael J. Austin and Neil Betten, "Intellectual Origins of Community Organization, 1920-1939," *Social Service Review* 51 (March 1977): 155-70。

318 关于工人阶级邻里的社区生活和族群社团，虽然未必归属于邻里组织项目，却也有重要的作用，可以让我们回想起各种替代服务站和社区活动中心的、能为移民所运用和支配的选择，相关作品有：Jeffrey Gurock, *When Harlem Was Jewish* (New York: Columbia University Press, 1979); Emory Tolbert, *The UNIA and Black Los Angeles: Ideology and Community in the American Garvey Movement* (Los Angeles: UCIA Center for Afro-American Studies, 1980); John Bodnar, *Immigration and Industrialization: Ethnicity in an American Mill Town, 1870-1940* (Pittsburgh University Press, 1977); and Josef Barton, *Peasants and Strangers: Italians, Russians, and Slovaks in an American City, 1890-1950* (Cambridge: Harvard University Press, 1975).

关于美国史上邻里含义的变化以及地方史的重要意义，参阅 Zane Miller, "The Role and Concept of Neighborhood in American Cities," in *Community Organization*, edited by Fisher and Romanofsky 3-32; *Neighborhoods in Urban America*, edited by Ronald Bayor (Port Washington NY: Kennikat Press, 1982); Henry Bedford, *Trouble Downtown: The Local Context of Twentieth Century America* (New York: Harcourt, Brace, 1978); and Thomas Bender, *Community and Social Change in America* (New Brunswick: Rutgers University Press, 1978).

激进邻里组织运动,1929—1946

很奇怪,很少见到关于大萧条时期各种分散化的邻里组织活动的作品。这一时期无论左翼右翼都出现了大量的组织活动,但多数组织(尤其在 1933 年后)都是面向全国或以全国为基础的。整个国家和世界面临的经济问题看来不允许他们转向邻里层面的解决方案。

关于 1930 年代的失业工人联合会,更详尽的资料首先可见 Mark Naison, "Harlem Communists and the Politics of Black Protest," in *Community Organization*, edited by Fisher and Romanofsky, 89-126, and Mark Naison, *Communists in Harlem During the Depression* (Urbana: University of Illinois Press, 1983). Steve Nelson, James K. Barrett, and Rob Ruck, Steve Nelson, *American Radical* (Pittsburgh: University of Pittsburgh Press, 1981),是一本共产党和失业工人联合会领袖的自传,同样很有帮助; Roy Rosenzweig, "Organizing the Unemployed: The Early Years of the Great Depression, 1929-1933," *Radical America 10* (July-August 1976): 37-60; and Frances Fox Piven and Richard Cloward, *Poor People's Movements: Why They Succeed, How They Fail*(New York: Pantheon, 1977). 对共产党组织活动的一些新视角,参见 Robin D. G. Kelley, *Hammer and Hoe: Alabama Communists during the Great Depression*(Chapel Hill: University of North Carolina Press, 1990); Joshua B. Freeman, *In Transit: The Transport Workers Union in New York City, 1933-1966* (Oxford University Press, 1989); and Leon Fink and Brian Greenberg, *Upheaval in the Quiet Zone: A History of Hospital Workers' Union Local 1199* (University of Illinois Press, 1989).

关于阿林斯基的早期工作以及阿林斯基的方法,最好的著作是 Saul D. Alinsky, *Reveille for Radicals* (Chicago: University of Chicago Press; 1946); Saul D. Alinsky, *Rules for Radicals* (New York: Random House, 1971); Michael P. Connolly, "An Historical Study of Change in Saul D. Alinsky's Community Organization Practice and Theory, 1939-1972" (Ph. D. diss., University of Minnesota School of Social Work, 1976); and Marion K. Sanders, *The Professional Radical: Conversation with Saul Alinsky* (Evanston, III.: Harper and Row, 1965). 对阿林斯基方法的批评,较好的有 Robert Bailey, Jr., *Radicals in Urban Politics: The Alinsky Approach* (Chicago: University of Chicago Press, 1974); Paul Wellstone, "Notes on Community Organization," *Journal of*

Ethnic Studies 4 (1976): 73-89; Joan E. Lancourt, *Confront or Concede: The Alinsky Citizen-Action Organization* (Lexington, Mass.: Lexington Books, 1979); Stanley Aronowitz, " Poverty, Politics and Community Organization," *Studies on the left* 4 (Summer 1964): 102-5; and Frank Reissman, *Strategies against Poverty* (New York: Random House, 1969). Gurney Breckenfield, "Chicago: Back of the Yards," in *The Human Side of Urban Renewal*, edited by Martin Millspaugh, Gurney Breckenfield, and Miles Colean, (New York: Ives Washburn, 1960),是对后院邻里议会的一个描述性研究。关于后院还有两项较新的研究: Thomas J. Yablonsky, *Pride in the Jungle* (Baltimore: Johns Hopkins University Press, 1933), and Robert Slayton, *Back of the Yards* (Chicago: University of Chicago, 1986)。对阿林斯基尤其他的早期工作,最有洞见的一部作品是一部新出的传记 Sanford D. Horwitt, *Let Them Call Me Rebel: Saul Alinksy—His Life and Legacy* (New York: Alfred A. Knopf, 1990).

租客组织运动史的相关资料,可见 Joseph Spencer, "Tenant Organization and Housing Reform in New York City: The Citywide Tenant organization and housing 1936-1943." in *Community Organization*, edited by Fisher and Romanofsky, 127-56; Ronald Lawson and Stephen G. Barton. "Women in the Tenant Movement: A Case History in New York City" *Shelterforce* 7 (1982); *The Tenant Movement in New York City, 1904-1984*, edited by Ronald Lawson, with the assistance of Mark Naison, (Rutgers University Press, 1986).

保守主义邻里组织运动,1946—1960

在"二战"期间及刚结束时,在社会工作这一职业领域,人们对邻里作为一个组织单位以及社区组织活动的可能性的兴趣,又重新复苏了。今天业已成为经典的很多社会组织方面的作品,就是在战后这十年产生的。最著名的如 H. Wayne McMillen, *Community Organization for Social Welfare* (Chicago: University of Chicago Press, 1945); Clarence King, *Organizing for Community Action* (New York: Harper, 1948); James Dahir, *The Neighborhood Unit Plan: Its Spread and Acceptance* (New York: Russell Sage Foundation, 1947); Arthur Hillman, *Community Organization and Planning* (New York: Macmillan, 1950); Murray G. Ross, *Community Organization and Planning* (New York: Harper and Bros., 1955); and *Community Organization in Action: Basic*

Literature and Critical Comments, edited by Ernest B. Harper and Arthur Dunham (New York: Associated Press, 1959).

冷战如何影响社区组织活动的实例，可见 Elmore McKee, *The People Act: Stories of How Americans Are Coming Together to Deal with Their Community Problems* (New York: Harper and Bros., 1955); Marvin Palacek, *Battle of the Bureaucracies* (New York: Vantage Press, 1972); and Reginald Robinson, *Serving the Small Community: The Story of the United Community Defense Services* (New York: Associated Press, 1954)。

国际社区发展项目，参见 Charles E. Hendry, "Community Development," in *Encyclopedia of Social Work*, 1965, 170-77; Arthur Dunham, *Community Development-Rural and Urban* (New York: International Conference of Social Work, 1962); and Marshall B. Clinard, *Slums and Community Development: Experiments Self-help* (New York: Free Press, 1966)，它有一些在印度的项目的材料。

至于 1946 年以前的邻里改善协会的活动，我的主要资料来源有：Joseph Arnold, "The Neighborhood and City Hall: The Origins of Neighborhood Associations in Baltimore, 1880-1911," *Journal of Urban History* 6 (November 1979): 3-30; Roderick D. Mcknzie, *The Neighborhood: A Study of Local Life in Columbus, Ohio* (Chicago: University of Chicago Press, 1923); St Clair Drake and Horace R Cayton, *Black Metropolis* (New York: Harper, 1962); and Clement Vose, *Caucasians Only: The Supreme Court, the NAACP, and the Restrictive Covenant Cases* (Berkeley: University of California Press, 1959). 至于近期保守主义对邻里社团的运用，以及所谓的邻避现象，参见 Sidney Plotkin, *Keep Out: The Struggle for Land Use Control* (Berkeley: University of California Press, 1987).

至于休斯敦的公民俱乐部的材料，我的主要的、甚至是唯一的来源是西南公民俱乐部，此外还有休斯敦城市研究中心(the Houston Metropolitan Research Center)的材料以及个人访谈所得。至于其他城市邻里改善协会的两则不同的材料，见 Mario Cuomo, *Forest Hills Diary: The Crisis of Low-Income Housing* (New York: Random House, 1974); and Mike Davis, *City of Quartz* (New York: Vintage, 1992), especially chapter 3.

1960 年代的邻里组织"革命"

有关邻里组织"革命"的文献可谓汗牛充栋，一个较好的切入点是大量社工取向的、以检视晚近理论和实践为内容的文集，如 *Strategies of Community Organization*：*A Book of Readings Fourth Edition*，edited by Fred Cox et al.（Itasca，III.：F. E. Peacock 1987）；and *Reading in Community Organization Practice*，edited by Ralph Kramer and Harry Specht（Englewood Cliffs，N. J.：Prentice-Hall，1983. 至于 1964—1970 年间的邻里组织活动及其他社会行动领域，有一部非常有价值的相关社会科学文献汇编，即 Jack Rothman，*Planning and Organizing for Social Change*：*Action Principles from Social Science Research*（New York：Columbia University Press，1974）. 至于过去二十年里出版的许多有关社区组织活动史的作品，纸质版不难找到，而且一般都会提供很好的书目指南。

关于民权运动和新左派组织活动，我参考了 William Chafe，*Civilities and Civil Rights*：*Greensboro*，*North Carolina*，*and the Black Struggle for Freedom*（New York：Oxford University Press，1980）；Clayborne Carson，Jr.，*In Struggle*：*SNCC and the Black Awakening of the 1960s*（Cambridge：Harvard University Press，1982），是一部研究组织工作方法论的转变以及更一般的意义上说研究学生非暴力协调委员会的；Wini Breines，*Community and Organization in the New Left*，1962-1968：*The Great Refusal*（New York：Praeger，1982），是她的出色的博士论文的扩展，本书曾多次加以引用；and Sara Evans，*Personal Politics*：*the Roots of Women's Liberation in the Civil Rights Movement and the New Left*（New York：Random House，1979），对 1960 年代和 1970 年代的组织活动过程以及妇女在新左派组织项目中的角色，提供了一个内部视角的评论。还有两部很好的原始材料汇编：*The New Student Left*：*An Anthology*，edited by Mitchell Cohen and Dennis Hale（Boston：Beacon Press. 1966）：and Massimo Teodori，*The New Left*：*A Documentary History*（New York：Bobbs-Merrill，1969）。

近年来，1960 年代运动的集体记忆，在从前的参与者和其他评论家的作品里得到了延续。这些作品数量太大，太过重要，这里无法给予足够的篇幅，其中较有代表性的作品如 James Miller，*Democracy is in the Streets*（New York. Touchstone. 1987）；Doug McAdams，*Freedom Summer*（Bristol，Pa.：Open University Press，1988）；Taylor Branch，*Parting the Waters*：*America in the King Years*，*1954-1963*（New York：Touchstone，1988）；Mary King，*Freedom Song*：*A Personal Story of the 1960s Civil Rights Movements*（New York：William Morrow，1987）；Todd Gitlin，The Sixties：Years of Hope，Days of Rage

(New York: Bantam, 1987) Jo Ann Robinson, *The Montgomery Bus Boycott and the Women Who Started It* (Knoxville: University of Tennessee Press, 1987); Richard Flacks, *Making History: The American Left and the American Mind* (New York: Columbia University Press, 1988); Jack Whalen and Richard Flacks, *Beyond the Barricades: The Sixties Generation Grows Up* (Philadelphia: Temple University Press, 1989); and Henry Hampton and Steve Fayer, eds., Voices of Freedom: *An Oral History of the Civil Rights Movement from the 1950s through the 1980s* (New York: Bantam, 1990),这可以视为《美国民权运动之路 1》(*Eyes on the Prize*)和《美国民权运动之路 2》(*Eyes on the Prize II*)这两部杰出的电影系列片的姐妹篇。

关于1960年代初的反贫困社区行动计划,有大量文献。如 Peter Marris and Martin Rein, *Dilemmas of Social Reform: Poverty and Community Action in the United States* (New York: Atherton, 1967); Ralph Kramer, *Participation of the Poor: Comparative Case Studies in the War on Poverty* (Englewood cliffs, N. J.: Prentice-Hall, 1969); Frances Fox Piven and Richard Cloward, *Regulating the Poor: The Functions of Public Welfare* (New York: Vintage Books, 1971); Sar Levitan, *The Great Society's Poor Law*, (Baltimore: Johns Hopkins University Press, 1969); and Paul E. Peterson and David J. Greenstone. "The Mobilization of Low-Income Communities through Community Action," in *A Decade of Federal Antipoverty Programs: Achievements, Failures, and Lessons*, edited by Robert Haveman (New York: Academic Press, 1977), 241-78.

近年来新保守主义对反贫困战争做出了重新解释,因为新保守主义希望解散各种社会民主计划,剥除它的合法性,它也因此在1980年代成为热点话题。For recent neoconservative reinterpretation of the War on Poverty, a hot topic in the 1980s as neoconservatives sought to dismantle and delegitimize social democratic programs, see Charles Murray, *Losing Ground: American Social Policy, 1950-1980* (New York: Basic Books, 1984). For a critique of the neoconservative perspective see Frances Fox Piven and Richard Cloward, *The New Class War: Reagan's Attack on the Welfare State and Its Consequences* (New York: Pantheon, 1985), and Fred Block et. al, *The Mean Season: The Attack on the Welfare State* (New York: Pantheon, 1987). 更偏向"新自由主义"的立场,参见 Nicholas Lemann, *The Promise Land: The Great Black Migration and How It Change America* (New York: Vintage, 1991).

左翼对这些年的社区组织活动的批评，参见 Katherine Coit，"Local Action, Not Citizen Participation," in *Marxism and the Metropolis*：*New Perspective in Urban Political Economy*，edited by William K. Tabb and Larry Sawers（New York：Oxford University Press，1978），297-311；John Cowley *et al.*，*Community or Class Struggle*（New York：Stage 1 Publishers，1997）；and Charles F. Grosser，*New Directions in Community Organization*：*From Enabling to Advocacy*（New York：Praeger，1972）.

关于 1960 年代末 1970 年代初出现的种类繁多的邻里抵抗和社区支配活动，更多资料可见 Alan Lupo，Frank Colcord，and Edmund Fowler，*Rites of Way*：*The Politics of Transportation in Boston and the U. S. City*（Boston：Little，Brown，1971），记录了抵制高速公路行动；*Confrontation at Ocean-Hill Brownsville*，edited by Maurice Berube and Marilyn Gittell（New York：Praeger，1969），详细记录了纽约市发生的这场争取社区对学校支配权的重要斗争；and J. Clarence Davies，*Neighborhood Groups and Urban Renewal*（New York：Columbia University Press，1966），记述了对城市复兴的抵抗。

1970 年代和 1980 年代的新平民主义

过去二十年里城市和邻里发生的变化，参见 Larry Bennett，*Fragments of Cities*：*The New American Downtowns and Neighborhoods*（Columbus：Ohio State University，1990）；*Beyond the City Limits*：*Urban Policy and Economic Restructuring in Comparative Perspective*，edited by John R. Logan and Todd Swanstrom（Philadelphia：Temple University Press，1990）；David Harvey，*Studies in the History and Theory of Capitalist Urbanization*（Baltimore，Md.：Johns Hopkins University Press，1985）；John Mollenkopf，*The Contested City*（Princeton：Princeton University Press，1983）；*The Capitalist City*：*Global Restructuring and Community Politics*，edited by Michael Peter Smith and Joe Feagin（Oxford：Basil Blackwell，1987）；Susan S. Fainstein and Norman I. Fainstein，"Economic Restructuring and the Rise of Urban Social Movements," *Urban Affairs Quarterly 21*（December 1985）；and Todd Swanstrom *The Crisis of Growth Politics*：*Cleveland*，*Kucinich*，*and the Challenge of Urban Populism*（Philadelphia：Temple University Press，1985）.

志愿主义近年来在美国的扩散，一个重要的原始资料可见 Jennifer Wolch *The Shadow State*：*Government and Voluntary Sector in Transition*（New York：

Foundation Center,1990).它在世界范围的表现,参见 Alan Durning,"Action at the Grassroots: Fighting Poverty and Environmental Decline," *Worldwatch Paper 88* (January 1989):1-70;*Mobilizing the Community: Local Politics in a Global Era*,edited by Robert Fisher and Joseph Kling (Newbury Park,Calif.: Sage,1993);*Transforming the Revolution: Social Movements and the World-System*,edited by Samir Amin et al.(New York:Monthly Review Press,1989);还有一篇出色的论文,Stuart Corbridge,"Third World Development," *Progress in Human Geography 15* (1991):311-21.其他国家草根组织活动的案例研究,参见 F Arthur Bonner,*Averting the Apocalypse: Social Movements in India Today* (Durham: Duke University Press,1990); Daniel Lehmann,*Democracy and Development in Latin America: Economics, Politics, and Religion in the Postwar Period* (Cambridge: Polity Press,1990); Stuart Lowe,*Urban Social Movements: The City Afler Castells* (London: Macmillan, 1986); *Social Movements and the State in Latin America*,edited by David Slater (Holland: Foris Publications,1985).

对 20 世纪以前的平民主义的历史和理论研究,参见 Lawrence Goodwyn, *The Populist Moment:A Short History of Agrarian Revolt in America* (New York:Oxford University Press,1978); Bruce Palmer,"*Man over Money*" *The Southern Populist Critique of American Capitalism* (Chapel Hill:University of North Carolina Press,1980); Craig Jackson Calhoun, *The Question of Class Struggle*(Chicago:University of Chicago Press,1982),and his "The Radicalism of Tradition: Community Strength or Venerable Disguise and Borrowed Language?," *American Journal of Sociology 88*(March 1983):886-914.关于新平民主义的阿林斯基起源,参见 Harry C. Boyte, *The Backyard Revolution: Understanding the New Citizen Movement* (Philadelphia: Temple University Press,1980).关于阿林斯基在伍德劳恩组织的活动,参见 John Hall Fish,*Black Power/White Control: The Struggle of The Woodlawn Organization in Chicago* (Princeton: Princeton University Press,1973). Lancourt,*Confront or Concede*, and Janice Perlman, "Grassrooting the System," *Social Policy7* (September-October 1976):4-20,是非常好的阿林斯基入门,也是很好的新平民主义组织项目的入门。 325

至于新阿林斯基组织活动的材料,我主要借助访谈、组织者培训工作坊、机构文献以及越来越多的学术研究。参见 Boyte,*Backyard Revolution*;Si Kahn,

Organizing: *A Guide for Grassroots Leaders*（New York: McGraw-Hill, 1982）, and his *How People Get Power*: *Organizing oppressed Communities for Action*（New York: McGraw-Hill, 1970）; Michael Ansara, "The People's First: An Organizer's Notebook," *Working Papers for a New Society 2*（Winter 1975）: 26-38; Robert Rosenbloom, "The Politics of the Neighborhood Movement," *South Atlantic Urban Studies 4*（1979）: 103-20; Paul Wellstone, *How the Rural Poor Got Power*: *Narrative of a Grass-Roots Organizer*（Amherst: University of Massachusetts Press, 1978）; and Linda Gordon and Allen Hunter, "Sex, Family, and the New Right Anti-feminism as a Political Force," *Radical America 11*（November 1977-February 1978）: 9-26. 关于波士顿校车运动，最好的读物是 J. Anthony Lukas, *Common Ground*: *A Turbulent Decade in the Lives of Three American Families*（New York: Vintage, 1985）.

近年来关于新阿林斯基组织活动的文献，参见 Gary Delgado, *Organizing the Movement*: *The Roots and Growth of ACORN*（Philadelphia: Temple University Press, 1986）; ed., *Alter Alinsky*: *Community Organizing in Ilinois*, edited by Peg Knoepfle（Springfield, III.: Illinois Issues, 1990）; Harry Boyte, *Commonwealth*: *A Return to Citizen Politics*（New York Free Press, 1989）; *The New Populism*: *The Politics of Empowerment*, edited by Harry Boyte and Frank Reissman（Philadelphia: Temple University Press, 1986）; Kim Bobo, Jackie Kendall, and Steve Max, *Organizing for Social Change*: *A Manual for Social Activists in the 1990s*（Washington, D. C.: Seven Locks Press, 1991）; Mary Beth Rogers, *Cold Anger*: *A Story of Faith and Power Politics*（Denton: University of North Texas Press, 1990）; and Gregory Pierce, *Activism That Makes Sense*: *Congregations and Community Organization*（New York: Paulist Press, 1984）.

关于新的社区发展，文献出现得最晚。早期的处理参见 Robert Cassidy, *Livable Cities*: *A Grass-Roots Guide to Rebuilding Urban America*（New York: Holt, Rinehart, and Winston, 1980）; Phillip L Clay, *Neighborhood Renewal*: *Middle Class Resettlement and Incumbent Upgrading in American Neighborhoods*（Lexington, Mass.: Lexington Books, 1979）; and Harry Edward Berndt, *New Rulers in the Ghetto*: *The Community Development Corporation and Urban Poverty*（Westport, Conn.: Greenwood Press, 1977）. 更新的关于社区发展，以及更具体的对社区发展公司的研究，有：Christopher Gunn and Hazel

Dayton Gunn, *Reclaiming Capital: Democratic Initiatives and Community Development* (Ithaca: Cornell University Press, 1991); Avis Vidal, *Rebuilding Communities: A National Study of Urban Community Development Corporations* (New York: Community Development Research Center, 1992); Neil Pierce and Carol Steinbach, *Enterprising Communities: Community-Based Development in America, 1990* (Washington, D. C.: Council for Community-Based Development, 1990); Neil Pierce and Carol Steinbach, *Corrective Capitalism: The Rise of America's Community Development Corporations* (New York: Ford Foundation, 1987); Benjamin Marquez, "Mexican American Community Development Corporations and the Limits of Directed Capitalism," *Economic Development Quarterly* 7 (August 1993), 287-95; W. Dennis Keating, "The Emergence of Community Development Corporations," *Shelterforce*, February/March/April 1989, 8-11, 14.

1970 年代新平民主义的其他趋向,尤其是所谓的"邻里替代机制和技术"(neighborhood alternative institutions and technology)视角,本书未作讨论。可以参见 David Morris and Karl Hess, *Neighborhood Power: The New Localism* (Boston: Beacon Press, 1975); *Coops, Communes, and Collectives: Experiments in Social Change in the 1960s and 1970s*, edited by John Case and Rosemary Taylor (New York: Pantheon, 1979). 至于新平民主义对工人阶级女性的积极影响的资料,可见 Kathleen McCourt, *Working-Class Women and Grass-Roots Politics* (Bloomington: Indiana University Press, 1977). 327

讨论社会工作途径中的社会行动的著作,可见 Ann Withorn, *Serving the People: Social Services and Social Change* (New York: Columbia University Press, 1984); Stuart Rees, *Achieving Power. Practice and Policy in Social Welfare* (North Sydney, Australia: Allen and Unwin, 1991); Not For Women Only: Social Work Practice for a Feminist Future, edited by Mary Bricker-Jenkins and Nancy Hooyman (silver Springs, Md.: NASW, 1986); John Erlich and Felix Rivera, *Community Organizing in a Diverse Society* (Boston: Allyn and Bacon, 1992).

至于社会工作方面在社区组织活动的文本,可以同时反映社会行动和社会服务传递功能的,有 Steve Burghardt, *The Other Side of Organizing* (Cambridge, Mass.: Schenkman, 1982); Herbert Rubin and Irene Rubin. *Community Organizing and Development Second Edition* (New York: Macmillan,

1992); eds. , *Strategies of Community Organization*, 4th ed. , edited by Fred M. Cox et al. (Itasca, III. : F. E. Peacock, 1987); Joan Ecklein, *Community Organizer* (New York: John Wiley and Sons, 1984); Lee Staples, *Roots to Power: A Manual for Grassroots Organizing* (New York: Praeger, 1984); and James Midgley *et al.*, *Community Participation, Social Development, and the State* (New York: Methuen, 1986).

关于联合的发展，入门可以看 Jeremy Brecher and Tim Costello, *Building Bridge: The Emerging Grassroots Coalition of Labor and Community* (New York: Monthly Review Press, 1990); Sheila Collins, The Rainbow Challenge (New York: Monthly Review Press, 1986); and C. Spretnak and F. Capra, Green Politics (London: Grafton, 1985). 至于联合的困难，可见 Barbara Epstein, *Political Protest and Cultural Revolution: Nonviolent Direct Action in the 1970s and 1980s* (Berkeley: University of California Press, 1991)。

关于私有化，可以参考以下杰作：Paul Starr, *The Limits of Privatization* (Washington, D. C. : Economic Policy Institute, 1987); Timothy Barnekov, Robin Boyle, and Daniel Rich, *Privatism and Urban Policy in Britain and the United States* (New York: Oxford University Press, 1989); Robin Hambleton. "Urban Government Under Thatcher and Reagan," *Urban Affairs Quarterly 24* (March 1988): 359—88; and Jeffrey Henig, Chris Hamnett and Harvey Feigenbaum, "The Politics of Privatization: A Comparative Perspective" *Governance: An International Journal of Policy and Administration 1* (October 1988): 442-68. 至于更加偏向私有化视角的著作，可见 E. S. Savas, former assistant Secretary of Housing and Urban Development in the Reagan years, *Privatization: The Key to Better Government* (Chatham, N. J. : Chatham House Publishers, 1987), and Randall Fitzgerald, *When Government Goes Private: Successful Alternatives to Public Services* (New York: Universe Books, 1988). 私有化对社区组织活动家的挑战，可见 Robert Fisher, "Organizing in the Private City: The Case of Houston, Texas," in *Black Dixie: Afro-Texan History and Culture in Houston*, edited by Howard Beeth and Cary Wintz (College Station: Texas A&M, 1992), 253-76。

近来社会运动理论的入门作品，包括所谓资源动员理论，可见 Aldon Morris, *The Origins of the Civil Rights Movement* (New York: Free Press, 1984); Doug McAdam, *Political Process and the Development of Black*

Insurgency (Chicago: University of Chicago Press, 1982); James L. Wood and Maurice Jackson, *Social Movements: Development, Participation, and Dynamics* (Belmont, Calif.: Wadsworth Publishing, 1982). 关于新社会运动理论，参见 Alain Touraine, *The Voice and the Eye: An Analysis of Social Movements*, translated by Alan Duff (London: Cambridge University Press, 1981); Alain Touraine, "An Introduction to the Study of Social Movements," *Social Research* 52 (Winter 1985); Manuel Castells, *The City and the Grassroots* (Berkeley: University of California Press, 1983); Alberto Melucci, *Nomads of the Present: Social Movements and Individual Needs in Contemporary Society* (Philadelphia: Temple University Press, 1989); Carl Boggs, *Social Movement and Political Power: Emerging Forms of Radicalism in the West* (Philadelphia: Temple University Press, 1982); *Challenging the Political Order: New Social and Political Movements in Western Democracies*, edited by Russel J. Dalton and Manfred Kuechler (New York: Oxford University Press, 1990); and *Mobilizing the Community: Local Politics in a Global Era*, edited by Robert Fisher and Joseph Kling (Newbury Park, Calif.: Sage Publishers, 1993). 对新社会运动理论的批判，可见 Anthony Scott, *Ideology and the New Social Movements* (London: Unwin Hyman, 1990)。 329

关于意识形态上的社区组织问题，参见 George Rude, *Ideology and Popular Protest* (New York: Pantheon, 1980); Robert Fisher and Joseph Kling, "Leading the People: Two Approaches to the Role of Ideology in Community Organizing," *Radical America* 21, no. 4 January-February, 1987); Bob Fisher and Joe Kling, "Popular Mobilization in the 1990s: Prospects for the New Social Movements," *New Politics* 3 (Winter 1991): 71-84. Also see George Lipsitz, *A Life in the Struggle: Ivory Perry and the Culture of Opposition* (Philadelphia: Temple University Press, 1988)，讨论了本地领袖(所谓"有机知识分子")作为组织过程的重要力量。See also Sara Evans and Harry Boyte, *FreeSpaces: The Sources of Democratic Change in America* (New York: Harper and Row, 1986)，强调了"自由空间"作为草根抵抗的重要基地。至于对抵抗的性质和频率的更广泛的解释，参见 James Scott, *Domination and the Arts of Resistance* (New Haven: Yale University Press, 1990).

关于女权主义理论、政治经济学和社区组织活动，最有价值的作品包括：Jean Baker Miller, *Toward A New Psychology of Women* (Boston: Beacon

Press, 1986); Sara Evans, Personal Politics; Ruth Sidel, *Women and Children Last: The Plight of Poor Women in Affluent America* (New York: Penguin, 1986); Angela Davis, *Women, Race, and Class* (New York: Random House, 1981); Bell Hooks, *Ain't I a Woman: Black Women and Feminism* (Boston: South End, 1981); Caroline Ramazanoglu, *Feminist and the Contradictions of Oppression* (New York: Routledge, 1989); Lorraine Gutierrez, "Working with women of color: An empowerment perspective," *Social Work* 35 (1990), 149-54; Cheryl Hyde, "A feminist model for macro practice: Promises and problems," *Administration in Social Work* 13 (1989), 145-181; and Marie Weil, "Women, community, and organizing," in *Feminist Visions for Social Work*, edited by Nan Van DenBergh & Linda Cooper (Silver Springs, Maryland: National Association of Social Workers, 1986), 187-210.

索　　引[①]

（条目后的页码为原书页码，即本书边码）

① 原书索引中部分条目有拼写或其他错误，经核对或与作者商量改正，不再一一标明。——中译注

译 后 记

本书早在十多年前，就在学校的图书馆里见到，是一套社会运动研究丛书(Social Movements Past and Present)的一种，丛书里还有介绍消费者权利、女权主义等等时尚运动的，当时正对这一话题开始产生兴趣，便很想引介进来。

但真的有机会实践这样的想法，还是十几年后的事情。2012年，中山大学中国公益慈善研究院希望与出版社合作，推出一套公民社会/公益慈善学方面的译丛，我就推荐了这本书。结果主事的朱健刚教授欣然接受，列入他们的国家社会科学基金重大项目“社会转型中的公民道德建设工程研究”(12&ZD007)的资助计划；与此同时选题也为出版社接纳，在颇费了一番周折之后，才在作者本人的帮助下联系好了版权。可以说，这本书的翻译、出版与两边的支持是分不开的，译者愿意借此机会向两家机构及相关工作人员表示感谢。

在翻译过程中，译者曾与本书作者罗伯特·费希尔教授通信联系，就一些疑难问题向他请教，同时也在他的同意下纠正了英文版中的一些错讹。费希尔教授在听说我们设计封面遇到困难时，很热心地提供了一些与本书主题相关的照片，其中之一最后被我们选定用作封面的背景图片，非常感谢费希尔教授对中文版的鼎力支持。

此外，本书不少地方涉及美国本土生活的细节知识，译者背景隔膜，但幸亏得到身在美国的田艳、王亚秋，在内地的陶林、但汉松等朋友的帮助，才克服了一个个难关。当然翻译的不当之处仍然在所难免，其责任无疑在译者，欢迎批评指正。

作者费希尔教授在本书“致谢”的最后，提到写作本书“最重要的是献给那些克服艰难险阻，在整个 1980 年代和 1990 年代初一直在坚持斗争的所有行动者，他们的工作为一个更加人道、民主和可持续的世界播下了千千万万粒种子”，这也正是译者翻译此书时的心情，译者并愿意它对行动者有所帮助。

是为记。

图书在版编目(CIP)数据

让人民来决定:美国的邻里组织运动/(美)费希尔著;林猛译.—北京:商务印书馆,2016
ISBN 978-7-100-12056-2

I.①让… II.①费… ②林… III.①社区管理—研究—美国 IV.①D771.283

中国版本图书馆 CIP 数据核字(2016)第 044592 号

本书由中山大学中国公益慈善研究院资助出版

让人民来决定
——美国的邻里组织运动
〔美〕罗伯特·费希尔 著
林 猛 译

商 务 印 书 馆 出 版
(北京王府井大街36号 邮政编码100710)
商 务 印 书 馆 发 行
北京市艺辉印刷有限公司印刷
ISBN 978-7-100-12056-2

2016年10月第1版 开本 880×1230 1/32
2016年10月北京第1次印刷 印张 11⅛
定价:32.00元